Heinrich Heine

Französische Zustände

Heinrich Heine: Französische Zustände

Die politischen Berichte über Frankreich entstanden vom Dezember 1831 bis September 1832 für die Augsburger »Allgemeine Zeitung«. Erste Buchveröffentlichung (mit verstümmelter Vorrede): Hamburg (Hoffmann und Campe) 1833. Die vollständige Vorrede erschien zunächst als Einzeldruck: Leipzig (Heideloff und Campe) 1833. Die »Vorrede zur Vorrede« blieb zu Heines Lebzeiten unveröffentlicht.

Neuausgabe mit einer Biographie des Autors
Herausgegeben von Karl-Maria Guth
Berlin 2017

Der Text dieser Ausgabe folgt:
Heinrich Heine: Werke und Briefe in zehn Bänden. Herausgegeben von Hans Kaufmann, 2. Auflage, Berlin und Weimar: Aufbau, 1972.

Die Paginierung obiger Ausgabe wird hier als Marginalie zeilengenau mitgeführt.

Umschlaggestaltung von Thomas Schultz-Overhage unter Verwendung des Bildes: Heinrich Heine (Gemälde von Moritz Oppenheim, 1831)

Gesetzt aus der Minion Pro, 11 pt

Verlag: Henricus - Edition Deutsche Klassik GmbH
Mörchinger Str. 33, 14169 Berlin, info@henricus-verlag.de
Druck: Libri Plureos GmbH, Friedensallee 273, 22763 Hamburg

Die Ausgaben der Sammlung Hofenberg basieren auf zuverlässigen Textgrundlagen. Die Seitenkonkordanz zu anerkannten Studienausgaben machen Hofenbergtexte auch in wissenschaftlichem Zusammenhang zitierfähig.

ISBN 978-3-7437-0732-0

Bibliografische Information der Deutschen Nationalbibliothek

Die Deutsche Nationalbibliothek verzeichnet diese Publikation in der Deutschen Nationalbibliografie; detaillierte bibliografische Daten sind im Internet über www.dnb.de abrufbar.

Vorrede zur Vorrede

Wie ich vernehme, ist die Vorrede zu den »Französischen Zuständen« in einer so verstümmelten Gestalt erschienen, daß mir wohl die Pflicht obliegt, sie in ihrer ursprünglichen Ganzheit herauszugeben. Indem ich nun hier einen besonderen Abdruck davon liefere, bitte ich mir keineswegs die Absicht beizumessen, als wollte ich die jetzigen Machthaber in Deutschland ganz besonders reizen oder gar beleidigen. Ich habe vielmehr meine Ausdrücke, soviel es die Wahrheit erlaubte, zu mäßigen gesucht. Ich war deshalb nicht wenig verwundert, als ich merkte, daß man jene Vorrede in Deutschland noch immer für zu herbe gehalten. Lieber Gott! was soll das erst geben, wenn ich mal dem freien Herzen erlaube, in entfesselter Rede sich ganz frei auszusprechen! Und es kann dazu kommen. Die widerwärtigen Nachrichten, die täglich über den Rhein zu uns herüberseufzen, dürften mich wohl dazu bewegen. Vergebens sucht ihr die Freunde des Vaterlands und ihre Grundsätze in der öffentlichen Meinung herabzuwürdigen, indem ihr diese als »französische Revolutionslehren« und jene als »französische Partei in Deutschland« verschreit; denn ihr spekuliert immer auf alles, was schlecht im deutschen Volke ist, auf Nationalhaß, religiösen und politischen Aberglauben und Dummheit überhaupt. Aber ihr wißt nicht, daß auch Deutschland nicht mehr durch die alten Kniffe getäuscht werden kann, daß sogar die Deutschen gemerkt, wie der Nationalhaß nur ein Mittel ist, eine Nation durch die andere zu knechten, und wie es überhaupt in Europa keine Nationen mehr gibt, sondern nur zwei Parteien, wovon die eine, Aristokratie genannt, sich durch Geburt bevorrechtet dünkt und alle Herrlichkeiten der bürgerlichen Gesellschaft usurpiert, während die andere, Demokratie genannt, ihre unveräußerlichen Menschenrechte vindiziert und jedes Geburtsprivilegium abgeschafft haben will, im Namen der Vernunft. Wahrlich, ihr solltet uns die himmlische Partei nennen, nicht die französische; denn jene Erklärung der Menschenrechte, worauf unsere ganze Staatswissenschaft basiert ist, stammt nicht aus Frankreich, wo sie freilich am glorreichsten proklamiert worden, nicht einmal aus Amerika, woher sie Lafayette geholt hat, sondern sie stammt aus dem Himmel, dem ewigen Vaterland der Vernunft.

Wie muß euch doch das Wort »Vernunft« fatal sein! Gewiß ebenso fatal wie den Erbfeinden derselben, den Pfaffen, deren Reich sie ebenfalls ein Ende macht und die in der gemeinschaftlichen Not sich mit euch verbündet.

Der Ausdruck »französische Partei in Deutschland« schwebt mir heute vorherrschend im Sinn, weil er mir diesen Morgen in dem neuesten Hefte des »Edinburgh Review« besonders auffiel. Es war bei Gelegenheit einer Charakteristik der Gedichte des Herrn Uhland, des guten Kindes, und der meinigen, des bösen Kindes, das als ein Häuptling »der französischen Partei in Deutschland« dargestellt wird. Wie ich merke, ist dergleichen nur ein Echo deutscher Zeitschriften, die ich leider hier nicht sehe. Kann ich sie aber jetzt nicht besonders würdigen, geschieht es ein andermal zum allgemeinen Besten. Seit zehn Jahren ein beständiger Gegenstand der Tageskritik, die entweder pro oder contra, aber immer mit Leidenschaft, meine Schriften besprochen, darf man mir wohl eine hinlängliche Indifferenz in betreff gedruckter Urteile über mich zutrauen; wenn ich daher, was ich bisher nie getan habe, solche Besprechungen jetzt manchmal erwähnen werde, so wird man hoffentlich wohl einsehen, daß nicht die persönlichen Empfindlichkeiten des Schriftstellers, sondern die allgemeinen Interessen des Bürgers das Wort hervorrufen. Leider sind jetzt, wie gesagt, außer den politischen Blättern sehr wenig deutsche Tageserzeugnisse in Paris sichtbar. Ich vermisse sie ungern, in jeder Hinsicht. Wahrlich, in dieser grandiosen Stadt, wo alle Tage ein Stück Weltgeschichte tragiert wird, wäre es pikant, sich manchmal gegensätzlich mit unserer heimischen Misere zu beschäftigen. Ein junger Mann hat mir jüngst geschrieben, daß er voriges Jahr einige Schmähungen gegen mich drucken lassen, welches ich ihm nicht übelnehmen möchte, da ihn meine antinationale Gesinnung in Leidenschaft gesetzt und er im patriotischen Zorne seiner Worte nicht mächtig war; dieser junge Mann hätte auch so artig sein sollen, mir ein Exemplärchen seines Opus mitzuschicken. Er scheint zu der böotischen Partei in Deutschland zu gehören, deren Unmut gegen »die französische Partei« sehr verzeihlich ist; ich verzeihe ihm von Herzen. Es wäre mir aber wirklich lieb gewesen, wenn er mir das Opus selbst geschickt hätte. Da lob ich mir die sodomitische Partei in Deutschland, die mir ihre Schmähartikel immer selbst zuschickt, und manchmal sogar hübsch abgeschrieben und was am löblichsten ist, immer postfrei.

Diese Leute hätten aber nicht nötig, so viele Vorsichtsmaßregeln zu nehmen, damit ihre Anonymität bewahrt bleibe. Trotz der verstellten Schreibweise erkenne ich doch immer die namenlosen Verfasser dieser namenlosen Niederträchtigkeiten, ich kenne diese Leute am Stil – »Cognosco stilum curiae romanae!« rief der edle Geschichtschreiber des tridentinischen Konziliums, als der feige Dolch des Meuchelmörders ihn von hinten traf.

Außer der sodomitischen und böotischen ist aber auch die abderitische Partei in Deutschland gegen mich aufgebracht. Es sind da nicht bloß meine französischen Prinzipien, was die meisten derselben gegen mich anreizt. Da gibt's zuweilen noch edlere Gründe. Z.B. ein Häuptling der abderitischen Partei, der seit vielen Jahren unaufhörlich in Schimpf und Ernst gegen mich loszieht, ist nur ein Champion seiner Gattin, die sich von mir beleidigt glaubt und mir den Untergang geschworen hat. Solcher Todeshaß schmerzt mich sehr, denn die Dame ist sehr liebenswürdig. Sie hat sehr viele Ähnlichkeit mit der Mediceischen Venus, sie ist nämlich ebenfalls sehr alt, hat ebenfalls keine Zähne; ihr Kinn, wenn sie sich rasiert hat, ist ebenso glatt wie das Kinn jener marmornen Göttin; auch geht sie fast ebenso nackt wie diese, und zwar um zu zeigen, daß ihre Haut nicht ganz gelb sei, sondern hie und da auch einige weiße Flecken habe. Vergebens habe ich dieser liebenswürdigen Dame die versöhnlichsten Artigkeiten gesagt, z.B. daß ich sie beneide, weil sie sich nur zweimal die Woche zu rasieren braucht, während ich diese Operation alle Tage erdulden muß, daß ich sie für die tugendhafteste von allen Frauen halte, die keine Zähne haben, daß ich ihr Herz zu besitzen wünsche, und zwar in einer goldenen Kapsel – vergebens, hier half keine Begütigung! Die Unversöhnliche haßt mich zu sehr, und wie einst Isabella von Kastilien das Gelübde tat, nicht eher ihr Hemd zu wechseln, als bis Granada gefallen sei, so hat jene Dame ebenfalls geschworen, nicht eher ein reines Hemd anzuziehen, als bis ich, ihr Feind, zu Boden liege. Nun setzt sie alle Skribler gegen mich in Bewegung, namentlich ihren armen Gatten, den wahrlich das isabellenfarbige Hemd seiner Ehehälfte nicht wenig inkommodiert, besonders im Sommer, wo die Holde dadurch noch anmutiger als gewöhnlich duftet – so daß er manchmal, wie wahnsinnig, aus dem Bette springt und nach dem Schreibtische stürzt und mich schnell zugrunde schreiben will.

Das Brockhausische »Konversationsblatt« enthält im Sommer weit mehr Schmähartikel gegen mich als im Winter.

Verzeih, lieber Leser, daß diese Zeilen dem Ernste der Zeit nicht ganz angemessen sind. Aber meine Feinde sind gar zu lächerlich! Ich sage Feinde, ich gebe ihnen aus Courtoisie diesen Titel, obgleich sie meistens nur meine Verleumder sind. Es sind kleine Leute, deren Haß nicht einmal bis an meine Waden reicht. Mit stumpfen Zähnen nagen sie an meinen Stiefeln. Das bellt sich müd da unten.

Mißlicher ist es, wenn die Freunde mich verkennen. Das dürfte mich verstimmen, und wirklich, es verstimmt mich. Ich will es aber nicht verhehlen, ich will es selber zur öffentlichen Kunde bringen, daß auch von seiten der himmlischen Partei mein guter Leumund angegriffen worden. Diese hat jedoch Phantasie, und ihre Insinuationen sind nicht so platt prosaisch wie die der böotischen, sodomitischen und abderitischen Partei. Oder gehörte nicht eine große Phantasie dazu, daß man mich in jüngster Zeit der antiliberalsten Tendenzen bezichtigte und der Sache der Freiheit abtrünnig glaubte? Eine gedruckte Äußerung über diese angeschuldete Abtrünnigkeit fand ich dieser Tage in einem Buche, betitelt: »Briefe eines Narren an eine Närrin«. Ob des vielen Guten und Geistreichen, das darin entfalten ist, ob der edlen Gesinnung des Verfassers überhaupt, verzeih ich diesem gern die mich betreffenden bösen Äußerungen; ich weiß, von welcher Himmelsgegend ihm dergleichen zugeblasen worden, ich weiß, woher der Wind pfiff. Da gibt es nämlich unter unseren jakobinischen Enragés, die seit den Juliustagen so laut geworden, einige Nachahmer jener Polemik, die ich während der Restaurationsperiode mit fester Rücksichtslosigkeit und zugleich mit besonnener Selbstsicherung geführt habe. Jene aber haben ihre Sache sehr schlecht gemacht, und statt die persönlichen Bedrängnisse, die ihnen daraus entstanden, nur ihrer eigenen Ungeschicklichkeit beizumessen, fiel ihr Unmut auf den Schreiber dieser Blätter, den sie unbeschädigt sahen. Es ging ihnen wie dem Affen, der zugesehen hatte, wie sich ein Mensch rasierte. Als dieser nun das Zimmer verließ, kam der Affe und nahm das Barbierzeug wieder aus der Schublade hervor und seifte sich ein und schnitt sich dann die Kehle ab. Ich weiß nicht, inwieweit jene deutschen Jakobiner sich die Kehle abgeschnitten; aber ich sehe, daß sie stark bluten. Auf mich schelten sie jetzt. »Seht«, rufen sie, »wir haben uns ehrlich eingeseift und bluten für die gute Sache, der Heine meint es aber nicht ehrlich mit dem Barbieren, ihm fehlt der wahre Ernst beim Gebrauche des Messers, er schneidet sich nie, er wischt sich ruhig die Seife ab und pfeift sorglos dabei und lacht über die blutigen Wunden der Kehlabschneider, die es ehrlich meinen.«

Gebt euch zufrieden; ich habe mich diesmal geschnitten.

Paris, Ende November 1832

Heinrich Heine

Vorrede

»Diejenigen, welche lesen können, werden in diesem Buche von selbst merken, daß die größten Gebrechen desselben nicht meiner Schuld beigemessen werden dürfen, und diejenigen, welche nicht lesen können, werden gar nichts merken.« Mit diesen einfachen Vernunftschlüssen, die der alte Scarron seinem »Komischen Romane« voransetzt, kann ich auch diese ernsteren Blätter bevorworten.

Ich gebe hier eine Reihe Artikel und Tagesberichte, die ich, nach dem Begehr des Augenblicks, in stürmischen Verhältnissen aller Art, zu leicht erratbaren Zwecken, unter noch leichter erratbaren Beschränkungen, für die Augsburger »Allgemeine Zeitung« geschrieben habe. Diese anonymen, flüchtigen Blätter soll ich nun unter meinem Namen als festes Buch herausgeben, damit kein anderer, wie ich bedroht worden bin, sie nach eigener Laune zusammenstellt und nach Willkür umgestaltet oder gar jene fremden Erzeugnisse hineinwischt, die man mir irrtümlich zuschreibt.

Ich benutze diese Gelegenheit, um aufs bestimmteste zu erklären, daß ich seit zwei Jahren in keinem politischen Journal Deutschlands, außer der »Allgemeinen Zeitung«, eine Zeile drucken lassen. Letztere, die ihre weltberühmte Autorität so sehr verdient und die man wohl die »Allgemeine Zeitung« von Europa nennen dürfte, schien mir eben wegen ihres Ansehens und ihres unerhört großen Absatzes das geeignete Blatt für Berichterstattungen, die nur das Verständnis der Gegenwart beabsichtigen. Wenn wir es dahin bringen, daß die große Menge die Gegenwart versteht, so lassen die Völker sich nicht mehr von den Lohnschreibern der Aristokratie zu Haß und Krieg verhetzen, das große Völkerbündnis, die Heilige Allianz der Nationen, kommt zustande, wir brauchen aus wechselseitigem Mißtrauen keine stehenden Heere von vielen hunderttausend Mördern mehr zu füttern, wir benutzen zum Pflug ihre Schwerter und Rosse, und wir erlangen Friede und Wohlstand und Freiheit. Dieser Wirksamkeit bleibt mein Leben gewidmet; es ist mein Amt. Der Haß meiner Feinde darf als Bürgschaft gelten, daß ich dieses Amt bisher recht treu und ehrlich verwaltet. Ich werde mich jenes Hasses immer würdig zeigen. Meine Feinde werden mich nie verkennen, wenn auch die Freunde im Taumel der aufgeregten Leidenschaften meine besonnene Ruhe für Lauheit halten möchten. Jetzt freilich, in dieser Zeit, werden sie mich weniger verkennen als damals, wo sie am Ziel ihrer Wünsche zu stehen glaubten und Siegeshoffnung alle Segel ihrer Gedanken schwellte; an ihrer Torheit nahm ich keinen Teil, aber ich werde immer teilnehmen an ihrem Unglück. Ich werde nicht in die Heimat zurückkehren, solange noch ein einziger jener edlen Flüchtlinge, die vor allzu großer Begeisterung keiner Vernunft Gehör geben konnten, in der Fremde, im Elend, weilen muß. Ich würde lieber bei dem ärmsten Franzosen um eine Kruste Brot betteln, als daß ich Dienst nehmen möchte bei jenen vornehmen Gönnern im deutschen Vaterlande, die jede Mäßigung der Kraft für Feigheit halten oder gar für präludierenden Übergang zum Servilismus und die unsere beste Tugend, den Glauben an die ehrliche Gesinnung des Gegners, für plebejische Erbdummheit ansehen. Ich werde mich nie schämen, betrogen worden zu sein von jenen, die uns so schöne Hoffnungen ins Herz lächelten: »Wie alles aufs friedlichste zugestanden werden sollte, wie wir hübsch gemäßigt bleiben müßten, damit die Zugeständnisse nicht erzwungen und dadurch ungedeihlich würden, wie sie wohl selbst einsähen, daß man die Freiheit uns nicht ohne Gefahr länger vorenthalten könne – – –« Ja, wir sind wieder Düpes geworden, und wir müssen eingestehen, daß die Lüge wieder einen großen Triumph erfochten und neue Lorbeeren eingeerntet. In der Tat, wir sind die Besiegten, und seit die heroische Überlistung auch offiziell beurkundet worden, seit der Promulgation der deplorabelen Bundestagsbeschlüsse vom 28. Junius, erkrankt uns das Herz in der Brust vor Kummer und Zorn.

Armes, unglückliches Vaterland! welche Schande steht dir bevor, wenn du sie erträgst, diese Schmach! welche Schmerzen, wenn du sie nicht erträgst!

Nie ist ein Volk von seinen Machthabern grausamer verhöhnt worden. Nicht bloß, daß jene Bundestagsordonnanzen voraussetzen, wir ließen uns alles gefallen: man möchte uns dabei noch einreden, es geschehe uns ja eigentlich gar kein Leid oder Unrecht. Wenn ihr aber auch mit Zuversicht auf knechtische Unterwürfigkeit rechnen durftet, so hattet ihr doch kein Recht, uns für Dummköpfe zu halten. Eine Handvoll Junker, die nichts gelernt haben als ein bißchen Roßtäuscherei, Volteschlagen, Becherspiel oder sonstig plumpe Schelmenkünste, womit man höchstens nur Bauern auf Jahrmärkten übertölpeln kann: diese wähnen damit ein ganzes Volk betören zu können, und zwar ein Volk, welches das Pulver erfunden hat und die Buchdruckerei und die »Kritik der reinen Vernunft«. Diese unverdiente Beleidigung, daß ihr uns für noch dümmer gehalten, als ihr selber seid, und euch einbildet, uns täuschen zu können, das ist die schlimmere Beleidigung, die ihr uns zugefügt in Gegenwart der umstehenden Völker.

Ich will nicht die konstitutionellen deutschen Fürsten anklagen; ich kenne ihre Nöten, ich weiß, sie schmachten in den Ketten ihrer kleinen Kamarillen und sind nicht zurechnungsfähig. Dann sind sie auch durch Zwang aller Art von Östreich und Preußen embauchiert worden. Wir wollen sie nicht schmähen, wir wollen sie bedauern. Früh oder spät ernten sie die bittern Früchte der bösen Saat. Die Toren, sie sind noch eifersüchtig aufeinander, und während jedes klare Auge einsieht, daß sie am Ende von Östreich und Preußen mediatisiert werden, ist all ihr Sinnen und Trachten nur darauf gerichtet, wie man dem Nachbar ein Stück seines Ländchens abgewinnt. Wahrlich, sie gleichen jenen Dieben, die, während man sie nach der Hängstätte führt, sich noch untereinander die Taschen bestehlen.

Wir können ob der Großtaten des Bundestags nur die beiden absoluten Mächte Östreich und Preußen unbedingt anklagen. Wie weit sie gemeinschaftlich unsere Erkenntlichkeit in Anspruch nehmen, kann ich nicht bestimmen. Nur will es mich bedünken, als habe Östreich wieder das Gehässige jener Großtaten auf die Schulter seines weisen Bundesgenossen zu wälzen gewußt.

In der Tat, wir können gegen Östreich kämpfen, und todeskühn kämpfen, mit dem Schwert in der Hand; aber wir fühlen in tiefster Brust, daß wir nicht berechtigt sind, mit Scheltworten diese Macht zu schmähen. Östreich war immer ein offner, ehrlicher Feind, der nie seinen Ankampf gegen den Liberalismus geleugnet oder auf eine kurze Zeit eingestellt hätte. Metternich hat nie mit der Göttin der Freiheit geliebäugelt, er hat nie in der Angst des Herzens den Demagogen gespielt, er hat nie Arndts Lieder gesungen und dabei Weißbier getrunken, er hat nie auf der Hasenheide geturnt, er hat nie pietistisch gefrömmelt, er hat nie mit den Festungsarrestanten geweint, geweint, während er sie an der Kette festhielt; – man wußte immer, wie man mit ihm dran war, man wußte, daß man sich vor ihm zu hüten hatte, und man hütete sich vor ihm. Er war immer ein sicherer Mann, der uns weder durch gnädige Blicke täuschte noch durch Privatmalicen empörte. Man wußte, daß er weder aus Liebe noch aus kleinlichem Hasse, sondern großartig im Geiste eines Systems handelte, welchem Östreich seit drei Jahrhunderten treu geblieben. Es ist dasselbe System, für welches Östreich gegen die Reformation gestritten; es ist dasselbe System, wofür es mit der Revolution in den Kampf getreten. Für dieses System fochten nicht bloß die Männer, sondern auch die Töchter vom Hause Habsburg. Für die Erhaltung dieses Systems hatte Marie Antoinette in den Tuilerien zum kühnsten Kampfe die Waffen ergriffen; für die Erhaltung dieses Systems hatte Maria Luisa, die als erklärte Regentin für Mann und Kind streiten sollte, in denselben Tuilerien den Kampf unterlassen und die Waffen niedergelegt. Kaiser Franz hat für die Erhaltung dieses Systems den teuersten Gefühlen entsagt und unsägliches Herzleid erduldet, eben jetzt trägt er Trauer um den geliebten blühenden Enkel, den er jenem Systeme geopfert, dieser neue Kummer hat tief gebeugt das greise Haupt, welches einst die deutsche Kaiserkrone getragen – dieser arme Kaiser ist noch immer der wahre Repräsentant des unglücklichen Deutschlands!

Von Preußen dürfen wir in einem anderen Tone sprechen. Hier hemmt uns wenigstens keine Pietät ob der Heiligkeit eines deutschen Kaiserhaupts. Mögen immerhin die gelehrten Knechte an der Spree von einem großen Imperator des Borussenreichs träumen und die Hegemonie und Schirmherrlichkeit Preußens proklamieren. Aber bis jetzt ist es den langen Fingern von Hohenzollern noch nicht gelungen, die Krone Karls des Großen zu erfassen und zu dem Raub so vieler polnischer und sächsischer Kleinodien in den Sack zu stecken. Noch hängt die Krone Karls des Großen viel zu hoch, und ich zweifle sehr, ob sie je herabsinkt auf das witzige Haupt jenes goldgespornten Prinzen, dem seine Barone schon jetzt als dem künftigen Restaurator des Rittertums ihre Huldigungen darbringen. Ich glaube vielmehr, Se. Königl. Hoheit wird statt eines Nachfolgers Karls des Großen nur ein Nachfolger Karls X. und Karls von Braunschweig.

Es ist wahr, noch vor kurzem haben viele Freunde des Vaterlandes die Vergrößerung Preußens gewünscht und in seinen Königen die Oberherren eines vereinigten Deutschlands zu sehen gehofft, und man hat die Vaterlandsliebe zu ködern gewußt, und es gab einen preußischen Liberalismus, und die Freunde der Freiheit blickten schon vertrauungsvoll nach den Linden von Berlin. Was mich betrifft, ich habe mich nie zu solchem Vertrauen verstehen wollen. Ich betrachtete vielmehr mit Besorgnis diesen preußischen Adler, und während andere rühmten, wie kühn er in die Sonne schaue, war ich desto aufmerksamer auf seine Krallen. Ich traute nicht diesem Preußen, diesem langen frömmelnden Kamaschenheld mit dem weiten Magen und mit dem großen Maule und mit dem Korporalstock, den er erst in Weihwasser taucht, ehe er damit zuschlägt. Mir mißfiel dieses philosophisch christliche Soldatentum, dieses Gemengsel von Weißbier, Lüge und Sand. Widerwärtig, tief widerwärtig war mir dieses Preußen, dieses steife, heuchlerische, scheinheilige Preußen, dieser Tartuffe unter den Staaten.

Endlich, als Warschau fiel, fiel auch der weiche fromme Mantel, worin sich Preußen so schön zu drapieren gewußt, und selbst der Blödsichtigste erblickte die eiserne Rüstung des Despotismus, die darunter verborgen war. Diese heilsame Enttäuschung verdankt Deutschland dem Unglück der Polen.

Die Polen! Das Blut zittert mir in den Adern, wenn ich das Wort niederschreibe, wenn ich daran denke, wie Preußen gegen diese edelsten Kinder des Unglücks gehandelt hat, wie feige, wie gemein, wie meuchlerisch. Der Geschichtschreiber wird vor innerem Abscheu keine Worte finden können, wenn er etwa erzählen soll, was sich zu Fischau begeben hat; jene unehrlichen Heldentaten wird vielmehr der Scharfrichter beschreiben müssen – – – ich höre das rote Eisen schon zischen auf Preußens magerem Rücken.

Unlängst las ich in der »Allg. Zeitung«, daß der Geh. Regierungsrat Friedrich von Raumer, welcher sich unlängst die Renommee eines königl. preuß. Revolutionärs erworben, indem er als Mitglied der Zensurkommission gegen deren allzu unterdrückungssüchtige Strenge sich aufgelehnt, jetzt den Auftrag erhalten hat, das Verfahren der preußischen Regierung gegen Polen zu rechtfertigen. Die Schrift ist vollendet, und der Verfasser hat bereits seine 200 Taler preußisch Kurant dafür in Empfang genommen. Indessen, wie ich höre, ist sie nach der Meinung der uckermärk'schen Kamarilla noch immer nicht servil genug geschrieben. – So geringfügig auch dieses kleine Begebnis aussieht, so ist es eben groß genug, den Geist der Gewalthaber und ihrer Untergebenen zu charakterisieren. Ich kenne zufällig den armen Friedrich von Raumer, ich habe ihn zuweilen in seinem blaugrauen Röckchen und graublauen Militärmützchen unter den Linden spazieren sehen; ich sah ihn mal auf dem Katheder, als er den Tod Ludwigs XVI. vortrug und dabei einige königl. preuß. Amtstränen vergoß; dann habe ich in einem Damenalmanach seine »Geschichte der Hohenstaufen« gelesen; ich kenne ebenfalls seine »Briefe aus Paris«, worin er der Madame Crelinger und ihrem Gatten über die hiesige Politik und das hiesige Theater seine Ansichten mitteilt. Es ist durchaus ein friedlebiger Mann, der ruhig Queue macht. Von allen mittelmäßigen Schriftstellern ist er noch der beste, und dabei ist er nicht ganz ohne Salz, und er hat eine gewisse äußere Gelehrsamkeit und gleicht daher einem alten trockenen Hering, der mit gelehrter Makulatur umwickelt ist. Ich wiederhole, es ist das friedlebigste Geschöpf, das sich immer ruhig von seinen Vorgesetzten die Säcke aufladen ließ und gehorsam damit zur Amtsmühle trabte und nur hie und da stillstand, wo Musik gemacht wurde. Wie schnöde muß sich nun eine Regierung in ihrer Unterdrückungslust gezeigt haben, wenn sogar ein Friedrich von Raumer die Geduld verlor und rappelköpfisch wurde und nicht weitertraben wollte und sogar in menschlicher Sprache zu sprechen begann! Hat er vielleicht den Engel mit dem Schwerte gesehen, der im Wege steht und den die Bileame von Berlin, die Verblendeten, noch nicht sehen? Ach! sie gaben dem armen Geschöpfe die wohlgemeintesten Tritte und stacheln es mit ihren goldenen Sporen und haben es schon zum dritten Male geschlagen. Das Volk der Borussen aber – und daraus kann man seinen Zustand ermessen – pries seinen Friedrich von Raumer als einen Ajax der Freiheit.

Dieser königl. preuß. Revolutionär wird nun dazu benutzt, eine Apologie des Verfahrens gegen Polen zu schreiben und das Berliner Kabinett in der öffentlichen Meinung wieder ehrlich zu machen.

Dieses Preußen! wie es versteht, seine Leute zu gebrauchen! Es weiß sogar von seinen Revolutionären Vorteil zu ziehen. Zu seinen Staatskomödien bedarf es Komparsen von jeder Farbe. Es weiß sogar trikolor gestreifte Zebras zu benutzen. So hat es in den letzten Jahren seine wütendsten Demagogen dazu gebraucht, überall herumzupredigen, daß ganz Deutschland preußisch werden müsse. Hegel mußte die Knechtschaft, das Bestehende, als vernünftig rechtfertigen. Schleiermacher mußte gegen die Freiheit protestieren und christliche Ergebung in den Willen der Obrigkeit empfehlen. Empörend und verrucht ist diese Benutzung von Philosophen und Theologen, durch deren Einfluß man auf das gemeine Volk wirken will und die man zwingt, durch Verrat an Vernunft und Gott sich öffentlich zu entehren. Wie manch schöner Name, wie manch hübsches Talent wird da zugrunde gerichtet für die nichtswürdigsten Zwecke. Wie schön war der Name Arndts, ehe er, auf höheren Geheiß, jenes schäbige Büchlein geschrieben, worin er wie ein Hund wedelt und hündisch, wie ein wendischer Hund, die Sonne des Julius anbellt. Stägemann, ein Name besten Klanges, wie tief ist er gesunken, seit er Russenlieder gedichtet! Mag es ihm die Muse verzeihen, die einst mit heiligem Kuß zu besseren Liedern seine Lippen geweiht hat. Was soll ich von Schleiermacher sagen, dem Ritter des roten Adlerordens dritter Klasse! Er war einst ein besserer Ritter und war selbst ein Adler und gehörte zur ersten Klasse. Aber nicht bloß die Großen, sondern auch die Kleinen werden ruiniert. Da ist der arme Ranke, den die preußische Regierung einige Zeit auf ihre Kosten reisen lassen, ein hübsches Talent, kleine historische Figürchen auszuschnitzeln und pittoresk nebeneinanderzukleben, eine gute Seele, gemütlich wie Hammelfleisch mit Teltower Rübchen, ein unschuldiger Mensch, den ich, wenn ich mal heurate, zu meinem Hausfreunde wähle und der gewiß auch liberal – dieser mußte jüngst in der Staatszeitung eine Apologie der Bundestagsbeschlüsse drucken lassen. Andere Stipendiaten, die ich nicht nennen will, haben Ähnliches tun müssen und sind doch ganz liberale Leute.

Oh, ich kenne sie, diese Jesuiten des Nordens! Wer nur jemals aus Not oder Leichtsinn das mindeste von ihnen angenommen hat, ist ihnen auf immer verfallen. Wie die Hölle Proserpinen nicht losgibt, weil sie den Kern eines Granatapfels dort genossen, so geben jene Jesuiten keinen Menschen los, der nur das mindeste von ihnen genossen hat, und sei es auch nur einen einzigen Kern des goldenen Apfels oder, um prosaisch zu sprechen, einen einzigen Louisdor; – kaum erlauben sie ihm, wie die Hölle der Proserpine, die eine Hälfte des Jahrs in oberweltlichem Lichte zuzubringen; – in solcher Periode erscheinen diese Leute wie Lichtmenschen, und sie nehmen Platz unter uns andern Olympiern und sprechen und schreiben ambrosisch liberal; doch zur gehörigen Zeit findet man sie wieder im höllischen Dunkel, im Reiche des Obskurantismus, und sie schreiben preußische Apologien, Erklärungen gegen den »Messager«, Zensurgesetzentwürfe oder gar eine Rechtfertigung der Bundestagsbeschlüsse.

Letztere, die Bundestagsbeschlüsse, kann ich nicht unbesprochen lassen. Ich werde ihre amtlichen Verteidiger nicht zu widerlegen noch viel weniger, wie vielfach geschehen, ihre Illegalität zu erweisen suchen. Da ich wohl weiß, von welchen Leuten die Urkunde, worauf sich jene Beschlüsse berufen, verfertigt worden ist, so zweifle ich keineswegs, daß diese Urkunde, nämlich die Wiener Bundesakte, zu jedem despotischen Gelüste die legalsten Befugnisse enthält. Bis jetzt hat man von jenem Meisterwerk der edlen Junkerschaft wenig Gebrauch gemacht, und sein Inhalt konnte dem Volke gleichgültig sein. Nun es aber ins rechte Tageslicht gestellt wird, dieses Meisterstück, nun die eigentlichen Schönheiten des Werks, die geheimen Springfedern, die verborgenen Ringe, woran jede Kette befestigt werden kann, die Fußangeln, die versteckten Halseisen, Daumschrauben, kurz, nun die ganze künstliche, durchtriebene Arbeit allgemein sichtbar wird: jetzt sieht jeder, daß das deutsche Volk, als es für seine Fürsten Gut und Blut geopfert und den versprochenen Lohn der Dankbarkeit empfangen sollte, aufs heilloseste getäuscht worden, daß man ein freches Gaukelspiel mit uns getrieben, daß man statt der zugelobten Magna Charta der Freiheit uns nur eine verbriefte Knechtschaft ausgefertigt hat.

Kraft meiner akademischen Befugnis als Doktor beider Rechte erkläre ich feierlichst, daß eine solche von ungetreuen Mandatarien ausgefertigte Urkunde null und nichtig ist; kraft meiner Pflicht als Bürger protestiere ich gegen alle Folgerungen, welche die Bundestagsbeschlüsse vom 28. Juni aus dieser nichtigen Urkunde geschöpft haben; kraft meiner Machtvollkommenheit als öffentlicher Sprecher erhebe ich gegen die Verfertiger dieser Urkunde meine Anklage und klage sie an des gemißbrauchten Volksvertrauens, ich klage sie an der beleidigten Volksmajestät, ich klage sie an des Hochverrats am deutschen Volke, ich klage sie an!

Armes Volk der Deutschen! Damals, während ihr euch ausruhtet von dem Kampfe für eure Fürsten und die Brüder begrubet, die in diesem Kampfe gefallen, und euch einander die treuen Wunden verbandet und lächelnd euer Blut noch rinnen saht aus der vollen Brust, die so voll Freude und Vertrauen war, so voll Freude wegen der Rettung der geliebten Fürsten, so voll Vertrauen auf die menschlich heiligsten Gefühle der Dankbarkeit: damals, dort unten zu Wien, in den alten Werkstätten der Aristokratie, schmiedete man die Bundesakte!

Sonderbar! Eben der Fürst, der seinem Volke am meisten Dank schuldig war, der deshalb seinem Volke eine repräsentative Verfassung, eine volkstümliche Konstitution, wie andere freie Völker sie besitzen, in jener Zeit der Not versprochen hat, schwarz auf weiß versprochen und mit den bestimmtesten Worten versprochen hat: dieser Fürst hat jetzt jene anderen deutschen Fürsten, die sich verpflichtet gehalten, ihren Untertanen eine freie Verfassung zu erteilen, ebenfalls zu Wortbruch und Treulosigkeit zu verführen gewußt, und er stützt sich jetzt auf die Wiener Bundesakte, um die kaum emporgeblühten deutschen Konstitutionen zu vernichten, er, welcher, ohne zu erröten, das Wort »Konstitution« nicht einmal aussprechen dürfte!

Ich rede von Sr. Majestät Friedrich Wilhelm, dritten des Namens, König von Preußen.

Monarchisch gesinnt, wie ich es immer war und wohl auch immer bleibe, widerstrebt es meinen Grundsätzen und Gefühlen, daß ich die Person der Fürsten selber einer allzu herben Rüge unterwürfe. Es liegt vielmehr in meinen Neigungen, sie ob ihrer guten Eigenschaften zu rühmen. Ich rühme daher gern die persönlichen Tugenden des Monarchen, dessen Regierungssystem oder vielmehr dessen Kabinett ich eben so unumwunden besprochen. Ich bestätige mit Vergnügen, daß Friedrich Wilhelm III. als Mensch die hohe Verehrung und Liebe verdient, die ihm der größte Teil des preußischen Volkes so reichlich spendet. Er ist gut und tapfer. Er hat sich standhaft im Unglück und, was viel seltener ist, milde im Glück gezeigt. Er ist von keuschem Herzen, rührend bescheidenem Wesen, bürgerlicher Prunklosigkeit, häuslich guten Sitten, ein zärtlicher Vater, besonders zärtlich für die schöne Zarewna, welcher Zärtlichkeit wir vielleicht die Cholera und ein noch größeres Übel, womit erst unsere Nachkommen kämpfen werden, schönstens verdanken. Außerdem ist der König von Preußen ein sehr religiöser Mann, er hält streng auf Religion, er ist ein guter Christ, er hängt fest am evangelischen Bekenntnisse, er hat selbst eine Liturgie geschrieben, er glaubt an die Symbole – ach! ich wollte, er glaubte an den Jupiter, den Vater der Götter, der den Meineid rächt, und er gäbe uns endlich die versprochene Konstitution.

Oder ist das Wort eines Königs nicht so heilig wie ein Eid?

Von allen Tugenden Friedrich Wilhelms rühmt man jedoch am meisten seine Gerechtigkeitsliebe. Man erzählt davon die rührendsten Geschichten. Noch jüngst hat er 11227 Taler 13 gute Groschen aus seiner Privatkasse geopfert, um den Rechtsansprüchen eines Kyritzer Bürgers zu genügen. Man erzählt, der Sohn des Müllers von Sanssouci habe aus Geldnot die berühmte Windmühle verkaufen wollen, worüber sein Vater mit Friedrich dem Großen prozessiert hat. Der jetzige König ließ aber dem benötigten Mann eine große Geldsumme vorstrecken, damit die berühmte Windmühle in dem alten Zustande stehenbleibe, als ein Denkmal preußischer Gerechtigkeitsliebe. Das ist alles sehr hübsch und löblich – aber wo bleibt die versprochene Konstitution, worauf das preußische Volk nach göttlichem und weltlichem Rechte die eigentümlichsten Ansprüche machen kann? Solange der König von Preußen diese heiligste »Obligatio« nicht erfüllt, solange er die wohlverdiente, freie Verfassung seinem Volke vorenthält, kann ich ihn nicht gerecht nennen, und sehe ich die Windmühle von Sanssouci, so denke ich nicht an preußische Gerechtigkeitsliebe, sondern an preußischen Wind.

Ich weiß sehr gut, die literarischen Lohnlakaien behaupten, der König von Preußen habe jene Konstitution nur der eigenen Laune halber versprochen, ein Versprechen, welches ganz unabhängig von den Zeitumständen gewesen sei. Die Toren! ohne Gemüt, wie sie sind, fühlen sie nicht, daß die Menschen, wenn man ihnen vorenthält, was man ihnen von Rechts wegen schuldig ist, weit weniger beleidigt werden, als wenn man ihnen das versagt, was man ihnen aus bloßer Liebe versprochen hat; denn in solchem Falle wird auch unsere Eitelkeit gekränkt, indem wir sehen, daß wir demjenigen, der uns aus freiem Willen etwas versprach, nicht mehr soviel wert sind.

Oder war es wirklich nur eigne Laune, ganz unabhängig von den Zeitumständen, was den König von Preußen einst bewogen hätte, seinem Volke eine freie Konstitution zu versprechen? Er hatte also auch nicht einmal damals die Absicht, dankbar zu sein? Und er hatte doch soviel Grund dazu, denn nie befand sich ein Fürst in einer kläglicheren Lage als die, worin der König von Preußen nach der Schlacht bei Jena geraten war und woraus ihn sein Volk gerettet. Standen ihm damals nicht die Tröstungen der Religion zu Gebote, er mußte verzweifeln ob der Insolenz, womit der Kaiser Napoleon ihn behandelte. Aber, wie gesagt, er fand Trost im Christentum, welches wahrlich die beste Religion ist nach einer verlorenen Schlacht. Ihn stärkte das Beispiel seines Heilandes; auch er konnte damals sagen: »Mein Reich ist nicht von dieser Welt!«, und er vergab seinen Feinden, welche mit viermalhunderttausend Mann ganz Preußen besetzt hielten. Wäre Napoleon damals nicht mit weit wichtigeren Dingen beschäftigt gewesen, als daß er an Se. Majestät Friedrich Wilhelm III. allzuviel denken konnte, er hätte diesen gewiß gänzlich in Ruhestand gesetzt. Späterhin, als alle Könige von Europa sich gegen den Napoleon zusammenrotteten und der Mann des Volkes in dieser Fürsten-Emeute unterlag und der preußische Esel dem sterbenden Löwen die letzten Fußtritte gab: da bereute er zu spät die Unterlassungssünde. Wenn er in seinem hölzernen Käfig zu St. Helena auf und ab ging und es ihm in den Sinn kam, daß er den Papst kajoliert und vergessen hatte, Preußen zu zertreten: dann knirschte er mit den Zähnen, und wenn ihm dann eine Ratte in den Weg lief, dann zertrat er die arme Ratte.

Napoleon ist jetzt tot und liegt wohlverschlossen in seinem bleiernen Sarg unter dem Sand von Longwood, auf der Insel Sankt Helena. Rund herum ist Meer. Den braucht ihr also nicht mehr zu fürchten. Auch die letzten drei Götter, die noch im Himmel übriggeblieben, den Vater, den Sohn und den Heiligen Geist, braucht ihr nicht zu fürchten, denn ihr steht gut mit ihrer heiligen Dienerschaft. Ihr braucht euch nicht zu fürchten, denn ihr seid mächtig und weise. Ihr habt Gold und Flinten, und was feil ist, könnt ihr kaufen, und was sterblich ist, könnt ihr töten. Eurer Weisheit kann man ebensowenig widerstehen. Jeder von euch ist ein Salomo, und es ist schade, daß die Königin von Saba, die schöne Frau, nicht mehr lebt; ihr hättet sie bis aufs Hemd enträtselt. Dann habt ihr auch eiserne Töpfe, worin ihr diejenigen einsperren könnt, die euch etwas zu raten aufgeben, wovon ihr nichts wissen wollt, und ihr könnt sie versiegeln und ins Meer der Vergessenheit versenken; alles wie König Salomo. Gleich diesem versteht ihr auch die Sprache der

Vögel. Ihr wißt alles, was im Lande gezwitschert und gepfiffen wird, und mißfällt euch der Gesang eines Vogels, so habt ihr eine große Schere, womit ihr ihm den Schnabel zurechtschneidet, und wie ich höre, wollt ihr euch eine noch größere Schere anschaffen für die, welche über zwanzig Bogen singen. Dabei habt ihr die klügsten Vögel in eurem Dienste, alle Edelfalken, alle Raben, nämlich die schwarzen, alle Pfauen, alle Eulen. Auch lebt noch der alte Simurgh, und er ist euer Großwesir, und er ist der gescheuteste Vogel der Welt. Er will das Reich wieder ganz so herstellen, wie es unter den präadamitischen Sultanen bestanden, und er legt deshalb unermüdlich Eier, Tag und Nacht, und in Frankfurt werden sie ausgebrütet. Hut-Hut, der akkreditierte Wiedehopf, läuft unterdessen über den märk'schen Sand, mit den pfiffigsten Depeschen im Schnabel. Ihr braucht euch nicht zu fürchten.

Nur vor einem möchte ich euch warnen, nämlich vor dem »Moniteur« von 1793. Das ist ein Höllenzwang, den ihr nicht an die Kette legen könnt, und es sind Beschwörungsworte darin, die viel mächtiger sind als Gold und Flinten, Worte, womit man die Toten aus den Gräbern ruft und die Lebenden in den Tod schickt, Worte, womit man die Zwerge zu Riesen macht und die Riesen zerschmettert, Worte, die eure ganze Macht zerschneiden, wie das Fallbeil einen Königshals.

Ich will euch die Wahrheit gestehen. Es gibt Leute, die Mut genug besitzen, jene Worte auszusprechen, und die sich nicht gefürchtet hätten vor den grauenhaftesten Geistererscheinungen; aber sie wußten eben nicht das rechte Wort im Buche zu finden und hätten es auch mit ihren dicken Lippen nicht aussprechen können; sie sind keine Hexenmeister. Andere, die, vertraut mit der geheimnisvollen Wünschelrute, das rechte Wort wohl aufzufinden wüßten und auch mit zauberkundiger Zunge es auszusprechen vermöchten: diese waren zagen Herzens und fürchteten sich vor den Geistern, die sie beschwören sollten; – denn ach! wir wissen nicht das Sprüchlein, womit man die Geister wieder zähmt, wenn der Spuk allzu toll wird; wir wissen nicht, wie man die begeisterten Besenstiele wieder in ihre hölzerne Ruhe zurückbannt, wenn sie mit allzuviel rotem Wasser das Haus überschwemmen; wir wissen nicht, wie man das Feuer wieder bespricht, wenn es allzu rasend umherleckt; wir fürchteten uns.

Verlaßt euch aber nicht auf Ohnmacht und Furcht von unserer Seite. Der verhüllte Mann der Zeit, der ebenso kühnen Herzens wie kundiger

Zunge ist und der das große Beschwörungswort weiß und es auch auszusprechen vermag, er steht vielleicht schon in eurer Nähe. Vielleicht ist er in knechtischer Livree oder gar in Harlekinstracht vermummt, und ihr ahnet nicht, daß es euer Verderber ist, welcher euch untertänig die Stiefel auszieht oder durch seine Schnurren euer Zwerchfell erschüttert. Graut euch nicht manchmal, wenn euch die servilen Gestalten mit fast ironischer Demut umwedeln und euch plötzlich in den Sinn kommt: das ist vielleicht eine List, dieser Elende, der sich so blödsinnig absolutistisch, so viehisch gehorsam gebärdet, der ist vielleicht ein geheimer Brutus? Habt ihr nicht nachts zuweilen Träume, die euch vor den kleinsten, windigsten Würmern warnen, die ihr des Tags zufällig kriechen gesehen? Ängstigt euch nicht! Ich scherze nur, ihr seid ganz sicher. Unsere dummen Teufel von Servilen verstellen sich durchaus nicht. Sogar der Jarcke ist nicht gefährlich. Seid auch außer Sorge in betreff der kleinen Narren, die euch zuweilen mit bedenklichen Späßen umgaukeln. Der große Narr schützt euch vor den kleinen. Der große Narr ist ein sehr großer Narr, riesengroß, und er nennt sich deutsches Volk.

Oh, das ist ein sehr großer Narr! Seine buntscheckige Jacke besteht aus sechsunddreißig Flicken. An seiner Kappe hängen statt der Schellen lauter zentnerschwere Kirchenglocken, und in der Hand trägt er eine ungeheure Pritsche von Eisen. Seine Brust aber ist voll Schmerzen. Nur will er an diese Schmerzen nicht denken, und er reißt deshalb um so lustigere Possen, und er lacht manchmal, um nicht zu weinen. Treten ihm seine Schmerzen allzu brennend in den Sinn, dann schüttelt er wie toll den Kopf und betäubt sich selber mit dem christlich frommen Glockengeläute seiner Kappe. Kommt ein guter Freund zu ihm, der teilnehmend über seine Schmerzen mit ihm reden will oder gar ihm ein Hausmittelchen dagegen anrät, dann wird er rein wütend und schlägt nach ihm mit der eisernen Pritsche. Er ist überhaupt wütend gegen jeden, der es gut mit ihm meint. Er ist der schlimmste Feind seiner Freunde und der beste Freund seiner Feinde. Oh! der große Narr wird euch immer treu und unterwürfig bleiben, mit seinen Riesenspäßchen wird er immer eure Junkerlein ergötzen, er wird täglich zu ihrem Vergnügen seine alten Kunststücke machen und unzählige Lasten auf der Nase balancieren und viele hunderttausend Soldaten auf seinem Bauche herumtrampeln lassen. Aber habt ihr gar keine Furcht, daß dem Narren mal all die Lasten zu schwer werden und daß er eure Soldaten von sich abschüttelt und euch selber aus Überspaß mit dem kleinen Finger den Kopf eindrückt, so daß euer Hirn bis an die Sterne spritzt?

Fürchtet euch nicht, ich scherze nur. Der große Narr bleibt euch untertänigst gehorsam, und wollen euch die kleinen Narren ein Leid zufügen, der große schlägt sie tot.

Geschrieben zu Paris, den 18. Oktober 1832

Heinrich Heine

Vive la France! quand même –

Artikel I

Paris, 28. Dezember 1831

Die erblichen Pairs haben jetzt ihre last speeches gehalten und waren gescheit genug, sich selber für tot zu erklären, um nicht vom Volke umgebracht zu werden. Dieser Bewegungsgrund ist ihnen von Casimir Périer ganz besonders ans Herz gelegt worden. Von solcher Seite ist also kein Vorwand zu Emeuten mehr vorhanden. Der Zustand des niedern Volks von Paris ist indessen, wie man sagt, so trostlos, daß bei dem geringsten Anlasse, der von außen her gegeben würde, eine mehr als sonst bedrohliche Emeute stattfinden kann. Ich glaube aber dennoch nicht, daß wir solchen Ausbrüchen so nahe sind, wie man in diesem Augenblicke behauptet. Nicht als ob ich die Regierung für gar zu mächtig hielte oder die Gegenparteien für gar zu kraftlos, im Gegenteil, die Regierung bekundet ihre Schwäche bei jeder Gelegenheit; namentlich geschah dies zur Zeit der Lyoner Unruhen, und was die Gegenparteien betrifft, so sind sie hinreichend erbittert und dürften obendrein bei Tausenden, die vor Elend sterben, die tollkühnste Unterstützung finden; – aber es ist jetzt kaltes, neblichtes Winterwetter.

»Sie werden heute abend nicht kommen, denn es regnet«, sagte Petion, nachdem er das Fenster geöffnet und wieder ruhig geschlossen, während seine Freunde, die Girondisten, von dem Volke, welches die Bergpartei verhetzte, einen Überfall erwarteten. Man erzählt diese Anekdote in den Revolutionsgeschichten, um Petions Phlegma zu zeigen. Aber seit ich mit eigenen Augen die Natur der Pariser Volksaufstände studiert, sehe ich ein, wie sehr man jene Worte mißverstand. Zu guten Emeuten gehört wirklich gutes Wetter, behaglicher Sonnenschein, ein angenehm warmer Tag, und daher gerieten sie im Junius, Juli und August immer am besten. Es darf dann auch nicht regnen, denn die Pariser fürchten nichts mehr als den Regen, und dieser verscheucht die Hunderttausende von Männern, Weibern und Kindern, die meistens geputzt und lachend nach den Walstätten ziehen und durch ihre Anzahl den Mut der Agitatoren heben. Auch darf die Luft nicht neblicht sein, sonst kann man ja die großen Plakate, die das Gouvernement an die Straßenecken anschlägt, nicht lesen; und doch muß diese Lektüre dazu dienen, die Menschenmassen nach bestimmten Orten zusammenzuziehen, wo sie sich am besten drängen, stoßen und tumultuarisch aufregen können. Guizot, ein fast deutscher Pedant, hat, als er Konrektor von Frankreich war, auf solchen Plakaten auch all sein philosophisch-historisches Wissen auskramen wollen, und man versichert, daß eben weil die Volkshaufen mit dieser Lektüre nicht so leicht fertig werden konnten und sich daher an den Straßenecken um so drängender vermehrten, sei die Emeute so bedenklich geworden, daß der arme Doktrinär, ein Opfer seiner eigenen Gelehrsamkeit, sein Amt niederlegen mußte. Was aber vielleicht die Hauptsache ist, bei kaltem Wetter können im Palais Royal keine Zeitungen gelesen werden, und doch ist es hier, wo unter den hübschen Bäumen sich die eifrigsten Politiker versammeln, die Blätter vorlesen, in wütenden Gruppen debattieren und ihre Inspirationen nach allen Richtungen verbreiten.

Es hat sich jetzt gezeigt, wie sehr man dem vorigen Orleans, dem Philipp Egalité, unrecht tat, als man ihn der Oberleitung der meisten Volksaufstände beschuldigte, weil man damals entdeckt hatte, daß das Palais Royal, wo er wohnte, der Mittelpunkt derselben sei. In diesem Jahre zeigte sich das Palais Royal noch immer als ein solcher Mittelpunkt; es war noch immer der Versammlungsort aller unruhigen Köpfe; es war noch immer das Hauptquartier der Unzufriedenen, und doch hatte sein jetziger Eigentümer dergleichen Volk gewiß nicht berufen und besoldet. Der Geist der Revolution wollte das Palais Royal nicht verlassen, obgleich sein Eigentümer König geworden, und dieser war deshalb gezwungen, seine alte Wohnung aufzugeben. Man sprach von besonderen Besorgnissen, die jene Wohnungsveränderung veranlaßt hätten, namentlich sprach man von der Furcht vor einer französischen Pulververschwörung. Freilich, da von einem Teile des Palastes, den oben der König bewohnte, das Rez-de-chaussée für Butiken vermietet ist, so wäre es leicht gewesen, die Pulverfässer dorthin zu bringen und Se. Majestät mit aller Bequemlichkeit in die Luft zu sprengen. Andere meinten, es sei nicht anständig gewesen, daß Ludwig Philipp oben regierte, während unten Hr. Chevet seine Würste verkaufe. Letzteres ist aber doch ein ebenso honettes Geschäft, und ein Bürgerkönig hätte darum just nicht auszuziehen gebraucht, zumal Ludwig Philipp, der sich noch voriges Jahr über alles feudalistische und cäsartümliche Herkommen und Kostümwesen mokiert und gegen einige junge Republikaner geäußert hatte, die goldene Krone sei zu kalt im Winter und zu heiß im Sommer, ein Zepter sei zu stumpf, um es als Waffe, und zu kurz, um es als Stütze zu gebrauchen, und ein runder Filzhut und ein guter Regenschirm sei in jetziger Zeit viel nützlicher.

Ich weiß nicht, ob Ludwig Philipp sich dieser Äußerungen noch zu besinnen weiß, denn es ist schon lange her, seit er das letztemal mit rundem Hut und Regenschirm durch die Straßen von Paris wanderte und mit raffinierter Treuherzigkeit die Rolle eines biedern, schlichten Hausvaters spielte. Er drückte damals jedem Spezereihändler und Handwerker die Hand und trug dazu, wie man sagt, einen besondern schmutzigen Handschuh, den er jedesmal wieder auszog und mit einem reineren Glacéhandschuh vertauschte, wenn er in seine höhere Region, zu seinen alten Edelleuten, Bankierministern, Intriganten und amarantroten Lakaien, wieder hinaufstieg. Als ich ihn das letztemal sah, wandelte er auf und nieder zwischen den goldenen Türmchen, Marmorvasen und Blumen auf dem Dache der Galerie Orleans. Er trug einen schwarzen Rock, und auf seinem breiten Gesichte spazierte eine Sorglosigkeit, worüber wir fast ein Grauen empfinden, wenn wir die schwindelnde Stellung des Mannes bedenken. Man sagt jedoch, sein Gemüt sei gar nicht so sorglos wie sein Gesicht.

Es ist gewiß tadelnswert, daß man das Gesicht des Königs zum Gegenstande der meisten Witzeleien erwählt und daß er in allen Karikaturläden als Zielscheibe des Spottes ausgehängt ist. Wollen die Gerichte diesem Frevel Einhalt tun, dann wird gewöhnlich das Übel noch vermehrt. So sahen wir jüngst, wie aus einem Prozesse der Art sich ein anderer entspann, wobei der König nur noch desto mehr kompromittiert wurde. Nämlich Philipon, der Herausgeber eines Karikaturjournals, verteidigte sich folgendermaßen: Wolle man in irgendeiner Karikaturfratze eine Ähnlichkeit mit dem Gesichte des Königs finden, so fände man diese auch, sobald man nur wolle, in jedem beliebigen, noch so heterogenen Bildnisse, so daß am Ende niemand vor einer Anklage beleidigter Majestät sichergestellt sei. Um den Vordersatz zu beweisen, zeichnete er auf ein Stück Papier mehrere Karikaturengesichter, wovon das erste dem Könige frappant glich, das zweite aber dem ersten glich, ohne daß jene königliche Ähnlichkeit allzu bemerkbar blieb, in solcher Weise glich wieder das dritte dem zweiten und das vierte dem dritten Gesicht, dergestalt aber, daß jenes vierte Gesicht ganz wie eine Birne aussah und dennoch eine leise, jedoch desto spaßhaftere Ähnlichkeit mit den Zügen des geliebten Monarchen darbot. Da nun Philipon trotzdem von der Jury verurteilt wurde, druckte er in seinem Journale seine Verteidigungsrede, und zu den Beweisstücken gab er lithographiert das Blatt mit den vier Karikaturgesichtern. Wegen dieser Lithographie, die unter dem Namen »Die Birne« bekannt ist, wurde der geistreiche Künstler nun wieder verklagt, und die ergötzlichsten Verwicklungen erwartet man von diesem Prozesse. Ich glaube, Ludwig Philipp ist kein unedler Mann, der auch gewiß nicht das Schlechte will und der nur den Fehler hat, sein eigenstes Lebensprinzip zu verkennen. Dadurch kann er zugrunde gehen. »Denn«, wie Sallust tiefsinnig ausspricht, »die Regierungen können sich nur durch dasjenige erhalten, wodurch sie entstanden sind«, so z.B., daß eine Regierung, die durch Gewalt gestiftet worden, sich auch nur durch Gewalt erhält, nicht durch List, und so umgekehrt. Ludwig Philipp hat vergessen, daß seine Regierung durch das Prinzip der Volkssouveränetät entstanden ist, und in trübseligster Verblendung möchte er sie jetzt durch eine Quasilegitimität, durch Verbindung mit absoluten Fürsten und durch Fortsetzung der Restaurationsperiode zu erhalten suchen. Dadurch geschieht es, daß jetzt die Geister der Revolution ihm grollen und unter allen Gestalten ihn befehden. Diese Fehde ist jedenfalls noch gerechter als die Fehde gegen die vorige Regierung, welche dem Volke nichts verdankte und sich ihm gleich anfangs offen feindlich entgegensetzte. Ludwig Philipp, der dem Volke und den Pflastersteinen des Julius seine Krone verdankte, ist ein Undankbarer, dessen Abfall um so verdrießlicher, da man täglich mehr und mehr die Einsicht gewinnt, daß man sich gröblich täuschen lassen. Ja, täglich geschehen offenbare Rückschritte, und wie man die Pflastersteine, die man in den Juliustagen als Waffe gebrauchte und die an einigen Orten noch seitdem aufgehäuft lagen, jetzt wieder ruhig einsetzt, damit keine äußere Spur der Revolution übrigbleibe: so wird auch jetzt das Volk wieder an seine vorige Stelle, wie Pflastersteine, in die Erde zurückgestampft und, nach wie vor, mit Füßen getreten.

Ich habe vergessen, oben zu erwähnen: unter den Beweggründen, die dem Könige zugeschrieben worden, als er das Palais Royal verließ und die Tuilerien bezog, gehörte das Gerücht, daß er die Krone nur zum Scheine angenommen, daß er im Herzen seinem legitimen Herrn, Karl X., ergeben geblieben, daß er dessen Rückkehr vorbereite und deshalb auch nicht die Tuilerien beziehe. Die Karlisten hatten dieses

Gerücht ausgeheckt, und es war absurd genug, um beim Volke Eingang zu finden. Nun, diesem Gerüchte ist durch die Tat widersprochen, der Sohn Egalités ist endlich als Sieger eingezogen durch die Triumphpforte des Carrousels und spaziert jetzt mit seinem sorglosen Gesichte und mit Hut und Regenschirm durch die weltgeschichtlichen Gemächer der Tuilerien. Man sagt, die Königin habe sich sehr gesträubt, dieses »Haus des Unglücks« zu bewohnen. Vom Könige will man wissen, er habe dort in der ersten Nacht nicht so gut wie gewöhnlich schlafen können und sei von allerlei Visionen heimgesucht worden; z.B. Marie Antoinette habe er mit zornsprühenden Nüstern, wie einst am 10. August, umherrennen sehen; dann habe er das hämische Gelächter jenes roten Männleins gehört, das sogar manchmal hinter Napoleons Rücken vernehmlich lachte, wem dieser eben seine stolzesten Befehle im Audienzsaale erteilte; endlich aber sei St. Denis zu ihm gekommen und habe ihn im Namen Ludwigs XVI. auf Guillotinen herausgefordert. St. Denis ist, wie männiglich weiß, der Schutzpatron der Könige von Frankreich, bekanntlich ein Heiliger, der mit seinem eigenen Kopfe in der Hand dargestellt wird.

Bedenklicher als alle Gespenster, die im Innern des Schlosses lauern mögen, sind die Torheiten, die sich bei seinen Außenwerken offenbaren. Ich rede von den famösen fossés des Tuileries. Diese waren lange Zeit ein Hauptgegenstand der Unterhaltung sowohl in Salons als in Carrefours, und noch immer liegen sie im Bereiche der bittersten und feindseligsten Besprechung. Als noch vor der Gartenfassade der Tuilerien die hohen Bretterwände standen, die den Augen des Publikums jene Arbeiten verhüllten, hörte man darüber die absurdesten Hypothesen. Die meisten meinten, der König wolle das Schloß befestigen, und zwar von der Gartenseite, wo einst am 10. August das Volk so leicht eindringen konnte. Es hieß sogar, der Pont Royal würde deshalb abgebrochen. Andere meinten, der König wolle nur eine lange Mauer aufrichten, um sich selbst die Aussicht nach der Place de la Concorde zu verdecken; dieses jedoch geschehe nicht aus kindischer Furcht, sondern aus Zartgefühl; denn sein Vater starb auf der Place de Grève, die Place de la Concorde aber war der Hinrichtungsplatz für die ältere Linie. Indessen, wie dem armen Ludwig Philipp so oft Unrecht geschieht, so auch hier. Als man jene mystischen Bretterwände vor dem Schlosse wieder niederriß, sah man weder Befestigungswerke noch Schutzmauern, weder Schanzgräben noch Bastionen, sondern eitel Dummheit und Blumen. Der König hatte nämlich, bausüchtig wie er ist, den Einfall gehabt, vor dem Schlosse einen kleinen Garten für sich und seine Familie von dem größern öffentlichen Garten abzuscheiden, diese Abscheidung war nur durch einen gewöhnlichen Graben und ein Drahtgitterwerk von einigen Fuß Höhe ausgeführt worden, und in den ausgestochenen Beeten standen schon Blumen, ebenso unschuldig wie jene Gartenidee des Königs selbst.

Casimir Périer soll aber über diese unschuldige Idee, die ohne sein Vorwissen ausgeführt worden, sehr ärgerlich gewesen sein. Denn jedenfalls veranlaßt sie den gerechten Unmut des Publikums über die Verunstaltung des ganzen Gartens, eines Meisterstücks von Le Nôtre, das eben durch sein großartiges Ensemble so sehr imponiert. Es ist gerade, als wollte man einige Szenen aus einer Racineschen Tragödie ausscheiden. Englische Gärten und romantische Dramen mag man immerhin ohne Schaden, oft sogar mit Vorteil verkürzen; Racines poetische Gärten aber mit ihren sublim langweiligen Einheiten, pathetischen Marmorgestalten, gemessenen Abgängen und sonstig strengem Zuschnitt, ebensowenig wie Le Nôtres grüne Tragödie, die mit der breiten Tuilerien-Exposition so großartig beginnt und mit der erhabenen Terrasse, wo man die Katastrophe des Concordeplatzes schaut, so großartig endigt, kann man nicht im mindesten verändern, ohne ihre Symmetrie, und also ihre eigentliche Schönheit, zu zerstören. Außerdem ist jener unzeitige Gartenbau noch wegen anderer Gründe dem König schädlich. Erstens kommt er dadurch um so öfter ins Gerede, was ihm doch jetzt nicht sonderlich nützlich ist; zweitens versammelt sich dadurch in seiner persönlichen Nähe beständig viel Gaffervolk, das allerlei bedenkliche Glossen macht, das vielleicht seinen Hunger durch Schaulust zu vergessen sucht, für jeden Fall aber lange müßige Hände hat. Da hört man bitter scharfe Bemerkungen und rote Witzeleien, die an die neunziger Jahre erinnern. An der einen Eingangsseite des neuen Gartens steht ein metallener Abguß des Messerschleifers, dessen Original in der Tribune zu Florenz zu sehen ist und über dessen Bedeutung verschiedene Meinungen herrschen. Hier aber, im Tuileriengarten, hörte ich über den Sinn dieses Bildes einige moderne Auslegungen, worüber manche Antiquare mitleidig lächeln und manche Aristokraten heimlich erzittern würden.

Gewiß, dieser Gartenbau ist eine kolossale Torheit und gibt den König den gehässigsten Anschuldigungen preis. Man kann ihn sogar als eine symbolische Handlung interpretieren. Ludwig Philipp zieht einen Graben zwischen sich und dem Volke, er trennt sich von demselben auch sichtbar. Oder hat er das Wesen des konstitutionellen Königtums so kleinmütig aufgefaßt und so kurzsinnig begriffen, daß er meint, wenn er dem Volke den größern Teil des Gartens überlasse, so dürfe er den kleinern Teil desto ausschließlicher als Privatgärtchen besitzen? Nein, das absolute Königtum mit seinem großartig egoistischen Ludwig XIV., der statt des L'état c'est moi auch sagen konnte Les tuileries c'est moi, erschiene alsdann viel herrlicher als die konstitutionelle Volkssouveränetät mit ihrem Ludwig Philipp I., der angstvoll sein Privatgärtchen abgrenzt und ein kümmerliches Chacun chez soi in Anspruch nimmt. Man sagt, daß der ganze Bau im Frühjahre vollendet werde. Alsdann wird auch das neue Königtum, das jetzt noch sowenig ausgebaut und noch so kalkfrisch ist, etwas fertiger aussehen. Seine gegenwärtige Erscheinung ist im höchsten Grade ungewöhnlich. In der Tat, wenn man jetzt die Tuilerien von der Gartenseite betrachtet und all jenes Graben und Umgraben, das Versetzen der Statuen, das Pflanzen der laublosen Bäume, den alten Steinschutt, die neuen Baumaterialien und all die Reparaturen sieht, wobei soviel gehämmert, geschrien, gelacht und getobt wird: dann glaubt man ein Sinnbild des neuen unvollendeten Königtums selbst vor Augen zu haben.

Artikel II

Paris, 19. Januar 1832

Der »Temps« bemerkt heute, daß die »Allgemeine Zeitung« jetzt Artikel liefere, die feindselig gegen die königliche Familie gerichtet seien, und daß die deutsche Zensur, die nicht die geringste Äußerung gegen absolute Könige erlaube, gegen einen Bürgerkönig nicht die mindeste Schonung ausübe. Der »Temps« ist doch die gescheiteste Zeitschrift der Welt! Mit wenigen milden Worten erreicht er seine Zwecke viel schneller als andere mit ihrer lautesten Polemik. Sein schlauer Wink ist hinreichend verstanden worden, und ich weiß wenigstens einen liberalen Schriftsteller, der es jetzt seiner Ehre nicht angemessen hält, unter

Zensurerlaubnis gegen einen Bürgerkönig die feindliche Sprache zu führen, die man ihm gegen einen absoluten König nicht gestatten würde. Aber dafür tue uns Ludwig Philipp auch den einzigen Gefallen, ein Bürgerkönig zu bleiben. Eben weil er den absoluten Königen täglich ähnlicher wird, müssen wir ihm grollen. Er ist gewiß als Mensch ganz ehrenfest und ein achtungswerter Familienvater, zärtlicher Gatte und guter Ökonom; aber es ist verdrießlich, daß er alle Freiheitsbäume abschlagen läßt und sie ihres hübschen Laubwerks entkleidet, um daraus Stützbalken zu zimmern für das wackelnde Haus Orleans. Deshalb, nur deshalb zürnt ihm die liberale Presse, und die Geister der Wahrheit verschmähen sogar die Lüge nicht, um ihn damit zu befehden. Es ist traurig, bejammernswert, daß durch diese Taktik sogar die Familie des Königs leiden muß, die ebenso schuldlos wie liebenswürdig ist. Von dieser Seite wird die deutsche liberale Presse, minder geistreich, aber gemütvoller als ihre französische ältere Schwester, sich keine Grausamkeiten zuschulden kommen lassen. »Ihr solltet wenigstens mit dem Könige Mitleid haben!« rief jüngst das sanftlebende »Journal des débats«. – »Mitleid mit Ludwig Philipp!« entgegnete die »Tribune«, »dieser Mann verlangt fünfzehn Millionen und unser Mitleid! Hat er Mitleid gehabt mit Italien, mit Polen usw.?« – Ich sah diese Tage die unmündige Waise des Menotti, der in Modena gehenkt worden. Auch sah ich unlängst Señora Luisa de Torrijos, eine arme todblasse Dame, die schnell wieder nach Paris zurückgekehrt ist, als sie an der spanischen Grenze die Nachricht von der Hinrichtung ihres Gatten und seiner zweiundfünfzig Unglücksgefährten erfuhr. Ach, ich habe wirklich Mitleid mit Ludwig Philipp!

Die »Tribune«, das Organ der offen republikanischen Partei, ist unerbittlich gegen ihren königlichen Feind und predigt täglich die Republik. Der »National«, das rücksichtsloseste und unabhängigste Journal Frankreichs, hat unlängst auf eine befremdende Art in diesen Ton eingestimmt. Furchtbar, wie ein Echo aus den blutigsten Tagen der Konvention, klangen die Reden jener Häuptlinge der Société des amis du peuple, die vorige Woche vor den Assisen standen, angeklagt, »gegen die bestehende Regierung konspiriert zu haben, um dieselbe zu stürzen und eine Republik zu errichten«. Sie wurden von der Jury freigesprochen, weil sie bewiesen, daß sie keineswegs konspiriert, sondern ihre Gesinnungen im Angesichte des ganzen Publikums ausgesprochen hätten. »Ja, wir wünschen den Umsturz dieser schwachen Regierung, wir wollen eine Republik«, war der Refrain aller ihrer Reden vor Gericht.

Während auf der einen Seite die ernsthaften Republikaner das Schwert ziehen und mit Donnerworten grollen, blitzt und lacht »Figaro« und schwingt am wirksamsten seine leichte Geißel. Er ist unerschöpflich in Witzen über »die beste Republik«, ein Ausdruck, wodurch zugleich der arme Lafayette geneckt wird, weil er bekanntlich einst vor dem Hôtel de ville den Ludwig Philipp umarmt und ausgerufen: »Vous êtes la meilleure république!« Dieser Tage bemerkte »Figaro«, man verlange keine Republik, seit man die beste gesehen. Ebenso sanglant sagt er bei Gelegenheit der Debatten über die Zivilliste: »La meilleure république coûte quinze millions.«

Die Partei der Republikaner will dem Lafayette seinen Mißgriff in betreff des empfohlenen Königs nimmermehr verzeihen. Sie wirft ihm vor, daß er den Ludwig Philipp lange genug gekannt habe, um vorauswissen zu können, was von ihm zu erwarten sei. Lafayette ist jetzt krank, kummerkrank. Ach! das größte Herz beider Welten, wie schmerzlich muß es jene königliche Täuschung empfinden! Vergebens, in der ersten Zeit, mahnte Lafayette beständig an das Programme de l'hôtel de ville, an die republikanischen Institutionen, womit das Königtum umgeben werden sollte, und an ähnliche Versprechungen. Aber ihn überschrien jene doktrinären Schwätzer, die aus der englischen Geschichte von 1688 beweisen, daß man sich im Julius 1830 nur für die Aufrechterhaltung der Charte in Paris geschlagen und alle Aufopferungen und Kämpfe nur die Einsetzung der jüngern Linie der Bourbone an die Stelle der ältern bezweckt habe, ebenso wie einst in England mit der Einsetzung des Hauses Oranien an die Stelle der Stuarts alles abgetan war. Thiers, welcher zwar nicht wie die Doktrinäre denkt, aber jetzt im Sinne dieser Partei spricht, hat ihr in der letzten Zeit nicht geringen Vorschub geleistet. Dieser Indifferentist von der tiefsten Art, der so wunderbar maßzuhalten weiß in der Klarheit, Verständigkeit und Veranschaulichung seiner Schreibweise, dieser Goethe der Politik, ist gewiß in diesem Augenblicke der mächtigste Verfechter des Périerschen Systems, und wahrlich, mit seiner Broschüre gegen Chateaubriand vernichtete er fast jenen Don Quixote der Legitimität, der auf seiner geflügelten Rosinante so pathetisch saß, dessen Schwert mehr glänzend als scharf war und der nur mit kostbaren Perlen schoß, statt mit guten, eindringlichen Bleikugeln.

In ihrem Unmute über die klägliche Wendung der Ereignisse lassen sich viele Freiheitsenthusiasten sogar zur Verlästerung des Lafayette verleiten. Wie weit man in dieser Hinsicht sich vergehen kann, ergibt sich aus der Schrift des Belmontet, die ebenfalls gegen die bekannte Broschüre des Chateaubriand gerichtet ist und worin mit ehrenwerter Offenheit die Republik gepredigt wird. Ich würde die bittern Urteile, die in dieser Schrift über Lafayette vorkommen, hier ganz hersetzen, wären sie nicht einesteils gar zu gehässig und ständen sie nicht anderteils in Verbindung mit einer für diese Blätter unstatthaften Apologie der Republik. Ich verweise aber in dieser Hinsicht auf die Schrift selbst und namentlich auf einen Abschnitt derselben, der »Die Republik« überschrieben ist. Man sieht da, wie Menschen, die edelsten sogar, ungerecht werden durch das Unglück.

Den glänzenden Wahn von der Möglichkeit einer Republik in Frankreich will ich hier nicht bekämpfen. Royalist aus angeborner Neigung, werde ich es in Frankreich auch aus Überzeugung. Ich bin überzeugt, daß die Franzosen keine Republik, weder die Verfassung von Athen noch die von Sparta und am allerwenigsten die von Nordamerika, ertragen können. Die Athener waren die studierende Jugend der Menschheit, die Verfassung von Athen war eine Art akademischer Freiheit, und es wäre töricht, diese in unserer erwachsenen Zeit, in unserem greisen Europa wieder einführen zu wollen. Und gar wie ertrügen wir die Verfassung von Sparta, dieser großen, langweiligen Patriotismusfabrik, dieser Kaserne der republikanischen Tugend, dieser erhaben schlechten Gleichheitsküche, worin die schwarzen Suppen so schlecht gekocht wurden, daß attische Witzlinge behaupteten, die Lakedämonier seien deshalb Verächter des Lebens und todesmutige Helden in der Schlacht. Wie könnte solche Verfassung gedeihen im Foyer der Gourmands, im Vaterlande des Véry, der Véfour, des Carême! Dieser letztere würde sich gewiß, wie Vatel, in sein Schwert stürzen, als ein Brutus der Kochkunst, als der letzte Gastronome! Wahrlich, hätte Robespierre nur die spartanische Küche eingeführt, so wäre die Guillotine ganz überflüssig gewesen; denn die letzten Aristokraten wären alsdann vor Schrecken gestorben oder schleunigst emigriert. Armer Robespierre! du wolltest republikanische Strenge einführen in Paris, in einer Stadt, worin 150000 Putzmacherinnen und 150000 Perruquiers und Parfumeurs ihr lächelndes, frisierendes und duftendes Gewerbe treiben!

Die amerikanische Lebensmonotonie, Farblosigkeit und Spießbürgerei wäre noch unerträglicher in der Heimat der Schaulust, der Eitelkeit, der Moden und Novitäten. Wahrlich, nirgends grassiert die Krankheit der Auszeichnungssucht so sehr wie in Frankreich. Vielleicht mit Ausnahme von August Wilhelm Schlegel gibt es keine Frau in Deutschland, die sich so gern durch ein buntes Bändchen auszeichnete wie die Franzosen; sogar die Juliushelden, die doch für Freiheit und Gleichheit gefochten, ließen sich hernach dafür mit einem blauen Bändchen dekorieren, um sich dadurch von dem übrigen Volke zu unterscheiden. Wenn ich aber deshalb das Gedeihen einer Republik in Frankreich bezweifele, so läßt sich darum doch nicht leugnen, daß alles zu einer Republik aboutiert, daß die republikanische Ehrfurcht für das Gesetz an die Stelle der royalistischen Personenverehrung getreten ist bei den Besseren und daß die Opposition ebenso, wie sie einst fünfzehn Jahre lang mit einem Könige Komödie gespielt, jetzt dieselbe Komödie mit dem Königtume selber fortsetzt und daß also die Republik wenigstens für kurze Zeit das Ende des Liedes sein könnte. Die Karlisten befördern solches, da sie es als eine notwendige Phase betrachten, um wieder zum absoluten Königtume der älteren Linie zu gelangen. Deshalb gebärden sie sich jetzt als die eifrigsten Republikaner, selbst Chateaubriand preist die Republik, nennt sich Republikaner aus Neigung, fraternisiert mit Marrast und läßt sich die Akkolade erteilen von Béranger. Die »Gazette«, die heuchlerische »Gazette de France«, schmachtet jetzt nach republikanischen Staatsformen, allgemeinem Votum, Primärversammlungen usw. Es ist spaßhaft, wie die verkappten Pfäffchen jetzt in der Sprache des Sansculottismus bramarbasieren, wie farousch sie mit der roten Jakobinermütze kokettieren, wie sie dennoch manchmal in Angst geraten, sie hätten etwa statt dessen aus Zerstreuung das rote Prälatenkäppchen aufgesetzt, wie sie dann die erborgte Bedeckung einen Augenblick vom Haupte nehmen und alle Welt die Tonsur bemerkt. Solche Leute glauben jetzt ebenfalls den Lafayette schmähen zu dürfen, und dieses dient ihnen dann als süße Erholung für den sauren Republikanismus, den Freiheitszwang, den sie sich auferlegen müssen.

Aber was auch die verblendeten Freunde und die heuchlerischen Feinde sagen mögen, Lafayette ist nächst Robespierre der reinste Charakter der französischen Revolution, und nächst Napoleon ist er ihr populärsten Held. Napoleon und Lafayette sind die beiden Namen, die jetzt in Frankreich am schönsten blühen. Freilich ihr Ruhm ist verschiedener Art; dieser kämpfte mehr für den Frieden als für den Sieg, und jener kämpfte mehr um den Lorbeer als um den Eichenkranz. Freilich, es wäre lächerlich, wenn man die Größe beider Helden messen wollte mit demselben Maßstabe und den einen hinstellen wollte auf das Postament des andern. Es wäre lächerlich, wenn man das Standbild des Lafayette auf die Vendômesäule setzen wollte, auf jene Säule, die aus den erbeuteten Kanonen so vieler Schlachten gegossen worden und deren Anblick, wie Barbier singt, keine französische Mutter ertragen kann. Auf diese eiserne Säule stellt den Napoleon, den eisernen Mann, hier wie im Leben fußend auf seinen Kanonenruhm und schauerlich isoliert emporragend in den Wolken, so daß jedem ehrgeizigen Soldaten, wenn er ihn dort oben, den Unerreichbaren, erblickt, das gedemütigte Herz geheilt wird von der eiteln Ruhmsucht und solchermaßen diese kolossale Metallsäule als ein Gewitterableiter des Heldentums den friedlichsten Nutzen stifte in Europa.

Lafayette gründete sich eine bessere Säule als die des Vendômeplatzes und ein besseres Standbild als von Metall oder Marmor. Wo gibt es Marmor so rein wie das Herz, wo gibt es Metall so fest wie die Treue des alten Lafayette? Freilich, er war immer einseitig, aber einseitig wie die Magnetnadel, die immer nach Norden zeigt, niemals zur Abwechslung einmal nach Süden oder Osten. So sagt Lafayette seit vierzig Jahren täglich dasselbe und zeigt beständig nach Nordamerika; er ist es, der die Revolution eröffnete mit der Erklärung der Menschenrechte; noch zu dieser Stunde beharrt er auf dieser Erklärung, ohne welche kein Heil zu erwarten sei – der einseitige Mann mit seiner einseitigen Himmelsgegend der Freiheit! Freilich! er ist kein Genie, wie Napoleon war, in dessen Haupte die Adler der Begeisterung horsteten, während in seinem Herzen die Schlangen des Kalküls sich ringelten; aber er hat sich doch nie von Adlern einschüchtern oder von Schlangen verführen lassen. Als Jüngling weise wie ein Greis, als Greis feurig wie ein Jüngling, ein Schützer des Volks gegen die List der Großen, ein Schützer der Großen gegen die Wut des Volkes, mitleidend und mitkämpfend, nie übermütig und nie verzagend, ebenmäßig streng und milde, so blieb Lafayette sich immer gleich; und so in seiner Einseitigkeit und Gleichmäßigkeit blieb er auch immer stehen auf demselben Platze, seit den Tagen Marie Antoinettens bis auf heutige Stunde; ein getreuer Eckart der Freiheit, steht er noch immer auf seinem Schwerte gestützt und warnend vor dem Eingange der Tuilerien, dem verführerischen Venusberge, dessen Zaubertöne so verlockend klingen und aus dessen süßen Netzen die armen Verstrickten sich niemals wieder losreißen können.

Es ist freilich wahr, daß dennoch der tote Napoleon noch mehr von den Franzosen geliebt wird als der lebende Lafayette. Vielleicht eben weil er tot ist, was wenigstens mir das liebste an Napoleon ist; denn lebte er noch, so müßte ich ihn ja bekämpfen helfen. Man hat außer Frankreich keinen Begriff davon, wie sehr noch das französische Volk an Napoleon hängt. Deshalb werden auch die Mißvergnügten, wenn sie einmal etwas Entscheidendes wagen, damit anfangen, daß sie den jungen Napoleon proklamieren, um sich der Sympathie der Massen zu versichern. »Napoleon« ist für die Franzosen ein Zauberwort, das sie elektrisiert und betäubt. Es schlafen tausend Kanonen in diesem Namen, ebenso wie in der Säule des Vendômeplatzes, und die Tuilerien werden zittern, wenn einmal diese Kanonen erwachen. Wie die Juden den Namen ihres Gottes nicht eitel aussprachen, so wird hier Napoleon selten bei seinem Namen genannt, und er heißt immer »der Mann, l'homme«. Aber sein Bild sieht man überall, in Kupferstich und Gips, in Metall und Holz und in allen Situationen. Auf allen Boulevards und Carrefours stehen Redner, die ihn preisen, den Mann, Volkssänger, die seine Taten besingen. Als ich gestern abend beim Nachhausegehen in ein einsam dunkles Gäßchen geriet, stand dort ein Kind von höchstens drei Jahren vor einem Talglichtchen, das in die Erde gesteckt war, und lallte ein Lied zum Ruhme des großen Kaisers. Als ich ihm einen Sou auf das ausgebreitete Taschentuch hinwarf, rutschte etwas neben mir, welches ebenfalls um einen Sou bat. Es war ein alter Soldat, der ebenfalls von dem Ruhme des großen Kaisers ein Liedchen singen konnte, denn dieser Ruhm hatte ihm beide Beine gekostet. Der arme Krüppel bat mich nicht im Namen Gottes, sondern mit gläubigster Innigkeit flehte er: »Au nom de Napoléon, donnez-moi un sou.« So dient dieser Name auch als das höchste Beschwörungswort des Volkes, Napoleon ist sein Gott, sein Kultus, seine Religion; und diese Religion wird am Ende langweilig wie jede andere. Dagegen wird Lafayette mehr als Mensch verehrt oder als Schutzengel. Auch er lebt in Bildern und Liedern, aber minder heroisch, und ehrlich gestanden, es hat sogar einen komischen Effekt auf mich gemacht, als ich voriges Jahr den 28. Julius im Gesange der Parisienne die Worte hörte: »Lafayette aux cheveux blancs«, während ich ihn selbst mit seiner braunen Perücke neben mir stehen sah. Es war auf dem Bastillenplatz, der Mann war auf seinem rechten Platze, und dennoch mußte ich heimlich lachen. Vielleicht eben solche komische Beimischung bringt ihn unseren Herzen menschlich näher. Seine Bonhomie wirkt sogar auf Kinder, und diese verstehen seine Größe vielleicht noch besser als die Großen. Hierüber weiß ich wieder eine kleine Bettelgeschichte zu erzählen, die aber den Charakter des Lafayetteschen Ruhms in seiner Unterscheidung von dem Napoleonschen bezeichnet. Als ich nämlich jüngst an einer Straßenecke vor dem Pantheon stillstand und, wie gewöhnlich, dieses schöne Gebäude betrachtend, in Nachdenken versank, bat mich ein kleiner Auvergniate um einen Sou, und ich gab ihm ein Zehnsoustück, um seiner nur gleich loszuwerden. Aber da näherte er sich mir desto zutraulicher mit den Worten: »Est-ce que vous connaissez le général Lafayette?«, und als ich diese wunderliche Frage bejahte, malte sich das stolzeste Vergnügen auf dem naivschmutzigen Gesichte des hübschen Buben, und mit drolligem Ernste sagte er: »Il est de mon pays.« Er glaubte gewiß, ein Mann, der ihm zehn Sous gegeben, müsse auch ein Verehrer von Lafayette sein, und da hielt er mich zugleich für würdig, sich mir als Landsmann desselben zu präsentieren.

So hegt auch das Landvolk die liebevollste Ehrfurcht gegen Lafayette, um so mehr, da er selbst die Landwirtschaft zu seiner Hauptbeschäftigung macht. Diese erhält ihm die Einfalt und Frische, die in beständigem Stadttreiben verlorengehen könnten. Hierin gleicht er auch jenen großen Republikanern der Vorzeit, die ebenfalls ihren eigenen Kohl bauten, in Zeiten der Not vom Pfluge zur Schlacht oder zur Tribüne eilten und nach erfochtenen Siegen wieder zu ihren ländlichen Arbeiten zurückkehrten. Auf dem Landsitze, wo Lafayette die mildere Jahreszeit zubringt, ist er gewöhnlich umringt von strebenden Jünglingen und schönen Mädchen, da herrscht Gastlichkeit der Tafel und des Herzens, da wird viel gelacht und getanzt, da ist der Hof des souveränen Volkes, da ist jeder hoffähig, der ein Sohn seiner Taten ist und keine Mesalliance geschlossen hat mit der Lüge, und da ist Lafayette der Zeremonienmeister.

Mehr aber noch als unter jeder andern Volksklasse herrscht die Verehrung Lafayettes unter dem eigentlichen Mittelstande, unter Gewerbsleuten und Kleinhändlern. Diese vergöttern ihn. Lafayette, der ordnungstiftende, ist der Abgott dieser Leute. Sie verehren ihn als eine Art Vorsehung zu Pferde, als einen bewaffneten Schutzpatron der öffentlichen Sicherheit, als einen Genius der Freiheit, der zugleich sorgt, daß beim Freiheitskampfe nichts gestohlen wird und jeder das liebe Seinige behält! Die große Armee der öffentlichen Ordnung, wie Casimir Périer die Nationalgarde genannt hat, die wohlgenährten Helden mit großen Bärenmützen, worin Krämerköpfe stecken, sind außer sich vor Entzücken, wenn sie von Lafayette sprechen, ihrem alten General, ihrem Friedens-Napoleon. Ja, er ist der Napoleon der petite bourgeoisie, jener braven, zahlungsfähigen Leute, jener Gevatter Schneider und Handschuhmacher, die zwar des Tages über zu sehr beschäftigt sind, um an Lafayette denken zu können, die ihn aber nachher, des Abends, mit verdoppeltem Enthusiasmus preisen, so daß man wohl behaupten kann, daß um elf Uhr, wenn die meisten Butiken geschlossen sind, der Ruhm des Lafayette seine höchste Blüte erreicht.

Ich habe oben das Wort »Zeremonienmeister« gebraucht. Es fällt mir ein, daß Wolfgang Menzel, in seiner geistreichen Frivolität, den Lafayette einen Zeremonienmeister der Freiheit genannt hat, als er einst dessen Triumphzug durch die Vereinigten Staaten und die Deputationen, Adressen und feierlichen Reden, die dabei zum Vorscheine kamen, im »Literaturblatte« besprach. Auch andere, minder witzige Leute hegen den Irrtum, der Lafayette sei nur ein alter Mann, der zur Schau hingestellt oder als Maschine gebraucht werde. Indessen, wenn diese Leute ihn nur ein einziges Mal auf der Rednerbühne sähen, so würden sie leicht erkennen, daß er nicht eine bloße Fahne ist, der man folgt oder wobei man schwört, sondern daß er selbst noch immer der Gonfaloniere ist, in dessen Händen das gute Banner, die Oriflamme der Völker. Lafayette ist vielleicht der bedeutendste Sprecher in der jetzigen Deputiertenkammer. Wenn er spricht, trifft er immer den Nagel auf den Kopf und seine vernagelten Feinde auf die Köpfe. Wenn es gilt, wenn eine der großen Fragen der Menschheit zur Sprache kommt, dann erhebt sich jedesmal der Lafayette, kampflustig wie ein Jüngling. Nur der Leib ist schwach und schlotternd, von Zeit und Zeitkämpfen zusammengebrochen, wie eine zerhackte und zerschlagene alte Eisenrüstung, und es ist rührend, wie er sich damit zur Tribüne schleppt und, wenn er diese, den alten Posten, erreicht hat, tief Atem schöpft und lächelt. Dieses Lächeln, der Vortrag und das ganze Wesen des Mannes, während er auf der Tribüne spricht, ist unbeschreibbar. Es liegt darin so viel Holdseligkeit und zugleich so viel feine Ironie, daß man wie von einer wunderbaren Neugier gefesselt wird, wie von einem süßen Rätsel. Man weiß nicht, sind das die feinen Manieren eines französischen Marquis, oder ist das die offene Gradheit eines amerikanischen Bürgers? Das Beste des alten Regimes, das Chevalereske, die Höflichkeit, der Takt, ist hier wunderbar verschmolzen mit dem Besten des neuen Bürgertums, der Gleichheitsliebe, der Prunklosigkeit und der Ehrlichkeit. Nichts ist interessanter, als wenn in einer Kammer von den ersten Zeiten der Revolution gesprochen wird und irgend jemand in doktrinärer Weise eine historische Tatsache aus ihrem wahren Zusammenhange reißt und zu seinem Räsonnement benutzt. Dann zerstört Lafayette mit wenigen Worten die irrtümlichen Folgerungen, indem er den wahren Sinn einer solchen Tatsache durch Anführung der dazu gehörigen Umstände illustriert oder berichtigt. Selbst Thiers muß in einem solchen Falle die Segel streichen, und der große Historiograph der Revolution beugt sich vor dem Ausspruch ihres großen lebenden Denkmals, ihres Generals Lafayette.

In der Kammer sitzt der Rednerbühne gegenüber ein steinalter Mann mit glänzenden Silberhaaren, die über seine schwarze Kleidung lang herabhängen, sein Leib ist von einer sehr breiten dreifarbigen Schärpe umwickelt, und das ist jener alte Messager, der schon im Anfang der Revolution ein solches Amt in der Kammer verwaltet und seitdem in dieser Stellung der ganzen Weltgeschichte beigewohnt hat, von der Zeit der ersten Nationalversammlung bis zum Justemilieu. Man sagt mir, er spreche noch oft von Robespierre, den er le bon Monsieur de Robespierre nenne. Während der Restaurationsperiode litt der alte Mann an der Kolik; aber seit er wieder die dreifarbige Schärpe um den Leib hat, befindet er sich wieder wohl. Nur an Schläfrigkeit leidet er in dieser langweiligen Justemilieu-Zeit. Sogar einmal, während Mauguin sprach, sah ich ihn einschlafen. Der Mann hat gewiß schon Bessere gehört als Mauguin, der doch einer der besten Redner der Opposition, und er findet ihn vielleicht gar nicht heftig, er, qui a beaucoup connu ce bon Monsieur de Robespierre. Aber wenn Lafayette spricht, dann erwacht der alte Messager aus seiner dämmernden Schläfrigkeit, er wird aufgemuntert wie ein alter Husarenschimmel, der eine Trompete hört, und es kommt über ihn wie süße Jugenderinnerung, und er nickt dann vergnügt mit dem silberweißen Kopfe.

Artikel III

Paris, 10. Februar

Den Verfasser des vorigen Artikels leitete ein richtiger Takt, als er, die Auszeichnungssucht rügend, die bei den Franzosen mehr als bei deutschen Frauen grassiert, unter den letztern einen deutschen Schriftsteller, der als Kunstkritiker und Übersetzer berühmt ist, ausnahmsweise erwähnte. Dieser Ausgenommene, welcher der deutschen Unruhen halber, die er selbst durch einige Almanachxenien veranlaßt, voriges Jahr hieher emigriert und seitdem von Sr. Majestät dem König Ludwig Philipp I. den Orden der Ehrenlegion erhielt, ist wegen seines rührigen Eifers nach Dekorationen von vielen Franzosen leider gar zu sehr bemerkt worden, als daß sie nicht durch Hindeutung auf ihn jeden überrheinischen Vorwurf der Eitelkeit entkräften könnten. Perfide, wie sie sind, haben sie diese Ordensverleihung nicht einmal in den französischen Journalen angezeigt; und da die Deutschen in ihrem Landsmanne sich selbst geehrt fühlen mußten und aus Bescheidenheit nicht gern davon sprachen, so ist dieses für beide Länder gleich wichtige Ereignis bis jetzt wenig bekannt worden. Solche Unterlassung und Verschweigung war für den neuen Ritter um so verdrießlicher, da man in seiner Gegenwart laut flüsterte, der neue Orden, wenn er ihn auch aus den Händen der Königin erhalten habe, sei durchaus ohne Geltung, solange solche Verleihung nicht im »Moniteur« angezeigt stehe. Der neue Ritter wünschte diesem Mißstande abgeholfen zu sehen, aber leider ergab sich jetzt ein noch bedenklicherer Einspruch, nämlich daß das Patent eines Ordens, den der König verleiht, ganz ohne Gültigkeit sei, solange solches nicht von einem Minister kontrasigniert worden. Unser Ritter hatte durch die Vermittlung der doktrinären Verwandten einer berühmten Dame, bei welcher er einst Kapaun im Korbe war, seinen Orden vom Könige erhalten, und man sagt, dieser habe in seinem ganzen Wesen eine frappante Ähnlichkeit mit seiner verstorbenen Erzieherin, der Frau

v. Genlis, erkannt und letztere noch nach ihrem Tode in ihrem Ebenbilde ehren wollen. Die Minister aber, die beim Anblick des Ritters keine solche gemütliche Regungen verspüren und ihn irrtümlich für einen deutschen Liberalen halten, fürchten durch Kontrasignierung des Patents die absoluten Regierungen zu beleidigen. Indessen wird bald eine verständigende Ausgleichung erwartet, und um der Billigung der Kontinentalmächte ganz versichert zu sein, sind Unterhandlungen angeknüpft, die das Kabinett von St. James zu einer ähnlichen Ordensverleihung bewegen müssen, und Supplikant wird sich deshalb, mit einem Sr. Majestät dem König Wilhelm IV. dedizierten altindischen Epos, persönlich nach England begeben. Für die hiesigen Deutschen ist es jedoch ein betrübendes Schauspiel, ihren hochverehrten schwächlichen Landsmann, derlei Verzögernisse halber, von Pontius zu Pilatus rennen zu sehen, in Kot und Kälte und in bestürmender Ungeduld, die um so unbegreiflicher, da ihm doch alle Beispiele indischer Gelassenheit, der ganze »Ramayana« und der ganze »Mahabharata«, allertröstlichst zu Gebote stehen.

Die Art, wie die Franzosen die wichtigsten Gegenstände mit spöttelndem Leichtsinne behandeln, zeigt sich auch bei den Gesprächen über die letzten Konspirationen. Die, welche auf den Türmen von Notre-Dame tragiert wurde, scheint sich ganz als Polizeiintrige auszuweisen. Man äußerte scherzend, es seien Klassiker gewesen, die aus Haß gegen Victor Hugos romantischen Roman »Notre Dame de Paris« die Kirche selbst in Brand stecken wollten. Rabelais' Witze über die Glocken derselben kamen wieder zum Vorschein. Auch das bekannte Wort: »Si on m'accuserait d'avoir volé les cloches de Notre-Dame, je commencerais par prendre la fuite« wurde scherzend variiert, als einige Karlisten infolge dieser Begebenheit die Flucht ergriffen. Die letzte Konspiration von der Nacht des zweiten Februars will man ebenfalls zum größten Teile den Machinationen der Polizei zuschreiben. Man sagt, sie habe sich in einer Restauration der Rue des Prouvaires eine splendide Verschwörung zu zweihundert Kuverts bestellt und einige blödsinnige Karlisten zu Gaste geladen, die natürlich die Zeche bezahlen mußten. Letztere hatten kein Geld dabei gespart, und in den Stiefeln eines arretierten Verschwornen fand man 27000 Francs. Mit dieser Summe hätte man schon etwas ausrichten können. In den »Memoiren« von Marmontel las ich einmal eine Äußerung von Chamfort, daß man mit tausend

Louisdor schon einen ordentlichen Lärm in Paris anzetteln könne; und bei den letzten Emeuten ist mir diese Äußerung immer wieder ins Gedächtnis gekommen. Ich darf aus wichtigen Gründen nicht verschweigen, daß zu einer Revolution immer Geld notwendig ist. Selbst die herrliche Juliusrevolution ist nicht so ganz gratis aufgeführt worden, wie man wohl glaubt. Dieses Schauspiel für Götter hat dennoch einige Millionen gekostet, obgleich die eigentlichen Akteure, das Volk von Paris, in Heroismus und Uneigennützigkeit gewetteifert. Die Sachen geschehen nicht des Geldes wegen, aber es gehört Geld dazu, um sie in Gang zu bringen. Die törichten Karlisten meinen aber, sie gingen von selbst, wenn sie nur Geld in den Stiefeln haben. Die Republikaner sind gewiß bei den Vorgängen der Nacht vom zweiten Februar ganz unschuldig; denn wie mir jüngst einer derselben sagte: »Wenn du hörst, daß bei einer Verschwörung Geld verteilt worden, so kannst du darauf rechnen, daß kein Republikaner dabeigewesen.« In der Tat, diese Partei hat wenig Geld, da sie meistens aus ehrlichen und uneigennützigen Menschen besteht. Sie werden, wenn sie zur Macht gelangen, ihre Hände mit Blut beflecken, aber nicht mit Geld. Man weiß das und hegt daher weniger Scheu vor den Intriganten, denen mehr nach Geld als nach Blut gelüstet.

Jene Guillotinomanie, die wir bei den Republikanern finden, ist vielleicht durch die Schriftsteller und Redner veranlaßt worden, die zuerst das Wort »Schreckenssystem« gebraucht haben, um die Regierung, welche 1793 zur Rettung Frankreichs die äußersten Mittel aufbot, zu bezeichnen. Der Terrorismus, der sich damals entfaltete, war aber mehr eine Erscheinung als ein System, und der Schrecken war ebensosehr in den Gemütern der Gewalthaber als des Volkes. Es ist töricht, wenn man jetzt, zur Nacheiferung aufreizend, den Gesichtsabguß des Robespierre herumträgt. Töricht ist es, wenn man die Sprache von 1793 wieder heraufbeschwört, wie die Amis du peuple es tun, die dadurch, ohne es zu ahnen, ebenso retrograde handeln wie die eifrigsten Kämpen des alten Regimes. Wer die roten Blüten, die im Frühlinge von den Bäumen gefallen, nachher mit Wachs wieder anklebt, handelt ebenso töricht wie derjenige, welcher abgeschnittene welke Lilien in den Sand pflanzt. Republikaner und Karlisten sind Plagiarien der Vergangenheit, und wenn sie sich vereinigen, so mahnt das an die lächerlichsten Tollhausbündnisse, wo der gemeinsame Zwang oft die heterogensten Narren in ein freundschaftliches Verhältnis bringt, obgleich der eine, der sich selbst für den Jehova hält, den andern, der sich für den Jupiter ausgibt, im tiefsten Herzen verachtet. So sahen wir diese Woche Genoude und Thouret, den Redakteur der »Gazette« und den Redakteur der »Révolution«, als Verbündete vor den Assisen stehen, und als Chorus standen hinter ihnen Fitz-James mit seinen Karlisten und Cavaignac mit seinen Republikanern. Gibt es widerwärtigere Kontraste! Trotzdem daß ich dem Republikwesen sehr abhold bin, so schmerzt es mich doch in der Seele, wenn ich die Republikaner in einer so unwürdigen Gemeinschaft sehe. Nur auf demselben Schafotte dürften sie zusammentreffen mit jenen Freunden des Absolutismus und des Jesuitismus, aber nimmermehr vor denselben Assisen. Und wie lächerlich werden sie durch solche Bündnisse! Es gibt nichts Lächerlicheres, als daß die Journale unter den Verschwornen des zweiten Februars vier ehemalige Köche von Karl X. und vier Republikaner von der Gesellschaft der Amis du peuple zusammen erwähnten.

Ich glaube wirklich nicht, daß letztere in dieser dummen Geschichte verwickelt sind. Ich selbst befand mich denselben Abend zufällig in der Versammlung der Amis du peuple und glaube aus vielen Umständen schließen zu können, daß man eher an Gegenwehr als an Angriff dachte. Es waren dort über fünfzehnhundert Menschen in einem engen Saale, der wie ein Theater aussah, gehörig zusammengedrängt. Der Citoyen Blanqui, Sohn eines Konventionels, hielt eine lange Rede, voll von Spott gegen die Bourgeoisie, die Boutiquiers, die einen Louis Philippe, la boutique incarnée, zum Könige gewählt, und zwar in ihrem eigenen Interesse, nicht im Interesse des Volks, du peuple, qui n'était pas complice d'une si indigne usurpation. Es war eine Rede voll Geist, Redlichkeit und Grimm; doch der vorgetragenen Freiheit fehlte der freie Vortrag. Trotz aller republikanischen Strenge verleugnete sich doch nicht die alte Galanterie, und den Damen, den Citoyennes, wurden mit echt französischer Aufmerksamkeit die besten Plätze neben der Rednerbühne angewiesen. Die Versammlung roch ganz wie ein zerlesenes, klebrichtes Exemplar des »Moniteurs« von 1793. Sie bestand meistens aus sehr jungen und ganz alten Leuten. In der ersten Revolution war der Freiheitsenthusiasmus mehr bei den Männern von mittlerm Alter, in welchen der noch jugendliche Unwille über Pfaffentrug und Adelsinsolenz mit einer männlich klaren Einsicht zusammentraf; die jüngern Leute und die ganz alten waren Anhänger des verjährten Regimes, letztere, die silberhaarigen Greise, aus Gewohnheit, erstere, die Jeunesse dorée, aus Mißmut über die bürgerliche Prunklosigkeit der republikanischen Sitten. Jetzt ist es umgekehrt, die eigentlichen Freiheitsenthusiasten bestehen aus ganz jungen und ganz alten Leuten. Diese kennen noch aus eigener Erfahrung die Abscheulichkeiten des alten Regimes, und sie denken mit Entzücken zurück an die Zeiten der ersten Revolution, wo sie selber so kräftig gewesen und so groß. Jene, die Jugend, liebt diese Zeiten, weil sie überhaupt aufopferungssüchtig und heroisch gestimmt ist und nach großen Taten lechzt und den knickerigen Kleinmut und die krämerhafte Selbstsucht der jetzigen Gewalthaber verachtet. Die Männer mittlern Alters sind meistens ermüdet von dem harzelierenden Oppositionsgeschäfte während der Restauration oder verdorben durch die Kaiserzeit, deren rauschende Ruhmsucht und glänzendes Soldatentum alle bürgerliche Einfalt und Freiheitsliebe ertötete. Außerdem hat diese imperiale Heldenperiode gar vielen das Leben gekostet, die jetzt Männer wären, so daß überhaupt unter diesen letztern von manchen Jahrgängen nur wenige komplette Exemplare vorhanden sind.

Bei jung und alt aber im Saale der Amis du peuple herrschte der würdige Ernst, den man immer bei Menschen findet, die sich stark fühlen. Nur ihre Augen blitzten, und nur manchmal riefen sie: »C'est vrai! c'est vrai!«, wenn der Redner eine Tatsache erwähnte. Als der Citoyen Cavaignac in einer Rede, die ich nicht genau verstellen konnte, weil er in kurzen, nachlässig hervorgestoßenen Sätzen spricht, die Gerichtsverfolgungen erwähnte, denen die Schriftsteller noch immer ausgesetzt sind, da sah ich, daß mein Nachbar sich an mir festhielt vor innerer Bewegung und daß er sich die Lippen wund biß, um nicht mitzusprechen. Es war ein junger Brausekopf, mit Augen wie zornige Sterne, und er trug den niedrigen breitrandigen Hut von schwarzem Wachsleinen, der die Republikaner auszeichnet. »Aber nicht wahr«, sagte er endlich zu mir, »diese Schriftstellerverfolgung ist ja eine mittelbare Zensur? Man darf drucken, was man sagen darf, und man darf alles sagen. Marat behauptete, daß es eine Ungerechtigkeit sei, wenn ein Bürger wegen einer Meinung vor Gericht geladen wird, und daß man wegen einer Meinung nur dem Publikum Rechenschaft schuldig sei. (Toute citation devant un tribunal pour une opinion est une injustice; on ne peut citer, en ce cas, un citoyen que devant le public.) Alles, was man sagt, ist nur eine Meinung. Camille Desmoulins bemerkt ebenfalls mit Recht: sobald die Dezemvirn in die Gesetzsammlung, die sie aus Griechenland mitgebracht, auch ein Gesetz gegen die Verleumdung eingeschwärzt hatten, so entdeckte man gleich, daß sie die Absicht hegten, die Freiheit zu vernichten und ihr Dezemvirat permanent zu machen. Ebenfalls, sobald Octavius, vierhundert Jahre nachher, jenes Gesetz der Dezemvirn gegen Schriften und Reden wieder ins Leben rief und der Lex Julia Laesae Majestatis noch einen Artikel hinzufügte, konnte man sagen, daß die römische Freiheit ihren letzten Seufzer verhauchte.«

Ich habe diese Zitate hierhergesetzt, um anzudeuten, welche Autoren bei den Amis du peuple zitiert werden. Robespierres letzte Rede vom achten Thermidor ist ihr Evangelium. Komisch war es jedoch, daß diese Leute über Unterdrückung klagten, während man ihnen erlaubt, sich so offen gegen die Regierung zu verbinden und Dinge zu sagen, deren zehnter Teil hinlänglich wäre, um in Norddeutschland zu lebenslänglicher Untersuchung verurteilt zu werden. Denselben Abend hieß es jedoch, man würde dieser Ungebühr ein Ende machen und den Saal der Amis du peuple schließen. »Ich glaube, die Nationalgarde und die Linie werden uns heute zernieren«, bemerkte mein Nachbar, »haben Sie auch für diesen Fall Ihre Pistolen bei sich?« – »Ich will sie holen«, gab ich zur Antwort, verließ den Saal und fuhr nach einer Soiree im Faubourg St. Germain. Nichts als Lichter, Spiegel, Blumen, nackte Schultern, Zuckerwasser, gelbe Glacéhandschuh' und Fadaisen. Außerdem lag eine so triumphierende Freude auf allen Gesichtern, als sei der Sieg des alten Regimes ganz entschieden, und während mir noch das »Vive la République« der Rue Grenelle in den Ohren nachdröhnte, mußte ich die bestimmte Versicherung anhören, daß die Rückkehr des Mirakelkindes mit der ganzen Mirakelsippschaft so gut wie gewiß sei. Ich kann nicht umhin, zu verraten, daß ich dort zwei Doktrinäre eine Anglaise tanzen sehen; sie tanzen nur Anglaisen. Eine Dame mit einem weißen Kleide, worin grüne Bienen, die wie Lilien aussahen, fragte mich, ob man des Beistandes der Deutschen und der Kosaken gewiß sei. »Wir werden es uns wieder zur höchsten Ehre anrechnen«, beteuerte ich, »für die Wiedereinsetzung der ältern Bourbone unser Gut und Blut zu opfern.« – »Wissen Sie auch«, fügte die Dame hinzu, »daß heute der Tag ist, wo Heinrich V. als Herzog von Bordeaux zuerst kommunizierte?« – »Welch ein wichtiger Tag für die Freunde des Throns und Altars«, erwiderte ich, »ein heiliger Tag, wert, von de Lamartine besungen zu werden!«

Die Nacht dieses schönen Tages sollte rot angestrichen werden im Kalender von Frankreich, und die Gerüchte darüber waren des folgenden Morgens das Gespräch von ganz Paris. Widersprüche der tollsten Art liefen herum, und noch jetzt liegt, wie schon oben angedeutet, ein geheimnisvoller Schleier über jener Verschwörungsgeschichte. Es hieß, man habe die ganze königliche Familie, mitsamt der großen Gesellschaft, die in den Tuilerien versammelt gewesen, ermorden wollen, man habe den Concierge des Louvres gewonnen, um durch die große Galerie desselben unmittelbar in den Tanzsaal der Tuilerien hineindringen zu können, ein Schuß sei dort gefallen, der dem Könige gegolten, ihn aber nicht getroffen, mehrere hundert Individuen seien arretiert worden usw. Den Nachmittag fand ich vor der Gartenseite der Tuilerien noch eine große Menge Menschen, die nach den Fenstern hinaufschauten, als wollten sie den Schuß sehen, der dort gefallen. Einer erzählte, Périer sei die vorige Nacht zu Pferde gestiegen und gleich nach der Rue des Prouvaires geritten, als dort die Verschwornen verhaftet und ein Polizeiagent getötet worden. Man habe den Pavillon Flore in Brand stecken und von außen den Pavillon Marsan angreifen wollen. Der König, hieß es, sei sehr betrübt. Die Weiber bedauerten ihn, die Männer schüttelten unwillig den Kopf. Die Franzosen verabscheuen allen nächtlichen Mord. In den stürmischen Revolutionszeiten wurden die schrecklichsten Taten offenkundig und bei Tageslicht ausgeführt. Was die Greuel der Bartholomäusnacht betrifft, so waren sie vielmehr von römisch-katholischen Priestern angestiftet.

Wie weit der Concierge des Louvres in der Verschwörung vom zweiten Februar verwickelt ist, habe ich noch nicht bestimmt erfahren können. Die einen sagen, er habe der Polizei gleich Anzeige gemacht, als man ihm Geld anbot, damit er die Schlüssel des Louvres ausliefere. Andere meinen, er habe sie wirklich ausgeliefert und sei jetzt eingezogen. Auf jeden Fall zeigt sich bei solchen Begebenheiten, wie die wichtigsten Posten in Paris ohne sonderliche Sicherheitsmaßregeln den unzulänglichsten Personen anvertraut sind. So war der Schatz selbst lange Zeit in den Händen eines Papierspekulanten, des Hrn. Keßner, den der Staat mit einer Eichenkrone dafür belohnen sollte, daß er nur sechs Millionen und nicht hundert Millionen auf der Börse verspielt hat. So hätte die Gemäldegalerie des Louvres, die mehr ein Eigentum der Menschheit als der Franzosen ist, der Schauplatz nächtlicher Frevel und dabei zugrunde gerichtet werden können. So ist das Medaillenkabinett eine Beute von Dieben geworden, die dessen Schätze gewiß nicht aus numismatischer Liebhaberei gestohlen haben, sondern um sie direkt in den Schmelztiegel wandern zu lassen. Welch ein Verlust für die Wissenschaften, da unter den gestohlenen Antiquitäten nicht bloß die seltensten Stücke, sondern vielleicht auch die einzigen Exemplare waren, die davon übriggeblieben! Der Untergang dieser alten Münzen ist unersetzbar; denn die Alten können sich doch nicht noch einmal niedersetzen und neue fabrizieren. Aber es ist nicht bloß ein Verlust für die Wissenschaften, sondern durch den Untergang solcher kleinen Denkmäler von Gold und Silber verliert das Leben selbst den Ausdruck seiner Realität. Die alte Geschichte klänge wie ein Märchen, wären nicht die damaligen Geldstücke, das Realste jener Zeiten, übriggeblieben, um uns zu überzeugen, daß die alten Völker und Könige, wovon wir so Wunderbares lesen, wirklich existiert haben, daß sie keine müßigen Phantasiegebilde, keine Erfindungen der Dichter sind, wie manche Schriftsteller behaupten, die uns überreden möchten, die ganze Geschichte des Altertums, alle geschriebenen Urkunden desselben, seien im Mittelalter von den Mönchen geschmiedet worden. Gegen solche Behauptungen enthielt das hiesige Medaillenkabinett die klingendsten Gegenbeweise. Aber diese sind jetzt unwiederbringlich verloren, ein Teil der alten Weltgeschichte wurde eingesteckt und eingeschmolzen, und die mächtigsten Völker und Könige des Altertums sind jetzt nur Fabeln, an die man nicht zu glauben braucht.

Es ist ergötzlich, daß man die Fenster des Medaillenkabinetts jetzt mit eisernen Gitterstangen versieht, obgleich es gar nicht zu erwarten steht, daß die Diebe das Gestohlene wieder nächtlicherweile zurückbringen werden. Besagte eiserne Stangen werden rot angestrichen, welches sehr gut aussieht. Jeder Vorübergehende schaut hinauf und lacht. Monsieur Raoul Rochette, der Aufseher der gestohlenen Medaillen, le conservateur des exmédailles, soll sich wundern, daß die Diebe nicht ihn gestohlen, da er sich selbst immer für wichtiger als die Medaillen gehalten hat und letztere jedenfalls für unbenutzbar hielt, wenn man

seiner mündlichen Erklärungen dabei entbehren würde. Er geht jetzt
müßig herum und lächelt wie unsere Köchin, als die Katze ein Stück
rohes Fleisch aus der Küche gestohlen; »sie weiß ja doch nicht, wie das
Fleisch gekocht wird«, sagte unsere Köchin und lächelte.

Indessen, wie sehr auch jener Medaillendiebstahl ein Verlust für die
alte Geschichte ist, so scheint der Keßnersche Kassendefekt die Geister
doch noch mehr zu irritieren. Dieser ist wichtiger für die Tagsgeschichte.
Während ich dieses schreibe, vernimmt man, daß er nicht sechs, sondern zehn Millionen betrage. Man glaubt, er werde sich am Ende sogar
als eine Summe von zwölf Millionen ausweisen. Das schmälert freilich
das Verdienst des Mannes, und ich kann ihm keine Eichenkrone mehr
zuerkennen. Durch diesen Kassendefekt, wobei es an Ifflandschen
Rührungsszenen nicht fehlte, gerät zunächst der Baron Louis in große
Verlegenheit. Er wird wohl am Ende das Kautionnement, das von
Keßner nicht gefordert worden, selbst bezahlen müssen. Er kann diesen
Schaden leicht tragen; denn er ist enorm reich, zieht jährlich über
200000 Franken bare Revenuen und ist ein alter Abbé, der keine Familie
hat. Périer ärgert sich mehr, als man glaubt, über diese Geschichte, da
sie Geld, welches seine Force und seine Schwäche, betrifft; wie wenig
Schonung ihm die Opposition bei dieser Gelegenheit angedeihen lassen,
ist aus den Blättern bekannt. Diese referieren hinlänglich die Unwürdig-
keiten, die in der Kammer vorfallen, und es bedarf ihrer hier keiner
besondern Erwähnung. Wahrlich, die Opposition beträgt sich ebenso
kläglich wie das Ministeritum und gewährt einen ebenso widerwärtigen
Anblick.

Während aber Bedrängnisse und Nöten aller Art das Innere des
Staates durchwühlen und die äußern Angelegenheiten seit den Ereignissen in Italien und Don Pedros Expedition bedenklich verwickelter
werden; während alle Institutionen, selbst die königlich höchste, gefährdet sind; während der politische Wirrwarr alle Existenzen bedroht: ist
Paris diesen Winter noch immer das alte Paris, die schöne Zauberstadt,
die dem Jüngling so holdselig lächelt, den Mann so gewaltig begeistert
und den Greis so sanft tröstet. »Hier kann man das Glück entbehren«,
sagte einst Frau v. Staël, ein treffendes Wort, das aber in ihrem Munde
seine Wirkung verlor, da sie sich lange Zeit nur deshalb unglücklich
fühlte, weil sie nicht in Paris leben durfte, und la also Paris ihr Glück
war. So liegt in dem Patriotismus der Franzosen größtenteils die Vor-

liebe für Paris, und wenn Danton nicht floh, »weil man das Vaterland nicht an den Schuhsohlen mitschleppen kann«, so hieß das wohl auch, daß man im Auslande die Herrlichkeiten des schönen Paris entbehren würde. Aber Paris ist eigentlich Frankreich; dieses ist nur die umliegende Gegend von Paris. Abgerechnet die schönen Landschaften und den liebenswürdigen Sinn des Volks im allgemeinen, so ist Frankreich ganz öde, auf jeden Fall ist es geistig öde, alles, was sich in der Provinz auszeichnet, wandert früh nach der Hauptstadt, dem Foyer alles Lichts und alles Glanzes. Frankreich sieht aus wie ein Garten, wo man alle schönsten Blumen gepflückt, um sie zu einem Strauße zu verbinden, und dieser Strauß heißt Paris. Es ist wahr, er duftet jetzt nicht mehr so gewaltig wie nach jenen Blütetagen des Julius, als die Völker von diesem Dufte betäubt wurden. Er ist jedoch noch immer schön genug, um bräutlich zu prangen an dem Busen Europas. Paris ist nicht bloß die Hauptstadt von Frankreich, sondern der ganzen zivilisierten Welt, und ist ein Sammelplatz ihrer geistigen Notabilitäten. Versammelt ist hier alles, was groß ist durch Liebe oder Haß, durch Fühlen oder Denken, durch Wissen oder Können, durch Glück oder Unglück, durch Zukunft oder Vergangenheit. Betrachtet man den Verein von berühmten oder ausgezeichneten Männern, die hier zusammentreffen, so hält man Paris für ein Pantheon der Lebenden. Eine neue Kunst, eine neue Religion, ein neues Leben wird hier geschaffen, und lustig tummeln sich hier die Schöpfer einer neuen Welt. Die Gewalthaber gebärden sich kleinlich, aber das Volk ist groß und fühlt seine schauerlich erhabene Bestimmung. Die Söhne wollen wetteifern mit den Vätern, die so ruhmvoll und heilig ins Grab gestiegen. Es dämmern gewaltige Taten, und unbekannte Götter wollen sich offenbaren. Und dabei lacht und tanzt man überall, überall blüht der leichte Scherz, die heiterste Mokerie, und da jetzt Karneval ist, so maskieren sich viele als Doktrinäre und schneiden possierlich-pedantische Gesichter und behaupten, sie hätten Furcht vor den Preußen.

Artikel IV

Paris, 1. März

Die Vorgänge in England nehmen seit einiger Zeit mehr als jemals unsere Aufmerksamkeit in Anspruch. Wir müssen es uns endlich gestehen, daß die offene Feindschaft der absoluten Könige uns minder gefährlich ist als des konstitutionellen John Bulls zweideutige Freundschaft. Die völkermeuchelnden Umtriebe der englischen Aristokratie treten bedrohlich genug ans offizielle Tageslicht, und der Nebel von London verhüllt nur noch spärlich die feinen Schlingen und Knoten, die das konferenzliche Protokollgespinst mit den parlamentarischen Fangfäden verknüpfen. Die Diplomatie hat dort tätiger als jemals ihre geburtstümlichen Interessen wahrgenommen und emsiger als jemals das verderblichste Gewebe gesponnen, und Herr v. Talleyrand scheint zugleich Spinne und Fliege zu sein. Ist der alte Diplomat nicht mehr so schlau wie weiland, als er, ein zweiter Hephaistos, den gewaltigen Kriegsgott selbst in seinem feingeschmiedeten Netzwerk gefangen? Oder erging's ihm diesmal wie dem überklugen Meister Merlin, der sich in dem eigenen Zauber verstrickt und wortgefesselt und selbstgebannt im Grabe liegt? Aber warum hat man eben Hrn. v. Talleyrand auf einen Posten gestellt, der für die Interessen der Juliusrevolution der wichtigste und wo vielmehr die unbeugsame Gradheit eines unbescholtenen Bürgers nötig war? Ich will damit nicht ausdrücklich sagen, der alte, glatte ehemalige Bischof von Autun sei nicht ehrlich. Im Gegenteil, den Eid, den er jetzt geschworen hat, den hält er gewiß, denn er ist der dreizehnte. Wir haben freilich keine andere Garantie seiner Ehrlichkeit, aber sie ist hinreichend; denn noch nie hat ein ehrlicher Mann zum dreizehntenmal seinen Eid gebrochen. Außerdem versichert man, daß Ludwig Philipp in der Abschiedsaudienz noch aus Vorsorge zu ihm gesagt habe: »Herr v. Talleyrand, was man Ihnen auch bieten mag, ich gebe Ihnen immer das Doppelte.« Indessen, bei treulosen Menschen gäbe das dennoch keine Sicherheit; denn im Charakter der Treulosigkeit liegt es, daß sie sich selbst nicht treu bleibt und daß man auch nicht einmal durch Befriedigung des Eigennutzes auf sie rechnen kann.

Das Schlimmste ist, daß die Franzosen sich London als ein andres Paris, das Westend als ein andres St.-Germain-Viertel denken, daß sie britische Reformers für verbrüderte Liberale und die Parlamente für eine Pairs- und Deputiertenkammer ansehen, kurz, daß sie alle englischen Vorhandenheiten nach französischem Maßstabe messen und beurteilen. Dadurch entstehen Irrtümer, wofür sie vielleicht in der Folge schwer büßen müssen. Beide Völker haben einen allzu schroff entgegengesetzten Charakter, als daß sie sich einander verstehen könnten, und die Verhältnisse in beiden Ländern sind zu ursprünglich verschieden, als daß sie sich miteinander vergleichen ließen. Und vollends in politischer Beziehung! Die »Nachträge zu den Reisebildern« enthalten hierüber manche Belehrungen, die aus der unmittelbaren Anschauung geschöpft sind, und auf diese muß ich hier verweisen, um Wiederholungen zu vermeiden. Auch auf die trefflichen »Briefe eines Verstorbenen« will ich hier nochmals hindeuten, obgleich das poetische Gemüt des Verfassers in das starre Britentum mehr geistige Bewegung hineingeschaut, als wohl grundwirklich darin zu finden sein möchte. England müßte man eigentlich im Stile eines Handbuchs der höhern Mechanik beschreiben, ungefähr wie eine ungeheuer komplizierte Fabrik, wie ein sausendes, brausendes, stockendes, stampfendes und verdrießlich schnurrendes Maschinenwesen, wo die blankgescheuerten Utilitätsräder sich um alt verrostete historische Jahrzahlen drehen. Mit Recht sagen die St. Simonisten, England sei die Hand und Frankreich das Herz der Welt. Ach! dieses große Weltherz müßte verbluten, wenn es, auf britische Generosität rechnend, einmal Hülfe verlangte von der kalten, hölzernen Nachbarhand. Ich denke mir das egoistische England nicht als einen fetten, wohlhabenden Bierwanst, wie man ihn auf Karikaturen sieht, sondern, nach der Beschreibung eines Satirikers, in der Gestalt eines langen, magern, knöchernen Hagestolzes, der sich einen abgerissenen Knopf an die Hosen wieder annäht, und zwar mit einem Zwirnfaden, an dessen Ende als Knäul die Weltkugel hängt – er schneidet aber ruhig den Faden ab, wo er ihn nicht mehr braucht, und läßt ruhig die ganze Welt in den Abgrund fallen.

Die Franzosen meinen, das englische Volk hege Freiheitswünsche gleich den ihrigen, es ringe, ebenso wie sie, gegen die Usurpationen einer Aristokratie, und daher gäben nicht bloß viele äußern, sondern auch viele innern Interessen die Bürgschaft einer engen Allianz. Aber sie wissen nicht, daß das englische Volk selbst durchaus aristokratisch ist, daß es nur in engsinniger Korporationsweise seine Freiheit oder vielmehr seine verbrieften vorrechtlichen Freiheiten verlangt und daß die französische, allgemein menschentümliche Freiheit, deren die ganze Welt nach den Urkunden der Vernunft teilhaftig werden soll, ihrem tiefsten Wesen nach den Engländern verhaßt ist. Sie kennen nur eine englische Freiheit, eine historisch-englische Freiheit, die entweder den königl. großbritannischen Untertanen patentiert wird oder auf ein altes Gesetz, etwa aus der Zeit der Königin Anna, basiert ist. Burke, der die Geister zu burken suchte und das Leben selbst an die Anatomie der Geschichte verhandelte, dieser machte der französischen Revolution zum hauptsächlichen Vorwurfe, daß sie sich nicht wie die englische aus alten Institutionen herausgebildet, und er kann nicht begreifen, daß ein Staat ohne Nobility bestehen könne. Englands Nobility ist aber auch etwas ganz anderes als die französische Noblesse, und sie verdient, daß ich ihr unterscheidendes Lob ausspreche. Der englische Adel stellte sich dem Absolutismus der Könige immer entgegen, in Gemeinschaft mit dem Volke, um dessen Rechte nebst den seinigen zu behaupten; der französische Adel hingegen ergab sich den Königen auf Gnade und Ungnade; seit Mazarin widerstrebte er nicht mehr ihrer Gewalt, er suchte nur daran Teil zu gewinnen, durch geschmeidigen Hofdienst, und in untertänigster Handlangergemeinschaft mit den Königen drückte und verriet er das Volk. Unbewußt hat sich der französische Adel für die frühere Unterdrückung an den Königen gerächt, indem er sie zu entnervender Sittenlosigkeit verführte und sie fast blödsinnig schmeichelte. Freilich er selber, geschwächt und entgeistet, mußte dadurch zugleich mit dem ältern Königtume zugrunde gehen, der 10. August fand in den Tuilerien nur ein greisenhaft abgelebtes Volk mit gebrechlichen Galanteriedegen, und nicht einmal ein Mann, nur eine Frau war es, die mit Mut und Kraft zur Gegenwehr aufforderte; – aber auch diese letzte Dame des französischen Rittertums, die letzte Repräsentantin des hinsterbenden alten Regimes, auch sie sollte nicht in so holder Jugendgestalt ins Grab sinken, und eine einzige Nacht hat schneeweiß gefärbt die blonden Locken der schönen Antoinette.

Anders erging es dem englischen Adel. Dieser hat seine Kraft erhalten, er wurzelt im Volke, dem gesunden Boden, der die jüngern Söhne der Nobility als edle Schößlinge aufnimmt und durch diese, die eigentliche Gentry, mit dem Adel selbst, der Nobility, verbunden bleibt. Dabei ist der englische Adel voll Patriotismus, er hat bisher, mit unerlogenem

Eifer, das alte England wahrhaftig repräsentiert, und jene Lords, die soviel kosten, haben auch, wenn es not tat, dem Vaterlande Opfer gebracht. Es ist wahr, sie sind hochmütig, mehr noch als der Adel auf dem Kontinente, der seinen Hochmut zur Schau trägt und sich äußerlich vom Volke auszeichnet durch Kostüme, Bänder, schlechtes Französisch, Wappen, Sterne und sonstige Spielereien; der englische Adel verachtet den Bürgerstand zu sehr, als daß er es für nötig hielte, ihm durch äußere Mittel zu imponieren, die bunten Zeichen der Macht öffentlich zur Schau zu tragen; im Gegenteile, wie Götter inkognito sieht man den englischen Adel, schlicht bürgerlich gekleidet und daher unbemerkt, in den Straßen, Routs und Theatern Londons; mit seinen feudalistischen Dekorationen und sonstigem Prachtflitterstaate bekleidet er sich nur bei Hoffesten und altherkömmlichen Hofzeremonien. Daher bewahrt er auch bei dem Volke mehr Ehrfurcht als unsere Kontinentalgötter, die so wohlbekannt mit allen ihren Attributen umherlaufen. Auf der Waterloobrücke zu London hörte ich einst, wie ein Knabe zu dem andern sagte: »Have you ever seen a nobleman?« (»Hast du je einen Edelmann gesehen?«), worauf der andere antwortete: »No, but I have seen the coach of the Lord Mayor.« (»Nein, aber ich habe die Kutsche des Lord Mayors gesehen.«). Diese Kutsche ist nämlich ein abenteuerlich großer Kasten, überreich vergoldet, fabelhaft bunt bemalt, mit einem rotsammetnen, steifgoldenen Haarbeutelkutscher auf dem Bock und drei dito Haarbeutellakaien hinten auf dem Schlage. Wenn das englische Volk jetzt mit seinem Adel hadert, so geschieht das nicht der bürgerlichen Gleichheit wegen, woran es nicht denkt, am wenigsten der bürgerlichen Freiheit wegen, deren es vollauf genießt, sondern wegen barer Geldinteressen; indem der Adel, im Besitze aller Sinekuren, geistlichen Pfründen und übereinträglicher Ämter, frech und üppig schwelgt, während der größte Teil des Volks, überlastet mit Abgaben, im tiefsten Elende schmachtet und verhungert. Daher verlangt es eine Parlamentsreform, und die adeligen Beförderer derselben haben wahrlich nicht im Sinne, sie zu etwas anderem zu benutzen als zu materiellen Verbesserungen.

Ja, der Adel von England ist noch immer mit dem Volke verbundener als mit den Königen, von denen er sich immer unabhängig zu erhalten gewußt, im Gegensatze zu dem französischen Adel. Er lieh den Königen nur sein Schwert und sein Wort, jedoch an dem Privatleben derselben, in Lust und Lüsten, nahm er nur gleichgültig vertraulichen Anteil. Dies gilt sogar von den verdorbensten Zeiten. Hamilton in seinen »Memoiren des Duc de Grammont« gibt ein anschauliches Bild dieses Verhältnisses. Solcherweise, bis auf die letzte Zeit, blieb der englische Adel zwar der Etikette nach handküssend und kniend, jedoch faktisch auf gleichheitlichem Fuße mit den Königen, denen er sich ernsthaft genug widersetzte, sobald sie seine Vorrechte antasten oder sich seinem Einflusse entziehen wollten. Dieses letztere geschah vor einigen Jahren am offenkundigsten, als Canning Minister wurde; zur Zeit des Mittelalters wären die englischen Barone in einem solchen Falle behelmt und gepanzert, mit dem Schwerte in der Faust und im Geleite ihrer Lehnsmannen, aufs Schloß des Königs gestiegen und hätten mit ironischer Demut, mit bewaffneter Courtoisie ihren Willen ertrotzt. In unserm Jahrhunderte mußten sie zu minder rittertümlichen Mitteln ihre Zuflucht nehmen, und wie männiglich bekannt, suchten die Edelleute, die damals das Ministerium bildeten, dem Könige dadurch zu imponieren, daß sie unvermutet und in perfid abgekarteter Weise sämtlich ihre Demissionen gaben. Die Folgen sind ebenfalls hinlänglich bekannt, Georg IV. stützte sich alsdann auf George Canning, den heiligen Georg von England, der nahe daran war, den mächtigsten Lindwurm der Erde niederzuschlagen. Nach ihm kam Lord Goderich mit seinem rotbäckig behaglichen Gesichte und affektiert heftigem Advokatentone und ließ bald die überlieferte Lanze aus den schwachen Händen fallen, so daß der arme König sich wieder auf Gnade und Ungnade seinen alten Baronen übergeben mußte und der Feldherr der Heiligen Allianz wieder den Kommandostab erhielt. Ich habe an einem andern Orte nachgewiesen, warum kein liberaler Minister in England etwas besonders Gutes bewirken kann und deshalb abtreten muß, um jenen Hochtories Platz zu machen, die eine große Verbesserungsbill natürlicherweise um so leichter durchsetzen, da sie den parlamentarischen Widerstand ihrer eigenen Halsstarrigkeit nicht zu besiegen brauchen. Der Teufel hat von jeher die besten Kirchen gebaut. Wellington erfocht jene Emanzipation, wofür Canning vergebens kämpfte, und vielleicht ist er auch der Mann, der dazu bestimmt ist, jene Reformbill durchzusetzen, woran Lord Grey wahrscheinlich scheitert. Ich glaube an dessen baldigen Sturz, und dann gelangen wieder ans Regiment jene unversöhnlichsten Aristokraten, die seit vierzig Jahren das französische Volk, als den Repräsentanten der demokratischen Ideen, auf Tod und Leben befehden. Diesmal wird freilich der alte Groll den materiellen Interessen nachgestellt werden, und den gefährlichern Feind im Osten und seine Anhängsel wird man gern von französischen Waffen bekämpft sehen. Um so mehr, da sich die Feinde alsdann wechselseitig schwächen. Ja, die Engländer werden den gallischen Hahn noch besonders anspornen zum Kampfe mit den absoluten Adlern, und sie werden schaubegierig mit ihren langen Hälsen über den Kanal herüberschauen und applaudieren, wie im Cockpit, und ob des Ausgangs des Kampfes viele tausend Guineen verwetten.

Werden die Götter dort oben im blauen Zelte ebenso gleichgültig dieses Schauspiel betrachten? Werden sie, Engländer des Himmels, unbekümmert ob unseres Hülferufs und unseres Verblutens, herzlos und mit bleiernem Blick auf den Todeskampf der Völker herabschauen? Oder hat der Dichter recht, welcher behauptet hat, so wie wir die Affen hassen, weil sie von allen Säugetieren uns selber am ähnlichsten schauen und dadurch unsern Stolz kränken, so seien den Göttern auch die Menschen verhaßt, die, nach ihrem eigenen Bildnisse erschaffen, mit ihnen selber soviel beleidigende Ähnlichkeit haben; so daß die Götter, je größer, schöner, gottgleicher die Menschen sind, sie desto grimmiger durch Mißgeschick verfolgen und zugrunde richten, während sie die kleinen, häßlichen, säugetierlicheren Menschen gnädigst verschonen und im Glücke gedeihen lassen. Wenn diese letzte traurige Ansicht wahr ist, so sind freilich die Franzosen ihrem Untergange näher als andere! Ach, möge das Ende ihres Kaisers noch frühzeitig die Franzosen belehren, was von dem Großsinn Englands zu erwarten ist! Hat der »Bellerophon« diese Chimäre nicht längst entführt? Möge Frankreich sich niemals auf England verlassen wie Polen auf Frankreich!

Sollte sich jedoch das Entsetzliche begeben und Frankreich, das Mutterland der Zivilisation und der Freiheit, ginge verloren durch Leichtsinn und Verrat und die potsdämische Junkersprache schnarrte wieder durch die Straßen von Paris und schmutzige Teutonenstiefel befleckten wieder den heiligen Boden der Boulevards und der Palais Royal röche wieder nach Juchten – – – dann gäbe es einen Mann in der Welt, der elender wäre, als jemals ein Mensch gewesen, einen Mann, der durch seinen kläglichen, krämerhaften Kleinsinn das Verderben des Vaterlandes verschuldet hätte und alle Schlangen der Reue im Herzen und alle Flüche der Menschheit auf dem Haupte trüge. Die

Verdammten in der Hölle würden sich alsdann, um sich einander zu trösten, die Qualen dieses Mannes erzählen, die Qualen des Casimir Périer.

Welch eine schauerliche Verantwortlichkeit lastet auf diesem einzigen Manne! Ein Grauen erfaßt mich jedesmal, wenn ich in seine Nähe trete. Wie gebannt von einem unheimlichen Zauber, stand ich jüngst eine Stunde lang neben ihm und betrachtete diese trübe Gestalt, die sich zwischen den Völkern und der Sonne des Julius so kühn gestellt hat. Wenn dieser Mann fällt, dachte ich, hat die große Sonnenfinsternis ein Ende, und die dreifarbige Fahne auf dem Pantheon erglänzt wieder begeistert, und die Freiheitsbäume erblühen wieder! Dieser Mann ist der Atlas, der die Börse und das Haus Orleans und das ganze europäische Staatengebäude auf seinen Schultern trägt, und wenn er fällt, so fällt die ganze Bude, worin man die edelsten Hoffnungen der Menschheit verschachert, und es fallen die Wechseltische und die Kurse und die Eigensucht und die Gemeinheit!

Es ist nicht so ganz uneigentlich, wenn man ihn einen Atlas nennt, Périer ist ein ungewöhnlich großer, breitschultriger Mann von starkem Knochenbau und gewaltig stämmigem Ansehen. Man hat gewöhnlich irrige Begriffe von seinem Äußern, teils, weil die Journale beständig von seiner Kränklichkeit reden, um ihn, der durchaus gesund und Präsident des Konseils bleiben will, zu irritieren, teils auch, weil man von seiner Irritation selbst die übertriebensten Anekdoten erzählt und die Leidenschaftlichkeit, womit man ihn auf der Rednerbühne agieren sieht, als seinen gewöhnlichen Zustand betrachtet. Aber der Mann ist ein ganz anderer, sobald man ihn in seiner Häuslichkeit, in Gesellschaft, überhaupt in einem befriedeten Zustande erblickt. Dann gewinnt sein Gesicht statt des begeistert erhöhten oder erniedrigten Ausdrucks, den ihm die Tribüne verleiht, eine wahrhaft imposante Würde, seine Gestalt erhebt sich noch männlich schöner und edler, und man betrachtet ihn mit Wohlgefallen, besonders solange er nicht spricht. In dieser Hinsicht ist er ganz das Gegenteil der Femme du bureau im Café Colbert, die fast unschön erscheint, solange sie schweigt, deren Gesicht aber von Holdseligkeit überstrahlt wird, sobald sie zum Sprechen den Mund öffnet. Nur daß Périer, wenn er lange schweigt und andere mit Bedächtigkeit anhört, die dünnen Lippen tief einwärts zieht und der Mund dadurch wie eine Grube im Gesichte anzuschauen ist. Dann pflegt er auch mit dem horchend gebeugten Haupte leise auf und nieder zu nicken wie einer, der zu sagen scheint: das wird sich schon geben. Seine Stirne ist hoch und scheint es um so mehr, da das Vorderhaupt nur mit wenigen Haaren bedeckt ist. Diese sind grau, beinahe weiß, glatt anliegend und bedecken nur spärlich den übrigen Teil des Kopfes, dessen Wölbung schön und ebenmäßig und woran die kleinen Ohren fast anmutig genannt werden können. Das Kinn ist aber kurz und ordinär. Wild und wüst hängt das schwarze Buschwerk seiner Braunen herab bis zu den tiefen Augenhöhlen, worin die kleinen dunkeln Augen tief versteckt auf der Lauer liegen; nur zuweilen blitzt es da hervor wie ein Stilett. Die Farbe des Gesichts ist graugelblich, das gewöhnliche Kolorit der Sorge und Verdrossenheit, und es irren allerlei wunderliche Falten darüber hin, die zwar nicht gemein sind, aber auch nicht edel, vielleicht Justemilieu –, anständig grämliche Justemilieu-Falten. Man will dem Manne das Bankierhafte anmerken, sogar in seiner Haltung das Kaufmännische herausfinden, und einer meiner Freunde gibt vor, daß er immer in Versuchung gerate, ihn über den jetzigen Preis des Kaffees oder den Stand des Diskontos zu befragen. »Wenn man aber von jemandem weiß, daß er blind ist«, sagt Lichtenberg, »so glaubt man es ihm von hinten ansehen zu können.« Ich finde in der ganzen Erscheinung Casimir Périers freilich nichts, was an Adel der Geburt erinnert, aber in seinem Wesen liegt viel von schöner Ausbildung der Bürgerlichkeit, wie man sie bei Männern findet, die mit den tatsächlichsten Staatssorgen belastet sind und sich mit chevaleresken Manieren und sonstigem Toilettengeschäfte nicht viel befassen können.

Nach seinen Reden kann man Périer noch am besten beurteilen, es ist das auch seine beste Seite, wenigstens während der Restaurationsperiode, wo er, einer der besten Sprecher der Opposition, gegen windiges Pfaffen- und Schranzentum den edelsten Krieg führte. Ich weiß nicht, ob er damals schon so körperlich ungestüm war wie jetzt; ich las damals nur seine Reden, die, ein Muster von Haltung und Würde, auch zugleich so ruhig und besonnen waren, daß ich ihn für einen ganz alten Mann hielt. In diesen Reden herrschte die strengste Logik, es war darin etwas Starres, starre Vernunftgründe nebeneinander grad aufgerichtet, gleich unzerbrechbar eisernen Stangen, und dahinter lauschte manchmal eine leise Wehmut, wie eine blasse Nonne hinter klösterlichem Sprachgitter. Die starren Vernunftgründe, die eisernen Stangen sind in seinen Reden geblieben, aber jetzt schaut man dahinter nur einen unmächtigen Zorn, der wie ein wildes Tier hin und her springt.

Viele der neuesten Reden Périers, welche Gesetzentwürfe besprechen, wie z.B. über die Pairie, sind nicht von ihm selbst abgefaßt; zu solchen großen Ausarbeitungen fehlt es dem Minister an Zeit. Er muß jetzt täglich reizbarer, kleinlicher und leidenschaftlicher in seinen eigenen Reden werden, je bedenklicher, würdeloser und unedler das System ist, das er zu verteidigen hat. Was ihm in der öffentlichen Meinung am förderlichsten, das ist seine Stellung neben Herrn Sebastiani, dem alten koketten Menschen mit dem aschgrauen Herzen und dem gelben Gesichte, worauf noch manchmal ein Stückchen Röte zu schauen, wie bei herbstlichen Bäumen, aus deren gelbem Laubwerk einige grellrote Blätter hervorgrinsen. Wahrlich, es gibt nichts Widerwärtigeres als diese aufgeblasene Nichtigkeit, die, obgleich für krank erklärt, noch oft in die Kammer kommt und sich auf die Ministerbank setzt, ein fades Lächeln um die Lippen und eine Dummheit auf der Zunge. Ich kann kaum begreifen, daß dieses wohl gantierte, niedlich chaussierte, schwächliche Männlein mit verschwimmenden Vapeuräuglein jemals große Dinge verrichten konnte, im Felde und im Rate, wie uns die Berichterstatter des russischen Rückzuges und der türkischen Gesandtschaft erzählen. Seine ganze Wissenschaft besteht jetzt nur noch aus einigen altabgenutzten Diplomatenstückchen, die in seinem blechernen Gehirne beständig klappern. Seine eigentlich politischen Ideen gleichen dem großen Riemen, welchen Karthagos Königin aus einer Kuhhaut schnitt und womit sie ein ganzes Land umspannte; der Ideenkreis des guten Mannes ist groß, umfaßt viel Land, aber er ist dennoch von Leder. Périer sagte einst von ihm: »Er hat eine große Idee von sich selbst, und das ist die einzige Idee, die er hat.«

Ich habe den Kupido der Kaiserperiode, wie man Sebastiani genannt, neben dem Herkules der Justemi lieu-Zeit, wie man Périer bezeichnet, nur deshalb hingestellt, damit dieser in völliger Größe erscheine. Wahrlich, ich möchte ihn lieber vergrößern als verkleinern, und dennoch kann ich nicht umhin zu gestehen, daß bei seinem Anblicke mir eine Gestalt ins Gedächtnis heraufsteigt, woneben er ebenso klein erscheint wie Sebastiani neben ihm. Ist es der Geist der Satire, der an die Gegensätze erinnert? Oder hat Casimir Périer wirklich eine Ähnlichkeit mit dem größten Minister, der jemals England regierte, mit George Canning?

Aber auch andere Leute gestehen, daß er sonderbarerweise an diesen erinnere und irgendeine verborgene Verwandtschaft zwischen beiden vorhanden sei.

Vielleicht in der Bürgerlichkeit der Geburt und der Erscheinung, in der Schwierigkeit der Lage, in der unerschütterlichen Tatkraft und im Widerstande gegen feudalaristokratischen Ankampf zeigt sich jene Ähnlichkeit zwischen Périer und Canning. Nimmermehr in ihrer Laufbahn und entfalteten Gesinnung. Ersterer, geboren und erzogen auf den weichen Polstern des Reichtums, konnte ruhig seine besten Neigungen entwickeln und ruhig teilnehmen an jener wohlhabenden Opposition, die der Bürgerstand während der Restaurationszeit gegen Aristokratie und Jesuitenschaft führte. Der andere hingegen, George Canning, geboren von unglücklichen Eltern, war das arme Kind einer armen Mutter, die ihn des Tags über traurig und weinend pflegte und des Abends, um Brot für ihn zu verdienen, aufs Theater steigen und Komödie spielen und lachen mußte; späterhin, aus dem kleinen Elend der Armut in das größere Elend einer glänzenden Abhängigkeit übergehend, erduldete er die Unterstützung eines Oheims und die Gönnerschaft eines hohen Adels.

Unterschieden sich aber beide Männer durch die Lage, worein das Glück sie versetzt und lange Zeit erhalten hatte, so unterschieden sie sich noch mehr durch die Gesinnung, die sie offenbarten, als sie den Gipfel der Macht erreicht, wo endlich, frei von allem Zwange, das große Wort des Lebens ausgesprochen werden konnte. Casimir Périer, der nie abhängig gewesen, der immer die goldenen Mittel besaß, die Gefühle der Freiheit in sich zu erhalten, auszubilden, zu erhöhen: dieser wurde plötzlich kleinsinnig und krämerhaft; er beugte sich, seine Kräfte mißkennend, vor jenen Mächtigen, die er vernichten konnte, und bettelte um den Frieden, den er nur als Gnade gewähren durfte: er verletzt jetzt die Gastfreundschaft und beleidigt das heiligste Unglück, und, ein verkehrter Prometheus, stiehlt er den Menschen das Licht, um es den Göttern wiederzugeben. George Canning hingegen, weiland Gladiator im Dienste der Tories, als er endlich die Ketten der Geistessklaverei abschütteln konnte, erhob er sich in aller Majestät seines angebornen Bürgertums, und zum Entsetzen seiner ehemaligen Gönner, ein Spartakus von Downing Street, proklamierte er die bürgerliche und kirchliche

Freiheit für alle Völker und gewann für England alle liberalen Herzen und hierdurch die Obermacht in Europa.

Es war damals eine dunkle Zeit in Deutschland, nichts als Eulen, Zensuredikte, Kerkerduft, Entsagungsromane, Wachtparaden, Frömmelei und Blödsinn; als nun der Lichtschein der Canningschen Worte zu uns herüberleuchtete, jauchzten die wenigen Herzen, die noch Hoffnung fühlten, und was den Schreiber dieser Blätter betrifft, er küßte Abschied von seinen Lieben und Liebsten und stieg zu Schiff und fuhr gen London, um den Canning zu sehen und zu hören. Da saß ich nun ganze Tage auf der Galerie der St.-Stephans-Kapelle und lebte in seinem Anblicke und trank die Worte seines Mundes, und mein Herz war berauscht. Er war mittlerer Gestalt, ein schöner Mann, edel geformtes, klares Gesicht, sehr hohe Stirne, etwas Glatze, wohlwollend gewölbte Lippen, sanfte, überzeugende Augen, heftig genug in seinen Bewegungen, wenn er zuweilen auf den blechernen Kasten schlug, der vor ihm auf dem Aktentische lag, aber in der Leidenschaft immer anstandvoll, würdig, gentlemanlike. Worin glich also seine äußere Erscheinung dem Casimir Périer? Ich weiß nicht, aber es will mich bedünken, als sei dessen Kopfbildung, obgleich derber und größer, der Canningschen auffallend ähnlich. Eine gewisse Krankhaftigkeit, Überreizung und Abspannung, die wir bei Canning sahen, ist auch bei Périer auffallend und mahnte eben an jenen. Was Talent betrifft, so konnten sich wohl beide die Waage halten. Nur daß Canning das Schwerste mit einer gewissen Leichtigkeit vollbrachte, gleich dem Odysseus, der den gewaltigen Bogen so leicht spannte, als habe er die Saiten einer Leier aufgezogen; Périer hingegen zeigt bei der geringfügigsten Handlung eine gewisse Schwerfälligkeit, er entfaltet bei der unbedeutendsten Maßregel alle seine Kräfte, alle seine geistige und weltliche Kavallerie und Infanterie, und wenn er die gelindesten Saiten aufziehen will, gebärdet er sich dabei so anstrengungsvoll, als spannte er den Bogen des Odysseus. Seine Reden habe ich oben charakterisiert. Canning war ebenfalls einer der größten Redner seiner Zeit. Nur warf man ihm vor, daß er zu geblümt, zu geschmückt spreche. Aber diesen Vorwurf verdiente er gewiß nur in seiner frühern Periode, als er noch, in abhängiger Stellung, keine eigne Meinung aussprechen durfte und er daher statt dessen nur oratorische Blumen, geistige Arabesken und brillante Witze geben konnte. Seine Rede war damals kein Schwert, sondern nur die Scheide desselben, und zwar eine sehr kostbare Scheide, woran das getriebene Goldblumenwerk und die eingelegten Edelsteine aufs reichste blitzten. Aus dieser Scheide zog er späterhin die grade, schmucklose Stahlklinge hervor, und das funkelte noch herrlicher und war doch scharf und schneidend genug. Noch sehe ich die greinenden Gesichter, die ihm gegenübersaßen, besonders den lächerlichen Sir Thomas Lethbridge, der ihn mit großem Pathos fragte, ob er auch schon die Mitglieder seines Ministeriums gewählt habe – worauf George Canning sich ruhig erhob, als wolle er eine lange Rede halten, und, mit parodiertem Pathos Yes sagend, sich gleich wieder niedersetzte, so daß das ganze Haus vom Gelächter erdröhnte. Es war damals ein wunderlicher Anblick, fast die ganze frühere Opposition saß hinter dem Minister, namentlich der wackere Russell, der unermüdliche Brougham, der gelehrte Mackintosh, Cam Hobhouse mit seinem verstürmt wüsten Gesichte, der edle, spitznäsige Robert Wilson und gar Francis Burdett, die begeistert lange donquichottliche Gestalt, dessen liebes Herz ein unverwelklicher Baumgarten liberaler Gedanken ist und dessen magere Knie damals, wie Cobbett sagte, den Rücken Cannings berührten. Diese Zeit wird mir ewig im Gedächtnisse blühen, und nimmermehr vergesse ich die Stunde, als ich George Canning über die Rechte der Völker sprechen hörte und jene Befreiungsworte vernahm, die wie heilige Donner über die ganze Erde rollten und in der Hütte des Mexikaners wie des Hindu ein tröstendes Echo zurückließen. »That is my thunder!« konnte Canning damals sagen. Seine schöne, volle, tiefsinnige Stimme drang wehmütig kraftvoll aus der kranken Brust, und es waren klare, entschleierte, todbekräftigte Scheideworte eines Sterbenden. Einige Tage vorher war seine Mutter gestorben, und die Trauerkleidung, die er deshalb trug, erhöhte die Feierlichkeit seiner Erscheinung. Ich sehe ihn noch in einem schwarzen Oberrocke und mit seinen schwarzen Handschuhen. Diese betrachtete er manchmal, während er sprach, und wenn er dabei besonders nachsinnend aussah, dann dachte ich: Jetzt denkt er vielleicht an seine tote Mutter und an ihr langes Elend und an das Elend des übrigen armen Volkes, das im reichen England verhungert, und diese Handschuhe sind dessen Garantien, daß Canning weiß, wie ihm zumute ist, und ihm helfen will. In der Heftigkeit der Rede riß er einmal einen jener Handschuhe von der Hand, und ich glaubte schon, er wollte ihn der ganzen hohen Aristokratie von England vor die Füße werfen, als den schwarzen Fehdehandschuh der beleidigten Menschheit.

Wenn ihn jene Aristokratie gerade nicht ermordet hat, ebensowenig wie jenen von St. Helena, der an einem Magenkrebse gestorben, so hat sie ihm doch genug kleine vergiftete Nadeln ins Herz gestochen. Man erzählte mir z.B., Canning erhielt in jener Zeit, als er eben ins Parlament ging, einen mit wohlbekanntem Wappen versiegelten Brief, den er erst im Sitzungssaale öffnete und worin er einen alten Komödienzettel fand, auf welchem der Name seiner verstorbenen Mutter unter dem Personale der Schauspieler gedruckt war. Bald darauf starb Canning, und jetzt, seit fünf Jahren, schläft er in Westminster neben Fox und Sheridan, und über den Mund, der so Großes und Gewaltiges gesprochen, zieht vielleicht eine Spinne ihr blödsinnig schweigendes Gewebe. Auch Georg IV. schläft jetzt dort in der Reihe seiner Väter und Vorfahren, die in steinernen Abbildungen auf den Grabmälern ausgestreckt liegen, das steinerne Haupt auf steinernen Kissen, Weltkugel und Zepter in der Hand; und rings um sie her, in hohen Särgen, liegt Englands Aristokratie, die vornehmen Herzöge und Bischöfe, Lords und Barone, die sich im Tode wie im Leben um die Könige drängen; und wer sie dort schauen will in Westminster, zahlt einen Schilling und sechs Pence. Dieses Geld empfängt ein armer, kleiner Aufseher, dessen Erwerbszweig es ist, die toten, hohen Herrschaften sehen zu lassen, und der dabei ihre Namen und Taten hinschnattert, als wenn er ein Wachsfigurenkabinett zeigte. Ich sehe gern dergleichen, indem ich mich dann überzeuge, daß die Großen der Erde nicht unsterblich sind, mein Schilling und sechs Pence hat mich nicht gereut, und als ich Westminster verließ, sagte ich zu dem Aufseher: »Ich bin mit deiner Exhibition zufrieden, ich wollte dir aber gern das Doppelte zahlen, wenn die Sammlung vollständig wäre.«

Das ist es. Solange Englands Aristokraten nicht sämtlich zu ihren Vätern versammelt sind, solange die Sammlung in Westminster nicht vollständig ist, bleibt der Kampf der Völker gegen Bevorrechtung der Geburt noch immer unentschieden, und Frankreichs Bürgerallianz mit England bleibt zweifelhaft.

Artikel V

Paris, 25. März 1832

Der Feldzug nach Belgien, die Blockade von Lissabon und die Einnahme von Ancona sind die drei charakteristischen Heldentaten, womit das Justemilieu nach außen seine Kraft, seine Weisheit und seine Herrlichkeit geltend gemacht; im Innern pflückte es ebenso rühmliche Lorbeeren unter den Pfeilern des Palais Royal, zu Lyon und zu Grenoble. Nie stand Frankreich so tief in den Augen des Auslandes, nicht einmal zur Zeit der Pompadour und der Dubarry. Man merkt jetzt, daß es noch etwas Kläglicheres gibt als eine Mätressenherrschaft. In dem Boudoir einer galanten Dame ist noch immer mehr Ehre zu finden als in dem Comptoir eines Bankiers. Sogar in der Betstube Karls X. hat man nicht so ganz und gar der Nationalwürde vergessen, und von dort aus eroberte man Algier. Diese Eroberung soll, damit die Demütigung vollständig sei, jetzt aufgegeben werden. Diesen letzten Fetzen von Frankreichs Ehre opfert man dem Trugbilde einer Allianz mit England. Als ob die imaginäre Hoffnung derselben nicht schon genug gekostet habe! Dieser Allianz halber werden sich die Franzosen auch auf der Zitadelle von Ancona blamieren müssen, wie auf den Ebenen von Belgien und unter den Mauern von Lissabon.

Im Innern sind die Beengnisse und Zerrissenheiten nachgerade so unleidlich geworden, daß sogar ein Deutscher die Geduld verlieren könnte. Die Franzosen gleichen jetzt jenen Verdammten in Dantes Hölle, denen ihr dermaliger Zustand so unerträglich geworden, daß sie nur diesem entzogen zu werden wünschen, und sollten sie auch dadurch in einen noch schlechtern Zustand geraten. So erklärt es sich, daß den Republikanern das legitime Regime und den Legitimisten die Republik viel wünschenswerter geworden als der Sumpf, der in der Mitte liegt und worin sie eben jetzt stecken. Die gemeinsame Qual verbindet sie. Sie haben nicht denselben Himmel, aber dieselbe Hölle, und da ist Heulen und Zähneklappern – Vive la République! Vive Henri V!

Die Anhänger des Ministeriums, d.h. Angestellte, Bankiers, Gutsbesitzer und Boutiquiers, erhöhen das allgemeine Mißbehagen noch durch die lächelnden Versicherungen, daß wir ja alle im ruhigsten Zustande leben, daß das Thermometer des Volksglücks, der Staatspapierkurs, gestiegen und daß wir diesen Winter in Paris mehr Bälle als jemals und die Oper in ihrer höchsten Blüte gesehen haben. Dieses war wirklich der Fall; denn jene Leute haben ja die Mittel, Bälle zu geben, und da tanzten sie nun, um zu zeigen, daß Frankreich glücklich sei; sie tanzten für ihr System, für den Frieden, für die Ruhe Europas; sie wollten die Kurse in die Höhe tanzen, sie tanzten à la hausse. Freilich manchmal, während den erfreulichsten Entrechats, brachte das diplomatische Korps allerlei Hiobsdepeschen aus Belgien, Spanien, England und Italien; aber man ließ keine Bestürzung merken und tanzte verzweiflungsvoll lustig weiter; ungefähr wie Aline, Königin von Golkonda, ihre scheinbar fröhlichen Tänze fortsetzt, wenn auch das Chor der Eunuchen mit einer Schreckensnachricht nach der andern heranquäkt. Wie gesagt, die Leute tanzten für ihre Renten, je gemäßigter sie gesinnt waren, desto leidenschaftlicher tanzten sie, und die dicksten, moralischsten Bankiers tanzten den verruchten Nonnenwalzer aus »Robert le Diable«, der berühmten Oper. – Meyerbeer hat das Unerhörte erreicht, indem er die flatterhaften Pariser einen ganzen Winter lang zu fesseln gewußt; noch immer strömt alles nach der Académie de musique, um »Robert le Diable« zu sehen; aber die enthusiastischen Meyerbeerianer mögen mir verzeihen, wenn ich glaube, daß mancher nicht bloß von der Musik angezogen wird, sondern auch von der politischen Bedeutung der Oper! Robert le Diable, der Sohn eines Teufels, der so verrucht war wie Philipp Egalité, und einer Fürstin, die so fromm war wie die Tochter Penthièvres, wird von dem Geiste seines Vaters zum Bösen, zur Revolution, und von dem Geiste seiner Mutter zum Guten, zum alten Regime, hingezogen, in seinem Gemüte kämpfen die beiden angeborenen Naturen, er schwebt in der Mitte zwischen den beiden Prinzipien, er ist Justemilieu; – vergebens wollen ihn die Wolfschluchtstimmen der Hölle ins Mouvement ziehen, vergebens verlocken ihn – die Geister der Konvention, die als revolutionäre Nonnen aus dem Grabe steigen, vergebens gibt Robespierre in der Gestalt der Mademoiselle Taglioni ihm die Akkolade: er widersteht allen Anfechtungen, allen Verführungen, ihn leitet die Liebe zu einer Prinzessin beider Sizilien, die sehr fromm ist, und auch er wird fromm, und wir erblicken ihn am Ende im Schoße der Kirche, umsummt von Pfaffen und umnebelt von Weihrauch. Ich kann nicht umhin zu bemerken, daß bei der ersten Vorstellung dieser Oper durch ein Versehen des Maschinisten das Brett der Versenkung, worin der alte Vater Teufel zur Hölle fuhr, ungeschlossen geblieben und daß der Teufel Sohn, als er zufällig darauf trat, ebenfalls hinabsank. – Da in der Deputiertenkammer von dieser Oper soviel gesprochen worden, so war die Erwähnung derselben keineswegs diesen Blättern unangemessen. Die gesellschaftlichen Erscheinungen sind hier durchaus nicht politisch unwichtig, und ich begreife jetzt sehr gut, wie Napoleon in Moskau sich damit beschäftigen konnte, das Reglement für die Pariser Theater auszuarbeiten. – Auf letztere hatte die Regierung während des verflossenen Faschings ihr besonderes Augenmerk, wie denn überhaupt diese Zeit um so mehr ihre Aufmerksamkeit in Anspruch nahm, da man sogar die Maskenfreiheit fürchtete und besonders am Mardigras eine Emeute erwartete. Wie leicht ein Mummenschanz dazu Gelegenheit geben kann, hat sich in Grenoble erwiesen. Voriges Jahr ward der Mardigras durch Demolierung des erzbischöflichen Palastes gefeiert.

Da dieser Winter der erste war, den ich in Paris zubrachte, so kann ich nicht entscheiden, ob der Karneval dieses Jahr so brillant gewesen, wie die Regierung prahlt, oder ob er so trist aussah, wie die Opposition klagt. Sogar bei solchen Außendingen kann man der Wahrheit hier nicht auf die Spur kommen. Alle Parteien suchen zu täuschen, und selbst den eigenen Augen darf man nicht trauen. Einer meiner Freunde, ein Justemillionär, hatte die Güte, letzten Mardigras mich in Paris herumzuführen und mir durch den Augenschein zu zeigen, wie glücklich und heiter das Volk sei. Er ließ an jenem Tage auch alle seine Bedienten ausgehen und befahl ihnen ausdrücklich, sich recht viel Vergnügen zu machen. Vergnügt faßte er meinen Arm und rannte vergnügt mit mir durch die Straßen und lachte zuweilen recht laut. An der Porte St. Martin, auf dem feuchten Pflaster, lag ein todblasser, röchelnder Mensch, von welchem die umstehenden Gaffer behaupteten, er sterbe vor Hunger. Mein Begleiter aber versicherte mir, daß dieser Mensch alle Tage auf einer andern Straße vor Hunger sterbe und daß er davon lebe, indem ihn nämlich die Karlisten dafür bezahlten, durch solches Schauspiel das Volk gegen die Regierung zu verhetzen. Dieses Handwerk muß jedoch schlecht bezahlt werden, da viele dabei wirklich vor Hunger sterben. Es ist eine eigene Sache mit dem Verhungern; man würde hier täglich viele tausend Menschen in diesem Zustand sehen, wenn sie es nur längere Zeit darin aushalten könnten. So aber, gewöhnlich nach drei Tagen, welche ohne Nahrung verbracht worden, sterben die armen Hungerleider, einer nach dem andern, und sie werden still eingescharrt, und man bemerkt sie kaum.

»Sehen Sie, wie glücklich das Volk ist«, bemerkte mein Begleiter, indem er mir die vielen Wagen voll Masken zeigte, die laut jubelten und die lustigsten Narreteien trieben. Die Boulevards gewährten wirklich einen überaus ergötzlich bunten Anblick, und ich dachte an das alte Sprüchwort: »Wenn der liebe Gott sich im Himmel langweilt, dann öffnet er das Fenster und betrachtet die Boulevards von Paris.« Nur wollte es mich bedünken, als sei dabei mehr Gendarmerie aufgestellt, als zu einem harmlosen Vergnügen eben notwendig gewesen. Ein Republikaner, der mir begegnete, verdarb mir den Spaß, indem er mir versicherte, die meisten Masken, die sich am lustigsten gebärdeten, habe die Polizei eigens dafür bezahlt, damit man nicht klage, das Volk sei nicht mehr vergnügt. Inwieweit dieses wahr sein mag, will ich nicht bestimmen; die maskierten Männer und Weiber schienen sich ganz von innen heraus zu belustigen, und wenn die Polizei sie noch besonders dafür bezahlte, so war das sehr artig von der Polizei. Was ihre Einwirkung besonders verraten konnte, waren die Gespräche der maskierten gemeinen Kerle und öffentlichen Dirnen, die in ertrödelten Hoftrachten, mit Schönpflästerchen auf den geschminkten Gesichtern, die Vornehmheit der vorigen Regierung parodistisch nachäfften, sich mit karlistischen Namen titulierten und sich dabei so hoffärtig fächerten und spreizten, daß ich mich unwillkürlich der hohen Festivitäten erinnerte, die ich als Knabe die Ehre hatte, von der Galerie herab zu betrachten; nur daß die Pariser Poissarden ein besseres Französisch sprachen als die Kavaliere und gnädigen Fräulein meines Vaterlandes.

Um diesem letztern Gerechtigkeit widerfahren zu lassen, gestehe ich, daß der diesjährige Bœuf-gras gar kein Aufsehen in Deutschland gemacht haben würde. Ein Deutscher mußte über diesen unbedeutenden Ochsen lächeln, ob dessen Größe man sich hier besonders wunderte. Mit Anspielungen auf diesen armen Ochsen waren eine Woche lang die kleinen Blätter gefüllt; daß er gros, gras et bête gewesen, war ein stehender Witz, und in Karikaturen parodierte man auf die gehässigste Weise den Zug dieses quasi-fetten Ochsen. Schon hieß es, man würde dieses Jahr den Zug verbieten; aber man besann sich eines Besseren. Von so vielen überlieferten Volksspäßen ist fast allein der Zug des

Bœuf-gras in Frankreich übriggeblieben. Den absoluten Thron, den Parc-des-cerfs, das Christentum, die Bastille und andere ähnliche Institute aus der guten alten Zeit hat die Revolution niedergerissen; der Ochs allein ist geblieben. Darum wird er auch im Triumphe durch die Stadt geführt, bekränzt mit Blumen und umgeben von Metzgerknechten, die meistens mit Helm und Harnischen bekleidet sind und die diesen eisernen Plunder von den verstorbenen Rittern als nächste Wahlverwandte geerbt haben. Es ist sehr leicht, die Bedeutung der öffentlichen Mummereien einzusehen. Schwerer ist es, die geheime Maskerade zu durchschauen, die hier in allen Verhältnissen zu finden ist. Dieser größere Karneval beginnt mit dem ersten Januar und endigt mit dem einunddreißigsten Dezember. Die glänzendsten Redouten desselben sieht man im Palais Bourbon, im Luxemburg und in den Tuilerien. Nicht bloß in der Deputiertenkammer, sondern auch in der Pairskammer und im königlichen Kabinette spielt man jetzt eine heillose Komödie, die vielleicht tragisch enden wird. Die Oppositionsmänner, welche nur die Komödie der Restaurationszeit fortsetzen, sind vermummte Republikaner, die mit sichtbarer Ironie oder mit auffallendem Widerwillen als Komparsen des Königtums agieren. Die Pairs spielen jetzt die Rolle von unerblichen, durch Verdienst berufenen Amtsleuten; wenn man ihnen aber hinter die Maske schaut, so sieht man meistens die wohlbekannten noblen Gesichter; und wie modern sie sich auch kostümieren, so sind sie doch immer die Erben der alten Aristokratie, und sie tragen sogar die Namen, die an die alte Misere erinnern, so daß man darunter sogar einen Dreux-Brézé findet, von dem der »National« sagt, er sei nur dadurch ausgezeichnet, daß einmal einem seiner Vorfahren eine gute Antwort gegeben worden. Was Ludwig Philipp betrifft, so spielt er noch immer seinen roi-citoyen und trägt noch immer das dazugehörige Bürgerkostüm; unter seinem bescheidenen Filzhute trägt er jedoch, wie männiglich weiß, eine ganz unmaßgebliche Krone von gewöhnlichem Zuschnitte, und in seinem Regenschirme verbirgt er das absoluteste Zepter. Nur wenn die liebsten Interessen zur Sprache kommen oder wenn einer mit dem gehörigen Stichworte die Leidenschaften aufreizt, dann vergessen die Leute ihre einstudierte Rolle und offenbaren ihre Persönlichkeit. Jene Interessen sind zunächst die des Geldes, und diese müssen allen andern weichen, wie man bei den Diskussionen über das Budget wahrnehmen konnte... Die Stichworte, bei denen in der Deputiertenkammer die republikanische Gesinnung sich verriet, sind bekannt. Nicht so unbedeutend und zufällig, wie man etwa in Deutschland glaubt, waren die Diskussionen über das Wort sujet. Letzteres hat schon im Beginne der französischen Revolution Veranlassung zu Expektorationen gegeben, wobei sich die republikanische Tendenz der Zeit aussprach. Wie leidenschaftlich tobte man, als einst dem armen Ludwig XVI. in einer Rede dieses Wort entschlüpfte. Ich habe zur Vergleichung mit der Gegenwart die damaligen Journale in dieser Beziehung nachgelesen; der Ton von 1790 ist nicht verhallt, sondern nur veredelt. Die Philippisten sind nicht so ganz arglos, wenn sie durch Stichworte oberwähnter Art die Opposition in Leidenschaft bringen. Voriges Jahr hütete man sich wohl, die Tuilerien mit dem Namen Château zu benennen, und der »Moniteur« erhielt ausdrücklich die Weisung, sich des Wortes Palais zu bedienen. Später nahm man es nicht mehr so genau. Jetzt wagt man schon mehr, und die »Débats« sprechen von dem Hofe, la cour! »Wir gehen mit großen Schritten zur Restauration zurück!« klagte mir ein allzu ängstlicher Freund, als er las, daß die Schwester des Königs »Madame« tituliert worden. Dieser Argwohn grenzt fast ans Lächerliche. »Wir gehen noch weiter zurück als zur Restauration!« rief jüngst derselbe Freund, vor Schrecken erbleichend. Er hatte in einer gewissen Soiree etwas Entsetzliches gesehen, nämlich eine schöne junge Dame mit Puder in den Haaren. Ehrlich gestanden, es sah gut aus; die blonden Locken waren wie von leisem Frosthauch angereift, und die warmen frischen Blumen schauten um so rührend lieblicher daraus hervor.

»Der 21. Januar« war, in ähnlicher Weise, das Stichwort, wobei sich in der Pairskammer die vermummten Erbleidenschaften und der krasseste Aristokratismus enthüllten. Was ich längst vorausgesehen, geschah; auch parlamentarisch gebärdete sich die Aristokratie, als sei sie besonders bevorrechtet, den Tod Ludwigs XVI. zu bejammern, und sie verhöhnte das französische Volk durch die Beschönigung jenes Bußtagsgesetzes, wodurch der eingesetzte Statthalter der Heiligen Allianz, Ludwig XVIII., dem ganzen französischen Volke, wie einem Verbrecher, eine Pönitenz auferlegt hatte. Der 21. Januar war der Tag, wo das regizide Volk, zum Abschrecken der umstehenden Nachbarvölker, in Sack und Asche und mit der Kerze in der Hand vor Notre-Dame stehen sollte. Mit Recht stimmten die Deputierten für die Aufhebung eines Gesetzes, welches mehr dazu diente, die Franzosen zu demütigen, als sie zu trösten ob des Nationalunglücks, das sie am 21. Januar 1793 betroffen hat. Indem die Pairskammer die Aufhebung jenes Gesetzes verwarf, verriet sie ihren unversöhnlichen Groll gegen das neue Frankreich und entlarvte sie alle ihre adelige Vendetta gegen die Kinder der Revolution und gegen die Revolution selbst. Minder für die nächsten Interessen des Tages als vielmehr gegen die Grundsätze der Revolution kämpfen jetzt die lebenslänglichen Herren des Luxemburg. Daher verwarfen sie nicht den Briquevilleschen Gesetzesvorschlag; sie verleugneten ihre Ehre und unterdrückten ihre grimmigste Abneigung. Jener Gesetzesvorschlag betraf ja nicht im geringsten die Grundsätze der Revolution. Aber das Gesetz wegen Ehescheidung, das darf nicht angenommen werden, denn es ist durchaus revolutionärer Natur, wie jeder christkatholische Edelmann begreifen wird.

Das Schisma, das bei solcher Gelegenheit zwischen der Deputiertenkammer und der Pairie entsteht, wird die unerquicklichsten Erscheinungen hervorbringen. Man sagt, der König beginne schon die Bedeutung dieses Schismas in seiner ganzen Trostlosigkeit einzusehen. Das ist nun die Folge jener Halbheit, jenes Schwankens zwischen Himmel und Hölle, jenes Robert-le-Diableschen Justemilieu-Wesens. Ludwig Philipp sollte sich vorsehen, daß er nicht einmal unversehens auf das versinkende Brett gerät. Er steht auf einem sehr unsichern Boden. Er hat durch eigene Schuld seine beste Stütze verloren. Er beging den gewöhnlichen Mißgriff zagender Menschen, die mit ihren Feinden gut stehen wollen und es daher mit ihren Freunden verderben. Er kajolierte die Aristokratie, die ihn haßt, und beleidigte das Volk, das seine beste Stütze war. Seine Sympathie für die Erblichkeit der Pairschaft hat ihm die gleichheitssüchtigen Herzen vieler Franzosen entfremdet, und seine Nöten mit den Lebenslänglichen werden ihnen ein schadenfrohes Ergötzen gewähren. Nur wenn die Frage aufs Tapet kommt, »was die Juliusrevolution bedeutet habe«, verfliegt der scherzende Mißmut, und der düstere Groll bricht hervor in bedrohlichen Reden. Das ist das gewaltigste jener Stichworte, wobei die verborgene Leidenschaft ans Tageslicht tritt und die Parteien ihre Masken gänzlich fallen lassen. Ich glaube, man könnte die Toten der großen Woche, die unter den Mauern des Louvres begraben liegen, aus ihrem Schlafe wecken, wenn man sie früge, ob die Männer der Juliusrevolution wirklich nichts anderes gewollt haben, als was die Opposition in der Kammer während der Restaurationszeit ausgesprochen hat. Dieses nämlich war die Definition, welche die Ministeriellen bei den jüngsten Debatten von der Juliusrevolution gegeben haben. Wie kläglich diese Erklärung in sich selbst zerfällt, ergibt sich schon daraus, daß die Opposition seitdem eingestanden, daß sie während der ganzen Restaurationszeit Komödie gespielt hat. Wie kann also hier von bestimmten Manifestationen die Rede sein? Auch was das Volk in den drei Tagen während des Kanonendonners gerufen, war nicht der bestimmte Ausdruck seines Willens, wie nachträglich die Philippisten behauptet haben. Der Ruf »Vive la Charte!«, den man nachher als den allgemeinen Wunsch, die Charte beizubehalten, interpretierte, war damals nichts anderes als ein Losungswort, als eine Tagesparole, deren man sich nur als signe de ralliement bediente. Man darf den Ausdrücken, die das Volk in solchen Fällen gebraucht, keine allzu bestimmte Bedeutung verleihen. Dies gilt von allen Revolutionen, die das Volk gemacht. Die »Männer des andern Morgens« kommen immer hintendrein und klauben Worte. Sie finden nur das tötende Wort, nicht den lebendig machenden Geist. Diesem, nicht jenem muß man nachforschen. Denn das Volk versteht sich ebensowenig auf Worte, wie es sich durch Worte verständlich machen kann. Es versteht nur Tatsachen, nur Fakta, und spricht durch solche. Ein solches Faktum war die Juliusrevolution, und dieses besteht nicht einzig darin, daß Karl X. aus den Tuilerien nach Holyrood gejagt worden und Ludwig Philipp sich dort einquartiert hat; solch bloße Personalveränderung wäre nur wichtig für den Portier jenes Palastes. Das Volk, indem es Karl X. verjagte, sah in ihm nur den Repräsentanten der Aristokratie, wie er sich sein ganzes Leben hindurch gezeigt hat, seit 1788, wo er, als Fürst vom Geblüte, in einer Vorstellung an Ludwig XVI. förmlich ausgesprochen, daß ein Fürst vor allem Edelmann sei, als solcher naturgemäß dem Korps des Adels angehöre und daher dessen Rechte vor allen andern Interessen verteidigen müsse; in Ludwig Philipp sah aber das Volk einen Mann, dessen Vater schon, sogar in seinem Namen, die bürgerliche Gleichheit der Menschen anerkannt hat, einen Mann, der selbst bei Valmy und Jemappes für die Freiheit gefochten, der von seiner frühesten Jugend an bis jetzt die Worte Freiheit und Gleichheit im Munde geführt und sich, in Opposition gegen die eigene Sippschaft, als einen Repräsentanten der Demokratie dargegeben hat.

Wie herrlich leuchtete dieser Mann im Glanze der Juliussonne, die sein Haupt wie mit einer Glorie umstrahlte und selbst auf seine Fehler so viel heiteres Licht streute, daß sie noch mehr als seine Tugenden blendeten. »Valmy und Jemappes!« war damals der patriotische Refrain aller seiner Reden; er streichelte die dreifarbige Fahne wie eine wiedergefundene Geliebte; er stand auf dem Balkone des Palais Royal und schlug mit der Hand den Takt zu der Marseillaise, die unten das Volk jubelte; und er war ganz der Sohn der Gleichheit, fils d'Égalité, der Soldat tricolore der Freiheit, wie er sich von Delavigne in der Parisienne besingen lassen und wie er sich von Horace Vernet malen lassen auf jenen Gemälden, die in den Gemächern des Palais Royal immer besonders bedeutungsvoll zur Schau gestanden. In diesen Gemächern hatte das Volk während der Restauration immer freien Zutritt; und da wandelte es herum des Sonntags und bewunderte, wie bürgerlich alles dort aussah, im Gegensatze zu den Tuilerien, wo kein armer Bürgersmann so leicht hinkommen durfte; und mit besonderer Vorliebe betrachtete man das Gemälde, worauf Ludwig Philipp abgebildet ist, wie er in der Schweiz als Schullehrer vor der Weltkugel steht und den Knaben in der Geographie Unterricht erteilt. Die guten Leute dachten wunder, wieviel er selbst dabei gelernt haben müsse! Jetzt sagt man, Ludwig Philipp habe damals nichts anderes gelernt als faire bonne mine à mauvais jeu und allzu große Schätzung des Geldes. Die Glorie seines Hauptes ist verschwunden, und der Unmut erblickt darin nur eine Birne.

Die Birne ist noch immer stehender Volkswitz in Spottblättern und Karikaturen. Jene, namentlich »Le Revenant«, »Les Cancans«, »Le Brid-Oison«, »La Mode«, und wie das karlistische Ungeziefer sonst heißen mag, mißhandeln den König mit einer Unverschämtheit, die um so widerwärtiger ist, da man wohl weiß, daß das edle Faubourg solche Blätter bezahlt. Man sagt, die Königin lese sie oft und weine darüber; die arme Frau erhält diese Blätter durch den unermüdlichen Diensteifer jener schlimmsten Feinde, die unter dem Namen »die guten Freunde« in jedem großen Hause zu finden sind. Die Birne ist, wie gesagt, ein stehender Witz geworden, und Hunderte von Karikaturen, worauf man sie erblickt, sind überall ausgehängt. Hier sieht man Périer auf der Rednerbühne, in der Hand die Birne, die er den Umsitzenden anpreist und an den Meistbietenden für achtzehn Millionen losschlägt. Dort wieder liegt eine ungeheuer große Birne gleich einem Alp auf der Brust des schlafenden Lafayette, der, wie an der Zimmerwand angedeutet steht, von der besten Republik träumt. Dann sieht man auch Périer und Sebastiani, jener als Pierrot, dieser als dreifarbiger Harlekin gekleidet, durch den tiefsten Kot waten und auf den Schultern eine Querstange tragen, woran eine ungeheure Birne hängt. Den jungen Heinrich sieht man als frommen Wallfahrter in Pilgertracht, mit Muschelhut und Stab, woran oben eine Birne hängt, gleich einem abgeschnittenen Kopfe.

Ich will wahrlich den Unfug dieser Fratzenbilder nicht vertreten, am allerwenigsten, wenn sie die Person des Fürsten selbst betreffen. Ihre unaufhörliche Menge ist aber eine Volksstimme und bedeutet etwas. Einigermaßen verzeihlich werden solche Karikaturen, wenn sie, keine bloße Beleidigung der Persönlichkeit beabsichtigend, nur die Täuschung rügen, die man gegen das Volk verübt. Dann ist auch ihre Wirkung grenzenlos. Seit eine Karikatur erschienen ist, worauf ein dreifarbiger Papagei dargestellt ist, der auf jede Frage, die man an ihn richtete, abwechselnd »Valmy« oder »Jemappes« antwortet, seitdem hütet sich Ludwig Philipp, diese Worte so wiederholentlich wie sonst vorzubringen. Er fühlt wohl, in diesen Worten lag immer ein Versprechen, und wer sie im Munde führte, durfte keine Quasilegitimität nachsuchen, durfte keine aristokratischen Institutionen beibehalten, durfte nicht auf diese Weise den Frieden erflehen, durfte nicht Frankreich ungestraft beleidigen lassen, durfte nicht die Freiheit der übrigen Welt ihren Henkern preisgeben. Ludwig Philipp mußte vielmehr auf das Vertrauen des Volkes den Thron stützen, den er dem Vertrauen des Volkes verdankte. Er mußte ihn mit republikanischen Institutionen umgeben, wie er gelobt, nach dem Zeugnis des unbescholtensten Bürgers beider Welten. Die Lügen der Charte mußten vernichtet, Valmy und Jemappes aber mußten eine Wahrheit werden. Ludwig Philipp mußte erfüllen, was sein ganzes Leben symbolisch versprochen hatte. Wie einst in der Schweiz mußte er wieder als Schulmeister vor die Weltkugel treten und öffentlich erklären: »Seht diese hübschen Länder, die Menschen darin sind alle frei, sind alle gleich, und wenn ihr Kleinen das nicht im Gedächtnisse behaltet, bekommt ihr die Rute.« Ja, Ludwig Philipp mußte an die Spitze der europäischen Freiheit treten, die Interessen derselben mit seinen eigenen verschmelzen, sich selbst und die Freiheit identifizieren, und wie einer seiner Vorgänger ein kühnes »L'état c'est moi!« aussprach, so mußte er mit noch größerem Selbstbewußtsein ausrufen: »La liberté c'est moi!«

Er hat es nicht getan. Wir wollen nun die Folgen abwarten. Sie sind unausbleiblich, und nur über die Länge der Zeit läßt sich nichts Bestimmtes voraussagen. Vor den schönen Frühlingstagen wird gewarnt. Die Karlisten meinen, erst im Herbste werde der neue Thron zusammenbrechen; geschehe es nicht, so werde er sich alsdann noch vier bis fünf Jahre halten. Die Republikaner wollen sich auf bestimmte Prophezeiungen nicht mehr einlassen. »Genug«, sagen sie, »die Zukunft gehört uns.« Und darin haben sie vielleicht recht. Obgleich sie bis jetzt immer die Düpes der Karlisten und Bonapartisten gewesen, so mag doch die Zeit kommen, wo die Tätigkeit dieser beiden Parteien nur den Interessen der Republikaner gefrommt haben wird. Sie rechnen auch auf diese Tätigkeit der Karlisten und Bonapartisten um so mehr, da sie selbst weder durch Geld noch durch Sympathie die Massen in Bewegung setzen können. Das Geld aber fließt jetzt in goldenen Strömen aus dem Faubourg St. Germain, und was feil ist, wird gekauft. Leider ist dessen zu Paris immer viel am Markte, und man glaubt, daß die Karlisten in diesem Monate große Fortschritte gemacht. Viele Männer, die immer großen Einfluß auf das Volk aus, geübt, sollen gewonnen sein. Die frommen Umtriebe der Schwarzröckchen in den Provinzen sind bekannt; das schleicht und zischt überall herum und lügt im Namen Gottes. Überall wird das Bild des Mirakeljungen aufgestellt, und man sieht ihn in den sentimentalsten Positionen. Hier liegt er auf den Knien und betet für das Heil Frankreichs und seiner unglücklichen Untertanen sehr rührend; dort klettert er auf den Bergen Schottlands, gekleidet in hochländischer Tracht, ohne Beinkleider. »Mâtin!« sagte ein Ouvrier, der mit mir dieses Bild an einem Kupferstichladen betrachtete, »on le représente sans culotte, mais nous savons bien qu'il est jésuite.« Auf einem ähnlichen Bild ist er weinend mit seinem Schwesterchen dargestellt, und darunter stellen gefühlvolle Verse: »Oh! que j'ai douce souvenance – de ce beau pays de mon enfance« usw. Lieder und Gedichte, die den jungen Heinrich feiern, zirkulieren in großer Anzahl, und sie werden gut bezahlt. Wie es einst in England eine jakobitische Poesie gab, so gibt es jetzt hier eine karlistische.

Indessen, die bonapartistische Poesie ist weit bedeutender und wichtiger und bedrohlicher für die Regierung. Es gibt keine Grisette in Paris, die nicht Bérangers Lieder singt und fühlt. Das Volk versteht am besten diese bonapartistische Poesie, und darauf spekulieren die Dichter, und auf die Dichter spekulieren wieder andere Leute. Victor Hugo schreibt jetzt ein großes Heldengedicht auf den alten Napoleon, und die väterlichen Verwandten des jungen Napoleons stehen in Briefwechsel mit ebensolchen Volksdichtern, die als Tyrtäen des Bonapartismus bekannt sind und deren begeisternde Leier man zur rechten Zeit zu benutzen hofft. Man ist nämlich der Meinung, daß der Sohn des Mannes nur zu erscheinen brauche, um der jetzigen Regierung ein Ende zu machen. Man weiß, daß der Name Napoleon das Volk hinreißt und die Armee entwaffnet. Die besonnenen, echten Demokraten sind jedoch keineswegs geneigt, in die allgemeine Huldigung einzustimmen. Der Name Napoleon ist ihnen freilich lieb und wert, weil er fast synonym geworden mit dem Ruhme Frankreichs und dem Siege der dreifarbigen Fahne. In Napoleoneschen sie den Sohn der Revolution; in dem jungen Reichstadt sehen sie nur den Sohn eines Kaisers, durch dessen Anerkennung sie dem Prinzipe der Legitimität huldigen würden. Dieses wäre jedenfalls eine lächerliche Inkonsequenz. Ebenso lächerlich ist die Meinung, daß der Sohn, wenn er auch nicht die Größe seines Vaters erreiche, doch gewiß nicht ganz aus der Art geschlagen und immer ein kleiner Napoleon sei. Ein kleiner Napoleon! Als ob die Vendômesäule nicht eben durch ihre Größe unsere Bewunderung erregte. Eben weil sie so groß ist und stark, will sich das Volk an sie lehnen in dieser vagen, schwankenden Zeit, wo die Vendômesäule das einzige in Frankreich ist, was fest steht.

Um diese Säule drehen sich alle Gedanken des Volkes. Sie ist sein unverwüstliches eisernes Geschichtsbuch, und es liest darauf seine eigenen Heldentaten. Besonders aber lebt in seiner Erinnerung die schmähliche Art, wie von den Deutschen das Standbild dieser Säule mißhandelt worden, wie man dem armen Kaiser die Füße abgesägt, wie man ihm, gleich einem Diebe, einen Strick um den Hals gebunden und ihn herabgerissen von seiner Höhe. Die guten Deutschen haben ihre Schuldigkeit getan. Jeder hat seine Sendung auf dieser Erde, unbewußt erfüllt er sie und hinterläßt ein Symbol dieser Erfüllung. So sollte Napoleon in allen Ländern den Sieg der Revolution erfechten; aber uneingedenk dieser Sendung, wollte er durch den Sieg sich selbst verherrlichen, und egoistisch erhaben stellte er sein eigenes Bild auf die erbeuteten Trophäen der Revolution, auf die zusammengegossenen Kanonen der Vendômesäule. Da hatten die Deutschen nun die Sendung, die Revolution zu rächen und den Imperator wieder herabzureißen von der usurpierten Höhe, von der Höhe der Vendômesäule. Nur der dreifarbigen Fahne gebührt dieser Platz, und seit den Juliustagen flattert sie dort siegreich und verheißend. Wenn man in der Folge den Napoleon wieder hinaufsetzt auf die Vendômesäule, so steht er dort nicht mehr als Imperator, als Cäsar, sondern als ein durch Unglück gesühnter und durch Tod gereinigter Repräsentant der Revolution, als ein Sinnbild der siegenden Volksgewalt.

Da ich eben von dem jungen Napoleon und dem jungen Heinrich gesprochen, so muß ich auch des jungen Herzogs von Orleans Erwähnung tun. In den Bilderladen sieht man sie hier gewöhnlich nebeneinander hängen, und unsere Pamphletisten diskutieren beständig diese drei sonderbaren Legitimitäten. Daß letztere auch außerdem ein Hauptthema des öffentlichen Geschwätzes sind, versteht sich von selbst. Es ist zu weitläufig und unfruchtbar, als daß ich es auch hier erörtern möchte. Jede Auskunft über die persönlichen Eigenschaften des Herzogs von Orleans scheint mir wichtiger zu sein, da sich an die Persönlichkeit des jungen Fürsten so viele Interessen der nächsten Wirklichkeit knüpfen. Die praktischere Frage ist nicht, ob er das Recht hat, den Thron zu besteigen, sondern ob er die Kraft dazu hat, ob seine Partei dieser Kraft vertrauen darf und was, da er in jedem Falle eine wichtige Rolle spielen muß, von seinem Charakter zu erwarten steht. Über letztern sind aber die Meinungen verschieden, ja entgegengesetzt. Die einen sagen, der Herzog von Orleans sei gänzlich borniert, geistesblöde, stumpfsinnig, sogar in seiner Familie heiße er grand poulot, dabei sei er dennoch mit absolutistischen Neigungen behaftet, manchmal bekomme er sogar Anfälle von Herrschwut, so habe er z.B. halsstarrig darauf bestanden, daß ihn sein Vater zur Zeit der Ouvrier-Emeuten nach Lyon gehen lasse, denn sonst käme ihm der Herzog von Reichstadt zuvor usw. Andere hingegen sagen, Se. Königliche Hoheit der Kronprinz sei lauter Herzensgüte, Wohlgesinnung und Bescheidenheit; er sei ein sehr vernünftiger junger Mensch, der die angemessenste Erziehung und den besten Unterricht genossen; er sei voll Mut, Ehrgefühl und Freiheitsliebe, wie er denn oft seinem Vater ein liberaleres System dringend anrate; er sei ganz ohne Falsch und Groll, er sei die Liebenswürdigkeit selbst und räche sich an seinen Feinden am liebsten dadurch, daß er ihnen beim Tanze die hübschen Mädchen wegkapere. Ich brauche wohl nicht zu sagen, daß solch wohlwollendes Urteil von den Anhängern der Dynastie, das böswillige aber von deren Gegnern herrührt. Diesen ist ebensowenig wie jenen zu trauen.

Ich kann also über den jungen Fürsten nichts Bestimmtes mitteilen, als was ich selbst gesehen habe, nämlich wie sein Äußeres beschaffen ist. Hier muß ich, der Wahrheit gemäß, eingestehen, er sieht gut aus. Eine etwas längliche, nicht eigentlich magere, sondern vielmehr stakige Gestalt; ein länglicher, schmaler Kopf an einem langen Halse; ebenfalls längliche, aber ganz regelmäßige, edle Gesichtszüge; brave, freie Stirne; gerade gutgemessene Nase; ein schöner, frischer Mund mit sanftgewölbten, bittenden Lippen; kleine, bläuliche, sonderbar unbedeutende, gedankenlose Augen, die wie kleine Dreiecke geformt sind; braunes Haar und ein lichtblonder Backenbart, der, unter dem Kinne fortlaufend, fast wie ein goldner Rahmen das rosig gesunde, blühende Jünglingsgesicht umschließt. Ich glaube in den Lineamenten dieser Gestalt viel Zukunft lesen zu können, jedoch nicht allzu heitere Zukunft. Glücklichstenfalls geht dieser junge Mensch einem sehr großen Martyrtume entgegen; er soll König werden. Wenn er auch mit dem Geiste die Dinge nicht durchschaut, so scheint er sie doch instinktartig zu ahnen; die tierische Natur, sozusagen der Leib, scheint von trüber Vorahnung befangen zu sein, und daher offenbart sich eine gewisse Melancholie in seinem äußern Wesen. Trübsam träumerisch läßt er zuweilen das schmale längliche Haupt von dem langen Halse herabhängen. Der Gang ist schläfrig und hinzögernd, wie der eines Menschen, der immer noch zu früh zu kommen glaubt. Seine Sprache ist schleppend oder in kurzen Lauten abgebrochen, wie im Halbschlummer. Hierin liegt jene angedeutete Melancholie oder vielmehr die melancholische Signatur der Zukunft. Übrigens hat sein Äußeres etwas schlicht Bürgerliches. Diese Eigenschaft tritt vielleicht um so bedeutender hervor, da man bei seinem Bruder, dem Herzog von Nemours, das Gegenteil zu bemerken glaubt. Dieser ist ein hübscher, sehr gescheiter Junge; schlank, aber nicht groß; äußerst zart gebaut; weißes nettes Gesichtchen; geistreich leicht hingeworfener Blick; etwas bourbonisch gebogene Nase; ein feiner Blondin von einem altadeligen Ansehen. Es sind nicht die anmaßenden Züge eines hannöverischen Krautjunkers, sondern eine gewisse Vornehmheit des Erscheinens und des Gehabens, wie sie nur unter dem gebildetsten hohen Adel gefunden wird. Da diese Sorte täglich an Zahl abnimmt oder durch Mesalliancen ausartet, so ist das aristokratische Aussehen des Herzogs von Nemours sehr bemerkbar. Bei seinem Anblicke hörte ich mal jemand sagen: »Dieses Gesicht wird in einigen Jahren großes Aufsehen in Amerika machen.«

Artikel VI

Paris, 19. April 1832

Nicht den Werkstätten der Parteien will ich ihren banalen Maßstab entborgen, um Menschen und Dinge damit zu messen, noch viel weniger will ich Wert und Größe derselben nach träumenden Privatgefühlen bestimmen, sondern ich will soviel als möglich parteilos das Verständnis der Gegenwart befördern und den Schlüssel der lärmenden Tagesrätsel zunächst in der Vergangenheit suchen. Die Salons lügen, die Gräber sind wahr. Aber ach! die Toten, die kalten Sprecher der Geschichte, reden vergebens zur tobenden Menge, die nur die Sprache der Leidenschaft versteht.

Freilich, nicht vorsätzlich lügen die Salons. Die Gesellschaft der Gewalthaber glaubt wirklich an die ewige Dauer ihrer Macht, wenn auch die Annalen der Welthistorie und das feurige Menetekel der Tagesblätter und sogar die laute Volksstimme auf der Straße ihre Warnungen aussprechen. Auch die Oppositionskoterien lügen eigentlich nicht mit Absicht; sie glauben ganz bestimmt zu siegen, wie überhaupt die Menschen immer das glauben, was sie wünschen; sie berauschen sich im Champagner ihrer Hoffnungen; jedes Mißgeschick deuten sie als ein notwendiges Ereignis, das sie dem Ziele desto näher bringe; am Vorabende ihres Untergangs strahlt ihre Zuversicht am brillantesten, und der Gerichtsbote, der ihnen ihre Niederlage gesetzlich ankündigt, findet sie gewöhnlich im Streite über die Verteilung der Bärenhaut. Daher die einseitigen Irrtümer, denen man nicht entgehen kann, wenn man der einen oder der andern Partei nahesteht; jede täuscht uns, ohne es zu wollen, und wir vertrauen am liebsten unsern gleichgesinnten Freunden.

Sind wir selber vielleicht so indifferenter Natur, daß wir, ohne sonderliche Vorneigung, mit allen Parteien beständig verkehren, so verwirrt uns die süffisante Sicherheit, die wir bei jeder Partei erblicken, und unser Urteil wird aufs unerquicklichste neutralisiert. Indifferentisten solcher Art, die selbst ohne eigene Meinung sind, ohne Teilnahme an den Interessen der Zeit, und die nur erlauschen wollen, was eigentlich vorgehe, und daher das Geschwätze aller Salons erhorchen und die Chronique scandaleuse jeder Partei bei der andern aufgabeln, solchen Indifferentisten begegnet's wohl, daß sie überall nur Personen und keine Dinge oder vielmehr in den Dingen nur die Personen sehen, daß sie den Untergang der erstern prophezeien, weil sie die Schwäche der letztern erkannt haben, und daß sie dadurch ihre respektiven Kommittenten zu den bedenklichsten Irrnissen und Fehlgriffen verleiten.

Ich kann nicht umhin, auf das Mißverhältnis, das jetzt in Frankreich zwischen den Dingen (d.h. den geistigen und materiellen Interessen) und den Personen (d.h. den Repräsentanten dieser Interessen) stattfindet, hier besonders aufmerksam zu machen. Dies war ganz anders zu Ende des vorigen Jahrhunderts, wo die Menschen noch kolossal bis zur Höhe der Dinge hinaufragten, so daß sie in den Revolutionsgeschichten gleichsam das heroische Zeitalter bilden und als solches jetzt von unsrer republikanischen Jugend gefeiert und geliebt werden. Oder täuscht uns in dieser Hinsicht derselbe Irrtum, den wir bei Madame Roland finden, die in ihren »Memoiren« gar bitter klagt, daß unter den Männern ihrer Zeit kein einziger bedeutend sei? Die arme Frau kannte nicht ihre eigene Größe und merkte daher nicht, daß ihre Zeitgenossen schon groß genug waren, wenn sie ihr selbst nichts an geistiger Statur nachgaben. Das ganze französische Volk ist jetzt so gewaltig in die Höhe gewachsen, daß wir vielleicht ungerecht sind gegen seine öffentlichen Repräsentanten, die nicht sonderlich aus der Menge hervorragen, aber darum doch nicht klein genannt werden dürfen. Man kann jetzt vor lauter Wald die Bäume nicht sehen. In Deutschland erblicken wir das Gegenteil, eine überreichliche Menge Krüppelholz und Zwergtannen und dazwischen hie und da eine Rieseneiche, deren Haupt sich bis in die Wolken erhebt – während unten am Stamme die Würmer nagen.

Der heutige Tag ist ein Resultat des gestrigen. Was dieser gewollt hat, müssen wir erforschen, wenn wir zu wissen wünschen, was jener will. Die Revolution ist eine und dieselbe; nicht, wie uns die Doktrinäre einreden möchten, nicht für die Charte schlug man sich in der großen Woche, sondern für dieselben Revolutionsinteressen, denen man seit vierzig Jahren das beste Blut Frankreichs geopfert hatte. Damit man aber den Schreiber dieser Blätter nicht für einen jener Prädikanten ansehe, die unter Revolution nur Umwälzung und wieder Umwälzung verstehen und die zufälligen Erscheinungen für das Wesentliche der Revolution halten, will ich, so genau als möglich, den Hauptbegriff feststellen.

Wenn die Geistesbildung und die daraus entstandenen Sitten und Bedürfnisse eines Volks nicht mehr im Einklange sind mit den alten Staatsinstitutionen, so tritt es mit diesen in einen Notkampf, der die Umgestaltung derselben zur Folge hat und eine Revolution genannt wird. Solange die Revolution nicht vollendet ist, solange jene Umgestaltung der Institutionen nicht ganz mit der Geistesbildung und den daraus hervorgegangenen Sitten und Bedürfnissen des Volks übereinstimmt, so lange ist gleichsam das Staatssiechtum nicht völlig geheilt, und das krank überreizte Volk wird zwar manchmal in die schlaffe Ruhe der Abspannung versinken, wird aber bald wieder in Fieberhitze geraten, die festesten Bandagen und die gutmütigste Scharpie von den alten Wunden abreißen, die edelsten Krankenwärter zum Fenster hinauswerfen und sich so lange, schmerzhaft und mißbehaglich, hin und her wälzen, bis es sich in die angemessenen Institutionen von selbst hineingefunden haben wird.

Die Fragen, ob Frankreich jetzt zur Ruhe gelangt oder ob wir neuen Staatsveränderungen entgegensehen, und endlich, welch ein Ende das alles nehmen wird, diese Fragen sollten eigentlicher lauten: Was trieb die Franzosen, eine Revolution zu beginnen, und haben sie das erreicht, was sie bedurften? Die Beantwortung dieser Fragen zu befördern, will ich den Beginn der Revolution in meinen nächsten Artikeln besprechen. Es ist dieses ein doppelt nützliches Geschäft, da, indem man die Gegenwart durch die Vergangenheit zu erklären sucht, zu gleicher Zeit offenbar wird, wie diese, die Vergangenheit, erst durch jene, die Gegenwart, ihr eigentlichstes Verständnis findet und jeder neue Tag ein neues Licht auf sie wirft, wovon unsere bisherigen Handbuchschreiber keine Ahnung hatten. Diese glaubten, die Akten der Revolutionsgeschichte seien geschlossen, und sie hatten schon über Menschen und Dinge ihr letztes Urteil gefällt: da brüllten plötzlich die Kanonen der großen Woche, und die Göttinger Fakultät merkte, daß von ihrem akademischen Spruchkollegium an eine höhere Instanz appelliert worden und daß nicht bloß die französische Spezialrevolution noch nicht vollendet sei, sondern daß erst die weit umfassendere Universalrevolution ihren Anfang genommen habe. Wie mußten sie erschrecken, diese friedlichen Leute, als sie eines frühen Morgens die Köpfe zum Fenster hinaussteckten und den Umsturz des Staates und ihrer Kompendien erblickten und trotz der Schlafmützen die Töne der Marseiller Hymne in ihre Ohren drangen. Wahrlich, daß 1830 die dreifarbige Fahne einige Tage lang auf den Türmen von Göttingen flatterte, das war ein burschikoser Spaß, den sich die Weltgeschichte gegen das hochgelahrte Philistertum der Georgia Augusta erlaubt hat. In dieser allzu ernsten Zeit bedarf es wohl solcher aufheiternden Erscheinungen.

Soviel zur Bevorwortung eines Artikels, der sich mit vergangenheitlichen Beleuchtungen beschäftigen mag. Die Gegenwart ist in diesem Augenblicke das Wichtigere, und das Thema, das sie mir zur Besprechung darbietet, ist von der Art, daß überhaupt jedes Weiterschreiben davon abhängt.

(Ich will ein Fragment des Artikels, der hier angekündigt worden, in der Beilage mitteilen. In einem nächsten Buche mag dann die später geschriebene Ergänzung nachfolgen. Ich wurde in dieser Arbeit viel gestört, zumeist durch das grauenhafte Schreien meines Nachbars, welcher an der Cholera starb. Überhaupt muß ich bemerken, daß die damaligen Umstände auch auf die folgenden Blätter mißlich eingewirkt; ich bin mir zwar nicht bewußt, die mindeste Unruhe empfunden zu haben, aber es ist doch sehr störsam, wenn einem beständig das Sichelwetzen des Todes allzu vernehmbar ans Ohr klingt. Ein mehr körperliches als geistiges Unbehagen, dessen man sich doch nicht erwehren konnte, würde mich mit den andern Fremden ebenfalls von hier verscheucht haben; aber mein bester Freund lag hier krank darnieder. Ich bemerke dieses, damit man mein Zurückbleiben in Paris für keine Bravade ansehe. Nur ein Tor konnte sich darin gefallen, der Cholera zu trotzen. Es war eine Schreckenszeit, weit schauerlicher als die frühere, da die Hinrichtungen so rasch und so geheimnisvoll stattfanden. Es war ein verlarvter Henker, der mit einer unsichtbaren Guillotine ambulante durch Paris zog. »Wir werden einer nach dem andern in den Sack gesteckt!« sagte seufzend mein Bedienter jeden Morgen, wenn er mir die Zahl der Toten oder das Verscheiden eines Bekannten meldete. Das Wort »in den Sack stecken« war gar keine Redefigur; es fehlte bald an Särgen, und der größte Teil der Toten wurde in Säcken beerdigt. Als ich vorige Woche einem öffentlichen Gebäude vorbeiging und in der geräumigen Halle das lustige Volk sah, die springend munteren Französchen, die niedlichen Plaudertaschen von Französinnen, die dort lachend und schäkernd ihre Einkäufe machten, da erinnerte ich mich, daß hier während der Cholerazeit, hoch aufeinandergeschichtet, viele hundert weiße Säcke standen, die lauter Leichname enthielten, und daß man hier sehr wenige, aber desto fatalere Stimmen hörte, nämlich wie die Leichenwächter mit unheimlicher Gleichgültigkeit ihre Säcke den Totengräbern zuzählten und diese wieder, während sie solche auf ihre Karren luden, gedämpfteren Tones die Zahl wiederholten oder gar sich grell laut beklagten, man habe ihnen einen Sack zuwenig geliefert, wobei nicht selten ein sonderbares Gezänk entstand. Ich erinnere mich, daß zwei kleine Knäbchen mit betrübter Miene neben mir standen und der eine mich frug, ob ich ihm nicht sagen könne, in welchem Sacke sein Vater sei.

Die folgende Mitteilung hat vielleicht das Verdienst, daß sie gleichsam ein Bulletin ist, welches auf dem Schlachtfelde selbst, und zwar während der Schlacht geschrieben worden und daher unverfälscht die Farbe des Augenblicks trägt. Thukydides, der Historienschreiber, und Boccaccio, der Novellist, haben uns freilich bessere Darstellungen dieser Art hinterlassen; aber ich zweifle, ob sie genug Gemütsruhe besessen hätten, während die Cholera ihrer Zeit am entsetzlichsten um sie her wütete, sie gleich, als schleunigen Artikel für die Allgemeine Zeitung von Korinth oder Pisa, so schön und meisterhaft zu beschreiben.

Ich werde bei den folgenden Blättern einem Grundsatz treu bleiben, den ich auch bei dem ganzen Buche ausübe, nämlich: daß ich nichts an diesen Artikeln ändere, daß ich sie ganz so abdrucken lasse, wie ich sie ursprünglich geschrieben, daß ich nur hie und da irgendein Wort einschalte oder ausmerze, wenn dergleichen in meiner Erinnerung dem ursprünglichen Manuskript entspricht. Solche kleine Reminiszenzen kann ich nicht abweisen, aber sie sind sehr selten, sehr geringfügig und betreffen nie eigentliche Irrtümer, falsche Prophezeiungen und schiefe Ansichten, die hier nicht fehlen dürfen, da sie zur Geschichte der Zeit gehören. Die Ereignisse selbst bilden immer die beste Berichtigung.)

Ich rede von der Cholera, die seitdem hier herrscht, und zwar unumschränkt, und die, ohne Rücksicht auf Stand und Gesinnung, tausendweise ihre Opfer niederwirft.

Man hatte jener Pestilenz um so sorgloser entgegengesehn, da aus London die Nachricht angelangt war, daß sie verhältnismäßig nur wenige hingerafft. Es schien anfänglich sogar darauf abgesehen zu sein, sie zu verhöhnen, und man meinte, die Cholera werde, ebensowenig wie jede andere große Reputation, sich hier in Ansehn erhalten können. Da war es nun der guten Cholera nicht zu verdenken, daß sie, aus Furcht vor dem Ridikül, zu einem Mittel griff, welches schon Robespierre und Napoleon als probat befunden, daß sie nämlich, um sich in Respekt zu setzen, das Volk dezimiert. Bei dem großen Elende, das hier herrscht, bei der kolossalen Unsauberkeit, die nicht bloß bei den ärmern Klassen zu finden ist, bei der Reizbarkeit des Volks überhaupt, bei seinem grenzenlosen Leichtsinne, bei dem gänzlichen Mangel an Vorkehrungen und Vorsichtsmaßregeln mußte die Cholera hier rascher und furchtbarer als anderswo um sich greifen. Ihre Ankunft war den 29. März offiziell bekanntgemacht worden, und da dieses der Tag des Demicarême und das Wetter sonnig und lieblich war, so tummelten sich die Pariser um so lustiger auf den Boulevards, wo man sogar Masken erblickte, die, in karikierter Mißfarbigkeit und Ungestalt, die Furcht vor der Cholera und die Krankheit selbst verspotteten. Desselben Abends waren die Redouten besuchter als jemals; übermütiges Gelächter überjauchzte fast die lauteste Musik, man erhitzte sich beim Chahut, einem nicht sehr zweideutigen Tanze, man schluckte dabei allerlei Eis und sonstig kaltes Getränke: als plötzlich der lustigste der Arlequine eine allzu große Kühle in den Beinen verspürte und die Maske abnahm und zu aller Welt Verwunderung ein veilchenblaues Gesicht zum Vorschein kam. Man merkte bald, daß solches kein Spaß sei, und das Gelächter verstummte, und mehrere Wagen voll Menschen fuhr man von der Redoute gleich nach dem Hôtel-Dieu, dem Zentralhospitale, wo sie, in ihren abenteuerlichen Maskenkleidern anlangend, gleich verschieden. Da man in der ersten Bestürzung an Ansteckung glaubte und die ältern Gäste des Hôtel-Dieu ein gräßliches Angstgeschrei erhoben, so sind jene Toten, wie man sagt, so schnell beerdigt worden, daß man ihnen nicht einmal die buntscheckigen Narrenkleider auszog, und lustig, wie sie gelebt haben, liegen sie auch lustig im Grabe.

Nichts gleicht der Verwirrung, womit jetzt plötzlich Sicherungsanstalten getroffen wurden. Es bildete sich eine Commission sanitaire, es wurden überall Bureaux de secours eingerichtet, und die Verordnung in betreff der Salubrité publique sollte schleunigst in Wirksamkeit treten. Da kollidierte man zuerst mit den Interessen einiger tausend Menschen, die den öffentlichen Schmutz als ihre Domäne betrachten. Dieses sind die sogenannten Chiffonniers, die von dem Kehricht, der sich des Tags über vor den Häusern in den Kotwinkeln aufhäuft, ihren Lebensunterhalt ziehen. Mit großen Spitzkörben auf dem Rücken und einem Hakenstock in der Hand, schlendern diese Menschen, bleiche Schmutzgestalten, durch die Straßen und wissen mancherlei, was noch brauchbar ist, aus dem Kehricht aufzugabeln und zu verkaufen. Als nun die Polizei, damit der Kot nicht lange auf den Straßen liegenbleibe, die Säuberung derselben in Entreprise gab und der Kehricht, auf Karren verladen, unmittelbar zur Stadt hinausgebracht ward aufs freie Feld, wo es den Chiffonniers freistehen sollte, nach Herzenslust darin herumzufischen: da klagten diese Menschen, daß sie, wo nicht ganz brotlos, doch wenigstens in ihrem Erwerbe geschmälert worden, daß dieser Erwerb ein verjährtes Recht sei, gleichsam ein Eigentum, dessen man sie nicht nach Willkür berauben könne. Es ist sonderbar, daß die Beweistümer, die sie in dieser Hinsicht vorbrachten, ganz dieselben sind, die auch unsere Krautjunker, Zunftherren, Gildemeister, Zehntenprediger, Fakultätsgenossen und sonstige Vorrechtsbeflissene vorzubringen pflegen, wenn die alten Mißbräuche, wovon sie Nutzen ziehen, der Kehricht des Mittelalters, endlich fortgeräumt werden sollen, damit durch den verjährten Moder und Dunst unser jetziges Leben nicht verpestet werde. Als ihre Protestationen nichts halfen, suchten die Chiffonniers gewalttätig die Reinigungsreform zu hintertreiben; sie versuchten eine kleine Konterrevolution, und zwar in Verbindung mit alten Weibern, den Revendeuses, denen man verboten hatte, das übelriechende Zeug, daß sie größtenteils von den Chiffonniers erhandeln, längs den Kais zum Wiederverkaufe auszukramen. Da sahen wir nun die widerwärtigste Emeute: Die neuen Reinigungskarren wurden zerschlagen und in die Seine geschmissen; die Chiffonniers barrikadierten sich bei der Porte St. Denis; mit ihren groben Regenschirmen fochten die alten Trödelweiber auf dem Châtelet; der Generalmarsch erscholl; Casimir Périer ließ seine Myrmidonen aus ihren Butiken heraustrommeln; der Bürgerthron zitterte; die Rente fiel;

die Karlisten jauchzten. Letztere hatten endlich ihre natürlichsten Alliierten gefunden, Lumpensammler und alte Trödelweiber, die sich jetzt mit denselben Prinzipien geltend machten, als Verfechter des Herkömmlichen, der überlieferten Erbkehrichtsinteressen, der Verfaultheiten aller Art.

Als die Emeute der Chiffonniers durch bewaffnete Macht gedämpft worden und die Cholera noch immer nicht so wütend um sich griff, wie gewisse Leute es wünschten, die bei jeder Volksnot und Volksaufregung, wenn auch nicht den Sieg ihrer eigenen Sache, doch wenigstens den Untergang der jetzigen Regierung erhoffen, da vernahm man plötzlich das Gerücht, die vielen Menschen, die so rasch zur Erde bestattet würden, stürben nicht durch eine Krankheit, sondern durch Gift. Gift, hieß es, habe man in alle Lebensmittel zu streuen gewußt, auf den Gemüsemärkten, bei den Bäckern, bei den Fleischern, bei den Weinhändlern. Je wunderlicher die Erzählungen lauteten, desto begieriger wurden sie vom Volke aufgegriffen, und selbst die kopfschüttelnden Zweifler mußten ihnen Glauben schenken, als des Polizeipräfekten Bekanntmachung erschien. Die Polizei, welcher hier wie überall weniger daran gelegen ist, die Verbrechen zu vereiteln, als vielmehr, sie gewußt zu haben, wollte entweder mit ihrer allgemeinen Wissenschaft prahlen, oder sie gedachte, bei jenen Vergiftungsgerüchten, sie mögen wahr oder falsch sein, wenigstens von der Regierung jeden Argwohn abzuwenden: genug, durch ihre unglückselige Bekanntmachung, worin sie ausdrücklich sagte, daß sie den Giftmischern auf der Spur sei, ward das böse Gerücht offiziell bestätigt, und ganz Paris geriet in die grauenhafteste Todesbestürzung.

»Das ist unerhört«, schrien die ältesten Leute, die selbst in den grimmigsten Revolutionszeiten keine solche Frevel erfahren hatten. »Franzosen, wir sind entehrt!« riefen die Männer und schlugen sich vor die Stirne. Die Weiber mit ihren kleinen Kindern, die sie angstvoll an ihr Herz drückten, weinten bitterlich und jammerten, daß die unschuldigen Würmchen in ihren Armen stürben. Die armen Leute wagten weder zu essen noch zu trinken und rangen die Hände vor Schmerz und Wut. Es war, als ob die Welt unterginge. Besonders an den Straßenecken, wo die rotangestrichenen Weinläden stehen, sammelten und berieten sich die Gruppen, und dort war es meistens, wo man die Menschen, die verdächtig aussahen, durchsuchte, und wehe ihnen, wenn man irgend etwas Verdächtiges in ihren Taschen fand! Wie wilde Tiere, wie Rasende fiel dann das Volk über sie her. Sehr viele retteten sich durch Geistesgegenwart; viele wurden durch die Entschlossenheit der Kommunalgarden, die an jenem Tage überall herumpatrouillierten, der Gefahr entrissen; andere wurden schwer verwundet und verstümmelt; sechs Menschen wurden aufs unbarmherzigste ermordet. Es gibt keinen gräßlichern Anblick als solchen Volkszorn, wenn er nach Blut lechzt und seine wehrlosen Opfer hinwürgt. Dann wälzt sich durch die Straßen ein dunkles Menschenmeer, worin hie und da die Ouvriers in Hemdärmeln, wie weiße Sturzwellen, hervorschäumen, und das heult und braust, gnadenlos, heidnisch, dämonisch. An der Straße St. Denis hörte ich den altberühmten Ruf »A la lanterne!«, und mit Wut erzählten mir einige Stimmen, man hänge einen Giftmischer. Die einen sagten, er sei ein Karlist, man habe ein brevet du lis in seiner Tasche gefunden; die andern sagten, es sei ein Priester, ein solcher sei alles fähig. Auf der Straße Vaugirard, wo man zwei Menschen, die ein weißes Pulver bei sich gehabt, ermordete, sah ich einen dieser Unglücklichen, als er noch etwas röchelte und eben die alten Weiber ihre Holzschuhe von den Füßen zogen und ihn damit so lange auf den Kopf schlugen, bis er tot war. Er war ganz nackt und blutrünstig zerschlagen und zerquetscht; nicht bloß die Kleider, sondern auch die Haare, die Scham, die Lippen und die Nase waren ihm abgerissen, und ein wüster Mensch band dem Leichname einen Strick um die Füße und schleifte ihn damit durch die Straße, während er beständig schrie: »Voilà le Choléra-morbus!« Ein wunderschönes, wutblasses Weibsbild mit entblößten Brüsten und blutbedeckten Händen stand dabei und gab dem Leichname, als er ihr nahe kam, noch einen Tritt mit dem Fuße. Sie lachte und bat mich, ihrem zärtlichen Handwerke einige Francs zu zollen, damit sie sich dafür ein schwarzes Trauerkleid kaufe; denn ihre Mutter sei vor einigen Stunden gestorben, an Gift.

Des andern Tags ergab sich aus den öffentlichen Blättern, daß die unglücklichen Menschen, die man so grausam ermordet hatte, ganz unschuldig gewesen, daß die verdächtigen Pulver, die man bei ihnen gefunden, entweder aus Kampfer oder Chlorüre oder sonstigen Schutzmitteln gegen die Cholera bestanden und daß die vorgeblich Vergifteten ganz natürlich an der herrschenden Seuche gestorben waren. Das hiesige Volk, das, wie das Volk überall, rasch in Leidenschaft geratend, zu Greueln verleitet werden kann, kehrt jedoch ebenso rasch zur Milde zurück und bereut mit rührendem Kummer seine Untat, wenn es die Stimme der Besonnenheit vernimmt. Mit solcher Stimme haben die Journale gleich des andern Morgens das Volk zu beschwichtigen und zu besänftigen gewußt, und es mag als ein Triumph der Presse signalisiert werden, daß sie imstande war, dem Unheile, welches die Polizei angerichtet, so schnell Einhalt zu tun. Rügen muß ich hier das Benehmen einiger Leute, die eben nicht zur untern Klasse gehören und sich doch vom Unwillen so weit hinreißen ließen, daß sie die Partei der Karlisten öffentlich der Giftmischerei bezüchtigten. So weit darf die Leidenschaft uns nie führen; wahrlich, ich würde mich sehr lange bedenken, ehe ich gegen meine giftigsten Feinde solche gräßliche Beschuldigung aussprächе. Mit Recht, in dieser Hinsicht, beklagten sich die Karlisten. Nur daß sie dabei so laut schimpfend sich gebärdeten, könnte mir Argwohn einflößen; das ist sonst nicht die Sprache der Unschuld. Aber es hat nach der Überzeugung der Bestunterrichteten gar keine Vergiftung stattgefunden. Man hat vielleicht Scheinvergiftungen angezettelt, man hat vielleicht wirklich einige Elende gedungen, die allerlei unschädliche Pulver auf die Lebensmittel streuten, um das Volk in Unruhe zu setzen und aufzureizen; war dieses letztere der Fall, so muß man dem Volke sein tumultuarisches Verfahren nicht zu hoch anrechnen, um so mehr, da es nicht aus Privathaß entstand, sondern »im Interesse des allgemeinen Wohls, ganz nach den Prinzipien der Abschreckungstheorie«. Ja, die Karlisten waren vielleicht in die Grube gestürzt, die sie der Regierung gegraben; nicht dieser, noch viel weniger den Republikanern wurden die Vergiftungen allgemein zugeschrieben, sondern jener Partei, »die immer durch die Waffen besiegt, durch feige Mittel sich immer wieder erhob, die immer nur durch das Unglück Frankreichs zu Glück und Macht gelangte und die jetzt, die Hülfe der Kosaken entbehrend, wohl leichtlich zu gewöhnlichem Gifte ihre Zuflucht nehmen konnte«. So ungefähr äußerte sich der »Constitutionnel«.

Was ich selbst an dem Tage, wo jene Totschläge stattfanden, an besonderer Einsicht gewann, das war die Überzeugung, daß die Macht der ältern Bourbone nie und nimmermehr in Frankreich gedeihen wird. Ich hatte aus den verschiedenen Menschengruppen die merkwürdigsten Worte gehört; ich hatte tief hinabgeschaut in das Herz des Volkes; es kennt seine Leute.

Seitdem ist hier alles ruhig; l'ordre règne à Paris, würde Horatius Sebastiani sagen. Eine Totenstille herrscht in ganz Paris. Ein steinerner Ernst liegt auf allen Gesichtern. Mehrere Abende lang sah man sogar auf den Boulevards wenig Menschen, und diese eilten einander schnell vorüber, die Hand oder ein Tuch vor dem Munde. Die Theater sind wie ausgestorben. Wenn ich in einen Salon trete, sind die Leute verwundert, mich noch in Paris zu sehen, da ich doch hier keine notwendigen Geschäfte habe. Die meisten Fremden, namentlich meine Landsleute, sind gleich abgereist. Gehorsame Eltern hatten von ihren Kindern Befehl erhalten, schleunigst nach Hause zu kommen. Gottesfürchtige Söhne erfüllten unverzüglich die zärtliche Bitte ihrer lieben Eltern, die ihre Rückkehr in die Heimat wünschten; ehre Vater und Mutter, damit du lange lebest auf Erden! Bei andern erwachte plötzlich eine unendliche Sehnsucht nach dem teuern Vaterlande, nach den romantischen Gauen des ehrwürdigen Rheins, nach den geliebten Bergen, nach dem holdseligen Schwaben, dem Lande der frommen Minne, der Frauentreue, der gemütlichen Lieder und der gesündern Luft. Man sagt, auf dem Hôtel-de-ville seien seitdem über 120000 Pässe ausgegeben worden. Obgleich die Cholera sichtbar zunächst die ärmere Klasse angriff, so haben doch die Reichen gleich die Flucht ergriffen. Gewissen Parvenüs war es nicht zu verdenken, daß sie flohen; denn sie dachten wohl, die Cholera, die weit her aus Asien komme, weiß nicht, daß wir in der letzten Zeit viel Geld an der Börse verdient haben, und sie hält uns vielleicht noch für einen armen Lump und läßt uns ins Gras beißen. Herr Aguado, einer der reichsten Bankiers und Ritter der Ehrenlegion, war Feldmarschall bei jener großen Retirade. Der Ritter soll beständig mit wahnsinniger Angst zum Kutschenfenster hinausgesehen und seinen blauen Bedienten, der hintenauf stand, für den leibhaftigen Tod, den Choléra-morbus, gehalten haben.

Das Volk murrte bitter, als es sah, wie die Reichen flohen und bepackt mit Ärzten und Apotheken sich nach gesündern Gegenden retteten. Mit Unmut sah der Arme, daß das Geld auch ein Schutzmittel gegen den Tod geworden. Der größte Teil des Justemilieu und der Hautefinance ist seitdem ebenfalls davongegangen und lebt auf seinen Schlössern. Die eigentlichen Repräsentanten des Reichtums, die Herren von Rothschild, sind jedoch ruhig in Paris geblieben, hierdurch beurkundend, daß sie nicht bloß in Geldgeschäften großartig und kühn sind. Auch

Casimir Périer zeigte sich großartig und kühn, indem er nach dem Ausbruche der Cholera das Hôtel-Dieu besuchte; sogar seine Gegner mußte es betrüben, daß er in der Folge dessen, bei seiner bekannten Reizbarkeit, selbst von der Cholera ergriffen worden. Er ist ihr jedoch nicht unterlegen, denn er selber ist eine schlimmere Krankheit. Auch der junge Kronprinz, der Herzog von Orleans, welcher in Begleitung Périers das Hospital besuchte, verdient die schönste Anerkennung. Die ganze königliche Familie hat sich in dieser trostlosen Zeit ebenfalls rühmlich bewiesen. Beim Ausbruche der Cholera versammelte die gute Königin ihre Freunde und Diener und verteilte unter ihnen Leibbinden von Flanell, die sie meistens selbst verfertigt hat. Die Sitten der alten Chevalerie sind nicht erloschen; sie sind nur ins Bürgerliche umgewandelt; hohe Damen versehen ihre Kämpen jetzt mit minder poetischen, aber gesündern Schärpen. Wir leben ja nicht mehr in den alten Helm- und Harnischzeiten des kriegerischen Rittertums, sondern in der friedlichen Bürgerzeit der warmen Leibbinden und Unterjacken; wir leben nicht mehr im eisernen Zeitalter, sondern im flanellenen. Flanell ist wirklich jetzt der beste Panzer gegen die Angriffe des schlimmsten Feindes, gegen die Cholera. »Venus würde heutzutage«, sagt »Figaro«, »einen Gürtel von Flanell tragen.« Ich selbst stecke bis am Halse in Flanell und dünke mich dadurch cholerafest. Auch der König trägt jetzt eine Leibbinde vom besten Bürgerflanell.

Ich darf nicht unerwähnt lassen, daß er, der Bürgerkönig, bei dem allgemeinen Unglücke viel Geld für die armen Bürger hergegeben und sich bürgerlich mitfühlend und edel benommen hat. – Da ich mal im Zuge bin, will ich auch den Erzbischof von Paris loben, welcher ebenfalls im Hôtel-Dieu, nachdem der Kronprinz und Périer dort ihren Besuch abgestattet, die Kranken zu trösten kam. Er hatte längst prophezeit, daß Gott die Cholera als Strafgericht schicken werde, um ein Volk zu züchtigen, »welches den allerchristlichsten König fortgejagt und das katholische Religionsprivilegium in der Charte abgeschafft hat«. Jetzt, wo der Zorn Gottes die Sünder heimsucht, will Herr von Quelen sein Gebet zum Himmel schicken und Gnade erflehen, wenigstens für die Unschuldigen; denn es sterben auch viele Karlisten. Außerdem hat Herr von Quelen, der Erzbischof, sein Schloß Conflans angeboten zur Errichtung eines Hospitals. Die Regierung hat aber dieses Anerbieten abgelehnt, da dieses Schloß in wüstem, zerstörtem Zustande ist und die

Reparaturen zuviel kosten würden. Außerdem hatte der Erzbischof verlangt, daß man ihm in diesem Hospitale freie Hand lassen müsse. Man durfte aber die Seelen der armen Kranken, deren Leiber schon an einem schrecklichen Übel litten, nicht den quälenden Rettungsversuchen aussetzen, die der Erzbischof und seine geistlichen Gehülfen beabsichtigten; man wollte die verstockten Revolutionssünder lieber ohne Mahnung an ewige Verdammnis und Höllenqual, ohne Beicht' und Ölung, an der bloßen Cholera sterben lassen. Obgleich man behauptet, daß der Katholizismus eine passende Religion sei für so unglückliche Zeiten wie die jetzigen, so wollen doch die Franzosen sich nicht mehr dazu bequemen, aus Furcht, sie würden diese Krankheitsreligion alsdann auch in glücklichen Tagen behalten müssen.

Es gehen jetzt viele verkleidete Priester im Volke herum und behaupten, ein geweihter Rosenkranz sei ein Schutzmittel gegen die Cholera. Die Saint-Simonisten rechnen zu den Vorzügen ihrer Religion, daß kein Saint-Simonist an der herrschenden Krankheit sterben könne; denn da der Fortschritt ein Naturgesetz sei und der soziale Fortschritt im Saint-Simonismus liege, so dürfe, solange die Zahl seiner Apostel noch unzureichend ist, keiner von denselben sterben. Die Bonapartisten behaupten, wenn man die Cholera an sich verspüre, so solle man gleich zur Vendômesäule hinaufschauen, man bleibe alsdann am Leben. So hat jeder seinen Glauben in dieser Zeit der Not. Was mich betrifft, ich glaube an Flanell. Gute Diät kann auch nicht schaden, nur muß man wieder nicht zuwenig essen, wie gewisse Leute, die des Nachts die Leibschmerzen des Hungers für Cholera halten. Es ist spaßhaft, wenn man sieht, mit welcher Poltronerie die Leute jetzt bei Tische sitzen und die menschenfreundlichsten Gerichte mit Mißtrauen betrachten und tief seufzend die besten Bissen hinunterschlucken. Man soll, haben ihnen die Ärzte gesagt, keine Furcht haben und jeden Ärger vermeiden; nun aber fürchten sie, daß sie sich mal unversehens ärgern möchten, und ärgern sich wieder, daß sie deshalb Furcht hatten. Sie sind jetzt die Liebe selbst und gebrauchen oft das Wort mon Dieu, und ihre Stimme ist hingehaucht milde wie die einer Wöchnerin. Dabei riechen sie wie ambulante Apotheken, fühlen sich oft nach dem Bauche, und mit zitternden Augen fragen sie jede Stunde nach der Zahl der Toten. Daß man diese Zahl nie genau wußte, oder vielmehr, daß man von der Unrichtigkeit der angegebenen Zahl überzeugt war, füllte die Gemüter mit vagem Schrecken und steigerte die Angst ins Unermeßliche. In der Tat, die Journale haben seitdem eingestanden, daß in einem Tage, nämlich den 10. April, an die zweitausend Menschen gestorben sind. Das Volk ließ sich nicht offiziell täuschen und klagte beständig, daß mehr Menschen stürben, als man angebe. Mein Barbier erzählte mir, daß eine alte Frau auf dem Faubourg Montmartre die ganze Nacht am Fenster sitzen geblieben, um die Leichen zu zählen, die man vorbeitrüge; sie habe dreihundert Leichen gezählt, worauf sie selbst, als der Morgen anbrach, von dem Froste und den Krämpfen der Cholera ergriffen ward und bald verschied. Wo man nur hinsah auf den Straßen, erblickte man Leichenzüge oder, was noch melancholischer aussieht, Leichenwagen, denen niemand folgte. Da die vorhandenen Leichenwagen nicht zureichten, mußte man allerlei andere Fuhrwerke gebrauchen, die, mit schwarzem Tuch überzogen, abenteuerlich genug aussahen. Auch daran fehlte es zuletzt, und ich sah Särge in Fiakern fortbringen; man legte sie in die Mitte, so daß aus den offenen Seitentüren die beiden Enden herausstanden. Widerwärtig war es anzuschauen, wenn die großen Möbelwagen, die man beim Ausziehen gebraucht, jetzt gleichsam als Totenomnibusse, als omnibus mortuis, herumfuhren und sich in den verschiedenen Straßen die Särge aufladen ließen und sie dutzendweise zur Ruhestätte brachten.

Die Nähe eines Kirchhofs, wo die Leichenzüge zusammentrafen, gewährte erst recht den trostlosesten Anblick. Als ich einen guten Bekannten besuchen wollte und eben zur rechten Zeit kam, wo man seine Leiche auflud, erfaßte mich die trübe Grille, eine Ehre, die er mir mal erwiesen, zu erwidern, und ich nahm eine Kutsche und begleitete ihn nach Père-Lachaise. Hier nun, in der Nähe dieses Kirchhofs, hielt plötzlich mein Kutscher still, und als ich, aus meinen Träumen erwachend mich umsah, erblickte ich nichts als Himmel und Särge. Ich war unter einige hundert Leichenwagen geraten, die vor dem engen Kirchhofstore gleichsam Queue machten, und in dieser schwarzen Umgebung, unfähig mich herauszuziehen, mußte ich einige Stunden ausdauern. Aus Langerweile frug ich den Kutscher nach dem Namen meiner Nachbarleiche, und, wehmütiger Zufall! er nannte mir da eine junge Frau, deren Wagen einige Monate vorher, als ich zu Lointier nach einem Balle fuhr, in ähnlicher Weise einige Zeit neben dem meinigen stillehalten mußte. Nur daß die junge Frau damals mit ihrem hastigen Blumenköpfchen und lebhaften Mondscheingesichtchen öfters zum Kutschenfenster hinausblickte und über die Verzögerung ihre holdeste Mißlaune ausdrückte. Jetzt war sie sehr still und vielleicht blau. Manchmal jedoch, wenn die Trauerpferde an den Leichenwagen sich schaudernd unruhig bewegten, wollte es mich bedünken, als regte sich die Ungeduld in den Toten selbst, als seien sie des Wartens müde, als hätten sie Eile, ins Grab zu kommen; und wie nun gar an dem Kirchhofstore ein Kutscher dem andern vorauseilen wollte und der Zug in Unordnung geriet, die Gendarmen mit blanken Säbeln dazwischenfahren, hie und da ein Schreien und Fluchen entstand, einige Wagen umstürzten, die Särge auseinanderfielen, die Leichen hervorkamen: da glaubte ich die entsetzlichste aller Emeuten zu sehen, eine Totenemeute.

Ich will, um die Gemüter zu schonen, hier nicht erzählen, was ich auf dem Père-Lachaise gesehen habe. Genug, gefesteter Mann wie ich bin, konnte ich mich doch des tiefsten Grauens nicht erwehren. Man kann an den Sterbebetten das Sterben lernen und nachher mit heiterer Ruhe den Tod erwarten, aber das Begrabenwerden unter die Choleraleichen, in die Kalkgräber, das kann man nicht lernen. Ich rettete mich so rasch als möglich auf den höchsten Hügel des Kirchhofs, wo man die Stadt so schön vor sich liegen sieht. Eben war die Sonne untergegangen, ihre letzten Strahlen schienen wehmütig Abschied zu nehmen, die Nebel der Dämmerung umhüllten wie weiße Laken das kranke Paris, und ich weinte bitterlich über die unglückliche Stadt, die Stadt der Freiheit, der Begeisterung und des Martyrtums, die Heilandstadt, die für die weltliche Erlösung der Menschheit schon soviel gelitten!

Artikel VII

Paris, 12. Mai 1832

Die geschichtlichen Rückblicke, die der vorige Artikel angekündigt, müssen vertagt werden. Die Gegenwart hat sich unterdessen so herbe geltend gemacht, daß man sich wenig mit der Vergangenheit beschäftigen konnte. – Das große allgemeine Übel, die Cholera, entweicht zwar allmählich, aber es hinterläßt viel Betrübung und Bekümmernis. Die Sonne scheint zwar lustig genug, die Menschen gehen wieder lustig spazieren und kosen und lächeln; aber die vielen schwarzen Trauerkleider, die man überall sieht, lassen keine rechte Heiterkeit in unserem Gemüte aufkommen. Eine krankhafte Wehmut scheint jetzt im ganzen Volke zu herrschen, wie bei Leuten, die ein schweres Siechtum überstanden. Nicht bloß auf der Regierung, sondern auch auf der Opposition liegt eine fast sentimentale Mattigkeit. Die Begeisterung des Hasses erlischt, die Herzen versumpfen, im Gehirne verblassen die Gedanken, man betrachtet einander gutmütig gähnend, man ist nicht mehr böse aufeinander, man wird sanftlebig, liebsam, vertröstet, christlich; deutsche Pietisten könnten jetzt hier gute Geschäfte machen.

Man hatte früher wunder geglaubt, wie schnell sich die Dinge ändern würden, wenn Casimir Périer sie nicht mehr leite. Aber es scheint, als sei unterdessen das Übel inkurabel geworden; nicht einmal durch den Tod Persers kann der Staat genesen.

Daß Périer durch die Cholera fällt, durch ein Weltunglück, dem weder Kraft noch Klugheit widerstehen kann, muß auch seine abgesagtesten Gegner mißstimmen. Der allgemeine Feind hat sich in ihre Bundesgenossenschaft gedrängt, und von solcher Seite kann ihnen auch die wirksamste Hülfeleistung nicht sehr behagen. Périer hingegen gewinnt dadurch die Sympathie der Menge, die plötzlich einsieht, daß er ein großer Mann war. Jetzt, wo er durch andere ersetzt werden soll, mußte diese Größe bemerkbar werden. Vermochte er auch nicht mit Leichtigkeit den Bogen des Odysseus zu spannen, so hätte er doch vielleicht, wo es not tat, mit Anstrengung aller seiner Spannkraft, das Werk vollbracht. Wenigstens können jetzt seine Freunde prahlen, er hätte, intervenierte nicht die Cholera, alle seine Vorsätze durchgeführt. Was wird aber aus Frankreich werden? Nun ja, Frankreich ist jene harrende Penelope, die täglich webt und täglich ihr Gewebe wieder zerstört, um nur Zeit zu gewinnen bis zur Ankunft des rechten Mannes. Wer ist dieser rechte Mann? Ich weiß es nicht. Aber ich weiß, er wird den großen Bogen spannen können, er wird den frechen Freiern den Schmaus verleiden, er wird sie mit tödlichen Bolzen bewirten, er wird die doktrinären Mägde, die mit ihnen allen gebuhlt haben, aufhängen, er wird das Haus säubern von der großen Unordnung und mit Hülfe der weisen Göttin eine bessere Wirtschaft einführen. Wie unser jetziger Zustand, wo die Schwäche regiert, ganz der Zeit des Direktoriums ähnelt, so werden wir auch unseren achtzehnten Brumaire erleben, und der rechte Mann wird plötzlich unter die erblassenden Machthaber treten und ihnen die Endschaft ihrer Regierung ankündigen. Man wird alsdann über Verletzung der Konstitution schreien, wie einst im Rate der Alten, als ebenfalls der rechte Mann kam, welcher das Haus säuberte. Aber wie dieser entrüstet ausrief: »Konstitution! Ihr wagt es noch euch auf die Konstitution zu berufen, ihr, die ihr sie verletzt habt am 18. Fructidor, verletzt am 22. Floréal, verletzt am 30. Prairial!«, so wird der rechte Mann auch jetzt Tag und Datum anzugeben wissen, wo die Justemilieu-Ministerien die Konstitution verletzt haben.

464

Wie wenig die Konstitution nicht bloß in die Gesinnung der Regierung, sondern auch des Volks eingedrungen, ergibt sich hier jedesmal, wenn die wichtigsten konstitutionellen Fragen zur Sprache kommen. Beide, Volk und Regierung, wollen die Konstitution nach ihren Privatgefühlen auslegen und ausbeuten. Das Volk wird hierzu mißleitet durch seine Schreiber und Sprecher, die entweder aus Unwissenheit oder Parteisucht die Begriffe zu verkehren suchen; die Regierung wird dazu mißleitet durch jene Fraktion der Aristokratie, die, aus Eigennutz ihr zugetan, den jetzigen Hof bildet und noch immer, wie unter der Restauration, das Repräsentativsystem als einen modernen Aberglauben betrachtet, woran das Volk nun einmal hänge, den man ihm auch nicht mit Gewalt rauben dürfe, den man jedoch unschädlich mache, wenn man den neuen Namen und Formen, ohne daß die Menge es merke, die alten Menschen und Wünsche unterschiebt. Nach den Begriffen solcher Leute ist derjenige der größte Minister, der mit den neuen konstitutionellen Formeln ebensoviel auszurichten vermag, wie man sonst mit den alten Formeln des alten Regimes durchzusetzen wußte. Ein solcher Minister war Villèle, an den man jedoch jetzt, als nämlich Périer erkrankte, nicht zu denken gewagt. Indessen man hatte Mut genug, an Decazes zu denken. Er wäre auch Minister geworden, wenn der neue Hof nicht gefürchtet hätte, daß er alsdann durch die Glieder des alten Hofes bald verdrängt würde. Man fürchtete, er möchte die ganze Restauration mit sich ins Ministerium bringen. Nächst Decazes hatte man Herrn Guizot besonders im Auge. Auch diesem wird viel zugetraut, wo es gilt, unter konstitutionellen Namen und Formen die absolutesten Gelüste zu verbergen. Denn dieser Quasivater der neuern Doktrinäre, dieser Verfasser einer englischen Geschichte und einer französischen Synonymik versteht aufs meisterhafteste, durch parlamentarische Beispiele aus England, die illegalsten Dinge mit einem ordre légal zu bekleiden und durch das plump gelehrte Wort den hochfliegenden Geist der Franzosen zu unterdrücken. Aber man sagt, während er mit dem Könige, welcher ihm ein Portefeuille antrug, etwas feurig sprach, habe er plötzlich die ignobelsten Wirkungen der Cholera verspürt, und schnell in der Rede abbrechend, sei er geschieden mit der Äußerung, er könne dem Drange der Zeit nicht widerstehen. Guizots Durchfall bei der Wahl eines neuen Ministers wird von andern noch komischer erzählt. Mit Dupin, den man immer als Pérsers Nachfolger betrachtet hatte und dem man viel Kraft und Mut zutraut, begannen jetzt die Unterhandlungen. Aber diese scheiterten ebenfalls, indem Dupin sich manche Beschränkungen nicht gefallen lassen wollte, die zunächst die Präsidentur des Konseils betrafen. Mit der erwähnten Präsidentur des Konseils hat es eine eigene Bewandtnis. Der König hat nämlich sich selber sehr oft diese Präsidentur zugeteilt, namentlich im Beginne seiner Regierung; dieses war für die Minister immer ein fataler Umstand, und die damaligen Mißhelligkeiten sind meistens daraus hervorgegangen. Périer allein hat sich solchen Eingriffen zu widersetzen gewußt; er entzog dadurch die Geschäfte dem allzu großen Einflusse des Hofes, der unter allen Regierungen die Könige lenkt; und man sagt, daß die Nachricht von Persers Krankheit nicht allen Freunden der Tuilerien unangenehm gewesen sei. Der König schien jetzt gerechtfertigt, wenn er selbst die Präsidentur des Konseils übernahm. Als solches offenkundig ward, entstand in Salons und Journalen die leidenschaftlichste Polemik über die Frage, ob der König das Recht habe, dem Konzil zu präsidieren.

Hiebei kam nun viel Schikane und noch mehr Unwissenheit zum Vorscheine. Da schwatzten die Leute, was sie nur jemals halb gehört und gar nicht verstanden hatten, und das rauschte und spritzte ihnen aus dem Munde wie ein politischer Wasserfall. Die Einsicht der meisten Journale war ebenfalls nicht von der brillantesten Art. Nur der »National« zeichnete sich aus. Man hörte auch wieder die alte Streitformel, die er in der letzten Zeit der Restauration vorgebracht hatte: »Le roi règne, mais ne gouverne pas.« Die dreiundeinhalb Menschen, die sich damals in Deutschland mit Politik beschäftigten, übersetzten diesen Satz, wenn ich nicht irre, mit den Worten: »Der König herrscht, aber er regiert nicht.« Ich bin jedoch gegen das Wort »herrschen«; es trägt nach meinen Gefühlen eine Färbung von Absolutismus. Und doch sollte eben dieser Satz den Unterschied beider Gewalten, der absoluten und der konstitutionellen, bezeichnen.

Worin besteht dieser Unterschied? Wer politisch reinen Herzens ist, darf auch jenseits des Rheins diese Frage aufs bestimmteste erörtern. Durch das absichtliche Umgehen derselben hat man eben auf der einen Seite dem kecksten Jakobinismus, auf der andern Seite dem feigsten Knechtsinn Vorschub geleistet.

Da die Theorie des Absolutismus, von dem verächtlichen, gelehrten Salmasius bis herunter auf den Herren Jarcke, der nicht gelehrt ist, meistens von verdächtigen Schriftstellern verteidigt worden, so hat die Verrufenheit der Anwälte über alle Maßen der Sache selber geschadet. Wer seinen ehrlichen Namen liebhat, darf kaum wagen, sie öffentlich zu verfechten, und wäre er noch so sehr von ihrer Vortrefflichkeit überzeugt. Und doch ist die Lehre von der absoluten Gewalt ebenso honett und ebenso vertretbar wie jede andere politische Meinung. Nichts ist widersinniger, als, wie jetzt so oft geschieht, den Absolutismus mit dem Despotismus zu verwechseln. Der Despot handelt nach der Willkür seiner Laune, der absolute Fürst handelt nach Einsicht und Pflichtgefühl. Das Charakteristische eines absoluten Königs ist hiebei, daß alles im Staate durch seinen Selbstwillen geschieht. Da aber nur wenige Menschen einen Selbstwillen haben, da vielmehr die meisten Menschen, ohne es zu wissen, nur das wollen, was ihre Umgebung will, so herrscht gewöhnlich diese an der Stelle der absoluten Könige. Die Umgebung eines Königs nennen wir Hof, und Höflinge sind es also, die in denjenigen absoluten Monarchien herrschen, wo die Fürsten nicht von allzu störrischer Natur und dadurch dem fremden Einflusse unzugänglich sind. Die Kunst der Höfe besteht darin, die sanften Fürsten so zu härten, daß sie eine Keule werden in der Hand des Höflings, und die wilden Fürsten so zu sänftigen, daß sie sich willig zu jedem Spiele, zu allen Posituren und Aktionen hergeben, wie die Löwen des Herrn Martin. Ach! fast auf dieselbe Weise, wie dieser den König der Tiere zu zähmen weiß, indem er nämlich des Nachts seinem Käfige naht, ihn mit dunkler Hand in menschliche Laster einweiht und nachher, am Tage, den Geschwächten ganz gehorsam findet: so wissen die Höflinge manchen König der Menschen, wenn er allzu strebsam und wild ist, durch entnervende Lüste zu zähmen, und sie beherrschen ihn durch Mätressen, Köche, Komödianten, üppige Musik, Tanz und sonstigen Sinnenrausch.

Nur zu oft sind absolute Fürsten die abhängigsten Sklaven ihrer Umgebung, und könnte man die Stimme derjenigen vernehmen, die man in der öffentlichen Meinung am gehässigsten beurteilt sieht, so würde man vielleicht gerührt werden von den gerechtesten Klagen über unerhörte Verführungskünste und trübselige Verkehrung der menschlich schönsten Gefühle. Außerdem liegt in der unumschränkten Gewalt eine so schauerliche Macht der bösen Versuchung, daß nur die alleredelsten Menschen ihr widerstehen können. Wer keinem Gesetze unterworfen ist, der entbehrt der heilsamsten Schutzwehr; denn die Gesetze sollen uns nicht bloß gegen andere, sondern auch gegen uns selbst schützen. Der Glaube, daß ihre Macht ihnen von Gott verliehen sei, ist daher bei den absoluten Fürsten nicht nur verzeihlich, sondern auch notwendig. Ohne solchen Glauben wären sie die unglücklichsten der Sterblichen, die, ohne mehr als Menschen zu sein, sich der übermenschlichsten Versuchung und übermenschlichsten Verantwortlichkeit ausgesetzt hätten. Eben jener Glaube an ein göttliches Mandat gab den absoluten Königen, die wir in der Geschichte bewundern, eine Herrlichkeit, wozu das neuere Königtum sich nimmermehr erheben wird. Sie waren weltliche Vermittler, sie mußten zuweilen büßen für die Sünden ihrer Völker, sie waren zugleich Opfer und Opferpriester, sie waren heilig, sacer in der antiken Bedeutung der Todesweihe. So sehen wir Könige des Altertums, die in Pestzeiten mit ihrem eigenen Blute das Volk sühnten oder das allgemeine Unglück als eine Strafe für eigene Verschuldung betrachteten. Noch jetzt, wenn eine Sonnenfinsternis in China eintritt, erschrickt der Kaiser und denkt darüber nach, ob er etwa durch irgendeine Sünde solche allgemeine Verdüsterung verschuldet habe, und er tut Buße, damit sich für seine Untertanen der Himmel wieder lichte. Bei den Völkern, wo der Absolutismus noch in so heiliger Strenge herrscht, und das ist auch bei den nordwestlichen Nachbarn der Chinesen bis an die Elbe der Fall, würde es zu mißbilligen sein, wenn man ihnen die repräsentative Verfassungsdoktrin predigen wollte; ebenso tadelhaft ist es aber, wenn man im größten Teile des übrigen Europas, wo der Glaube an das göttliche Recht bei Fürsten und Völkern erloschen ist, den Absolutismus doziert. Indem ich das Wesen des Absolutismus dadurch bezeichnete, daß in der absoluten Monarchie der Selbstwille des Königs regiert, bezeichne ich das Wesen der repräsentativen, der konstitutionellen Monarchie um so leichter, wenn ich sage:

diese unterscheide sich von jener dadurch, daß an die Stelle des königlichen Selbstwillens die Institution getreten ist. An die Stelle eines Selbstwillens, der leicht mißleitet werden kann, sehen wir hier eine Institution, ein System von Staatsgrundsätzen, die unveränderlich sind. Der König ist hier eine Art moralischer Person im juristischen Sinne, und er gehorcht jetzt weniger den Leidenschaften seiner physischen Umgebung als vielmehr den Bedürfnissen seines Volks, er handelt nicht mehr nach den losen Wünschen des Hofes, sondern nach festen Gesetzen. Deshalb sind die Höflinge in allen Ländern dem konstitutionellen Wesen heimlich oder gar öffentlich gram. Letzteres brach ihre vieltausendjährige Macht durch die tieferdachte, ingeniöse Einrichtung, daß der König gleichsam nur die Idee der Gewalt repräsentiert, daß er zwar seine Minister wählen könne, jedoch nicht er, sondern diese regieren, daß diese aber nur so lange regieren können, als sie im Sinne der Majorität der Volksvertreter regieren, indem letztere die Regierungsmittel, z.B. die Steuern, verweigern können. Dadurch, daß der König nicht selbst regiert, kann ihn auch, bei schlechter Regierung, der Volksunmut nicht unmittelbar treffen; dieser wird in konstitutionellen Staaten nur die Folge haben, daß der König andere, und zwar populäre Minister erwählt, von denen man ein besseres Regiment erwartet, statt daß in absoluten Staaten, wo der König selbst regiert, ihn unmittelbar selbst der Unmut des Volks trifft und dieses, um sich zu helfen, genötigt ist, den Staat umzustürzen. Dadurch, daß der König nicht selbst regiert, ist das Heil des Staates unabhängig von seiner Persönlichkeit, der Staat wird da nicht mehr durch jeden Zufall, durch jede allerhöchste oder allerniedrigste Leidenschaft gefährdet und gewinnt eine Sicherung, wovon die frühern Staatsweisen gar keine Ahnung hatten: denn von Xenophon bis Fénelon erschien ihnen die Erziehung eines Fürsten als die Hauptsache; sogar der große Aristoteles muß in seiner »Politik« darauf hinzielen, und der größere Plato weiß nichts Besseres vorzuschlagen, als die Philosophen auf den Thron zu setzen oder die Fürsten zu Philosophen zu machen. Dadurch, daß der König nicht selbst regiert, ist er auch nicht verantwortlich, ist er unverletzlich, inviolable, und nur seine Minister können wegen schlechter Regierung angeklagt, verurteilt und bestraft werden. Der Kommentator der englischen Konstitution, Blackstone, begeht einen Mißgriff, wenn er die Unverantwortlichkeit des Königs zu dessen Prärogativen zählt. Diese Ansicht schmeichelt einem Könige mehr, als sie ihm nützt. In den Ländern des politischen Protestantismus, in konstitutionellen Ländern, will man die Rechte der Fürsten vielmehr in der Vernunft begründet wissen, und diese gewährt hinlängliche Gründe für ihre Unverletzlichkeit, wenn man annimmt, daß sie nicht selbst handeln können und also deshalb nicht zurechnungsfähig, nicht verantwortlich, nicht bestrafbar sind, wie jeder, der nicht selbst handelt. Der Grundsatz »the king cannot do wrong« mag also insofern man die Unverantwortlichkeit darauf gründet, nur dadurch seine Gültigkeit erlangen, daß man hinzusetzt: because he does nothing. Aber an der Stelle des konstitutionellen Königs handeln die Minister, und daher sind diese verantwortlich. Sie handeln selbständig, dürfen jedes königliche Ansinnen, womit sie nicht übereinstimmen, geradezu abweisen und, im Fall dem Könige ihre Regierungsart mißfällt, sich ganz zurückziehen. Ohne solche Freiheit des Willens wäre die Verantwortlichkeit der Minister, die sie durch die Kontrasignatur bei jedem Regierungsakte sich aufbürden, eine heillose Ungerechtigkeit, eine Grausamkeit, ein Widersinn, es wäre gleichsam die Lehre vom Sündenbocke in das Staatsrecht eingeführt. Aus demselben Grund sind die Minister eines absoluten Fürsten ganz unverantwortlich, außer gegen diesen selbst; wie dieser nur Gott, so sind jene nur ihrem unumschränkten Herrn Rechenschaft schuldig. Sie sind nur seine untergebenen Gehülfen, seine getreuen Diener, und müssen ihm unbedingt gehorchen. Ihre Kontrasignatur dient nur, die Echtheit der Ausfertigung und der fürstlichen Unterschrift zu beglaubigen. Man hat freilich nach dem Tode der Fürsten viele solcher Minister angeklagt und verurteilt; aber immer mit Unrecht. Enguerrand de Marigny verteidigte sich in einem solchen Falle mit den rührenden Worten: »Wir als Minister sind nur wie Hände und Füße, wir müssen dem Haupte, dem Könige, gehorchen; dieses ist jetzt tot, und seine Gedanken liegen mit ihm im Grabe; wir können und wir dürfen nicht sprechen.«

Nach diesen wenigen Andeutungen über den Unterschied der beiden Gewalten, der absoluten und der konstitutionellen, wird es jedem einleuchtend sein, daß der Streit über die Präsidentur, wie er in den hiesigen Verhältnissen zum Vorscheine kam, minder die Frage betreffen sollte, ob der König das Konseil präsidieren darf, als vielmehr, inwiefern er es präsidieren darf. Es kommt nicht darauf an, daß ihm die Charte die Präsidentur nicht verbietet oder ein Paragraph derselben ihm solche sogar zu erlauben scheint; sondern es kommt darauf an, ob er nur honoris causa, zu seiner eigenen Belehrung, ganz passiv, ohne aktive Teilnahme präsidiert oder ob er als Präsident seinen Selbstwillen geltend macht in der Leitung und Ausführung der Staatsgeschäfte. Im ersten Falle mag es ihm immerhin erlaubt sein, sich täglich einige Stunden lang in der Gesellschaft von Herrn Barthe, Louis, Sebastiani usw. zu ennuyieren, im andern Falle muß ihm jedoch dieses Vergnügen streng verboten bleiben. In diesem letztern Falle würde er, durch seinen Selbstwillen regierend, sich dem absoluten Königtume nähern, wenigstens würde er selbst als ein verantwortlicher Minister betrachtet werden können. Ganz richtig behaupteten einige Journale, daß es unrecht wäre, wenn ein Mann, der auf dem Todbette läge, wie Périer, oder der nicht einmal seine Gesichtsmuskeln regieren könne, wie Sebastiani für die selbstwilligen Regierungsakte des Königs verantwortlich sein müsse. Das ist jedenfalls eine schlimme Streitfrage, die eine hinlänglich grelle Bedeutung hat; denn mancher erinnert sich dabei an das terroristische Wort: La responsabilité c'est la mort. Mit einer Inoffiziosität, die ich nicht billigen darf, wird bei dieser Gelegenheit, namentlich von dem »National«, die Verantwortlichkeit des Königs behauptet und infolgedessen seine Inviolabilität geleugnet. Dieses ist immer für Ludwig Philipp eine mißbehagliche Mahnung und dürfte wohl einiges Nachsinnen in seinem Haupte hervorbringen. Seine Freunde meinten, es wäre wünschenswert, daß er gar nichts tue, wobei nur im mindesten das Prinzip von der Inviolabilität zur Diskussion kommen und dadurch in der öffentlichen Meinung erschüttert werden könnte. Aber Ludwig Philipp, wenn wir seine Lage billig ermessen, möchte doch nicht unbedingt zu tadeln sein, daß er beim Regieren ein bißchen nachzuhelfen sucht. Er weiß, seine Minister sind keine Genies; das Fleisch ist willig, aber der Geist ist schwach. Die faktische Erhaltung seiner Macht scheint ihm die Hauptsache. Das Prinzip von der Inviolabilität muß für ihn nur ein sekundäres Interesse haben. Er weiß, daß Ludwig XVI., kopflosen Andenkens, ebenfalls inviolabel gewesen. Es hat überhaupt in Frankreich mit der Inviolabilität eine eigene Bewandtnis. Das Prinzip der Inviolabilität ist durchaus unverletzlich. Es gleicht dem Edelstein in dem Ringe des Don Louis Fernando Perez Akaiba, welcher Stein die wunderbare Eigenschaft hatte: wenn ein Mann, der ihn am Finger trug, vom höchsten Kirchturme herabfiel, so blieb der Stein unverletzt.

Um jedoch dem fatalen Mißstand einigermaßen abzuhelfen, hat Ludwig Philipp eine Interimspräsidentur gestiftet und den Herrn Montalivet damit bekleidet. Dieser wurde jetzt auch Minister des Innern, und an seiner Stelle wurde Herr Girod de L'Ain Minister des Kultus. Man braucht diese beiden Leute nur anzusehen, um mit Sicherheit behaupten zu können, daß sie keiner Selbständigkeit sich erfreuen und daß sie nur als kontrasignierende Hampelmänner agieren. Der eine, Monsieur le comte de Montalivet, ist ein wohlgeformter junger Mann, fast aussehend wie ein hübscher Schuljunge, den man durch ein Vergrößerungsglas sieht. Der andere, Herr Girod de L'Ain, zur Genüge bekannt als Präsident der Deputiertenkammer, wo er jederzeit durch Verlängerung oder Abkürzung der Sitzung gen die Interessen des Königs zu fördern gewußt, ist das Devouement selbst. Er ist ein untergesetzter Mann von weichem Fleische, gehäbigem Bäuchlein, steifsamen Beinchen, einem Herzen von Papiermaché, und er sieht aus wie ein Braunschweiger, der auf den Märkten mit Pfeifenköpfen handelt, oder auch wie ein Hausfreund, der den Kindern Brezeln mit bringt und die Hunde streichelt.

Vom Marschall Soult, dem Kriegsminister, will man wissen, oder vielmehr man weiß von ihm ganz genau, daß er unterdessen beständig intrigiert, um zur Präsidentur des Konseils zu gelangen. Letztere ist überhaupt das Ziel vieler Bestrebnisse im Ministerium selbst, und die Ränke, die sich dabei durchkreuzen, vereiteln nicht selten die besten Anordnungen, und es entstehen Gegnerschaft, Zwist und Zerwürfnisse, die scheinbar in der verschiedenen Meinung, eigentlich aber in der übereinstimmenden Eitelkeit ihren Grund haben. Jeder ehrgeizt nach der Präsidentur. Präsident des Konseils ist ein bestimmter Titel, der von den übrigen Ministern etwas allzu scharf scheidet. So z.B. bei der Frage von der Verantwortlichkeit der Minister gilt hier die Ansicht, daß der Präsident für Fehler in der Tendenz des Ministeriums, jeder andere Minister aber nur für die Fehler seines Departements verantwortlich sei. – Diese Unterscheidung und überhaupt die offizielle Ernennung eines Präsidenten des Konseils ist ein hemmendes und verwirrendes Gebrechen. Wir finden dieses nicht bei den Engländern, deren konstitutionelle Formen doch immer als Muster dienen; die Präsidentur, wenn ich nicht irre, existiert bei ihnen keinesweges als offizieller Titel. »Der erste Lord des Schatzes« ist zwar gewöhnlich Präsident, aber nicht als solcher. Der natürliche, wenn auch durch kein Gesetz bestimmte Präsident ist immer derjenige Minister, dem der König den Auftrag gegeben, ein Ministerium zu bilden, d.h. unter seinen Freunden und Bekannten diejenigen als Minister zu wählen, die mit ihm in politischer Meinung übereinstimmen und zugleich die Majorität im Parlamente haben würden. – Solchen Auftrag hat jetzt der Herzog von Wellington erhalten; Lord Grey und seine Whigs unterliegen – für den Augenblick.

Artikel VIII

Paris, 27. Mai 1832

Casimir Périer hat Frankreich erniedrigt, um die Börsenkurse zu heben. Er wollte die Freiheit von Europa verkaufen um den Preis eines kurzen schmählichen Friedens für Frankreich. Er hat den Sbirren der Knechtschaft und dem Schlechtesten in uns selber, dem Eigennutze, Vorschub geleistet, so daß Tausende der edelsten Menschen zugrunde gingen durch Kummer und Elend und Schimpf und Selbstentwürdigung. Er hat die Toten in den Juliusgräbern lächerlich gemacht, und er hat den Lebenden so entsetzlich das Leben verleidet, daß sie selbst diese Toten beneiden mußten. Er hat das heilige Feuer gelöscht, die Tempel geschlossen, die Götter gekränkt, die Herzen gebrochen. Und dennoch würde ich dafür stimmen, daß Casimir Périer beigesetzt werde in das Pantheon, in das große Haus der Ehre, welches die goldne Aufschrift führt: »Den großen Männern das dankbare Vaterland.« Denn Casimir Périer war ein großer Mann; er besaß seltene Talente und seltene Willenskraft, und was er tat, tat er in gutem Glauben, daß es dem Vaterlande nutze, und er tat es mit Aufopferung seiner Ruhe, seines Glücks und seines Lebens. Das ist es eben, nicht für den Nutzen und den Erfolg ihrer Taten muß das Vaterland seinen großen Männern danken, sondern für den Willen und die Aufopferung, die sie dabei bekundet. Selbst wenn sie gar nichts gewollt und getan hätten für das Vaterland, müßte dieses seine großen Männer nach ihrem Tode ehren; denn sie haben es durch ihre Größe verherrlicht. Wie die Sterne eine Zierde des Himmels sind, so zieren große Menschen ihre Heimat, ja die ganze Erde. Die Herzen großer Menschen sind aber die Sterne der Erde, und ich glaube, wenn man von oben herabsähe auf unsern Planeten, würden uns diese Herzen wie klare Lichter, gleich den Sternen des Himmels, entgegenstrahlen. Vielleicht von so hohem Standpunkte würde man erkennen, wieviel herrliche Sterne auf dieser Erde zerstreut sind, wie viele derselben in obskuren Wüsten unbekannt und einsam leuchten, wie schöngestirnt unser deutsches Vaterland, wie glänzend, wie strahlend Frankreich ist, diese Milchstraße großer Menschenherzen!

Frankreich hat in der letzten Zeit viele Sterne erster Größe verloren. Viele Helden aus der Revolutions- und Kaiserzeit hat die Cholera hingerafft. Viele bedeutende Staatsmänner, worunter Martignac der ausgezeichnetste, sind durch andere Krankheiten gestorben. Die Freunde der Wissenschaft betrauerten besonders den Tod Champollions, der so viele ägyptische Könige erfunden hat, und den Tod Cuviers, der so viele andere große Tiere entdeckt, die gar nicht mehr existieren, und unserer alten Mutter Erde aufs ungalanteste nachgewiesen hat, daß sie viele tausend Jahre älter ist, als wofür sie sich bisher ausgegeben. »Läh tähte sanne won!« (Les têtes s'en vont) quäkte Herr Sebastiani, als er den Tod Pérsiers erfuhr, und auch er werde bald sterben, quäkte er hinzu.

Der Tod Pérsiers hat hier geringere Sensation erregt, als zu erwarten stand. Nicht einmal auf der Börse. Ich konnte nicht umhin, an dem Tage, wo Périer gestorben, nach der Place de la Bourse zu gehen. Da stand der große Marmortempel, wo Périer wie ein Gott und sein Wort wie ein Orakel verehrt worden, und ich fühlte an die Säulen, die hundert kolossalen Säulen, die draußen ragen, und sie waren alle unbewegt und kalt, wie die Herzen jener Menschen, für welche Périer soviel getan hat. O der trübseligen Zwerge! Nie wird wieder ein Riese sich für sie aufopfern und, um ihre Zwerginteressen zu fördern, seine großen Brüder verlassen. Diese Kleinen mögen immerhin spotten über die Riesen, die, arm und ungeschlacht, auf den Bergen sitzen, während sie, die Kleinen, begünstigt durch ihre Statur, in die engen Gruben der Berge hineinkriechen und dort die edlen Metalle hervorklopfen oder den noch kleineren Gnomen, den Metallariis, abgewinnen können. Steigt nur immer hinab in eure Gruben, haltet euch nur fest an der Leiter, und kümmert euch nicht darum, daß die Sprossen immer schmutziger werden, je tiefer ihr hinabsteigt zu den kostbarsten Stollen des Reichtums!

Ich ärgere mich jedesmal, wenn ich die Börse betrete, das schöne Marmorhaus, erbaut im edelsten griechischen Stile und geweiht dem nichtswürdigsten Geschäfte, dem Staatspapierenschacher. Es ist das schönste Gebäude von Paris; Napoleon hat es bauen lassen. In demselben Stile und Maßstabe ließ er einen Tempel des Ruhms bauen. Ach, der Tempel des Ruhms ist nicht fertig geworden; die Bourbonen verwandelten ihn in eine Kirche und weihten diese der reuigen Magdalene; aber die Börse steht fertig in ihrem vollendetsten Glanze, und ihrem Einflusse ist es wohl zuzuschreiben, daß ihre edlere Nebenbuhlerin, der Tempel des Ruhms, noch immer unvollendet und noch immer, in schmählichster Verhöhnung, der reuigen Magdalene geweiht bleibt. Hier, in dem ungeheuren Raume der hochgewölbten Börsenhalle, hier ist es, wo der Staatspapierenschacher, mit allen seinen grellen Gestalten und Mißtönen, wogend und brausend sich bewegt, wie ein Meer des Eigennutzes, wo aus den wüsten Menschenwellen die großen Bankiers gleich Haifischen hervorschnappen, wo ein Ungetüm das andere verschlingt und wo oben auf der Galerie, gleich lauernden Raubvögeln auf einer Meerklippe, sogar spekulierende Damen bemerkbar sind. Hier ist es jedoch, wo die Interessen wohnen, die in dieser Zeit über Krieg und Frieden entscheiden.

Daher ist die Börse auch für uns Publizisten so wichtig. Es ist aber nicht leicht, die Natur jener Interessen, nach jedem einwirkenden Ereignisse, genau zu begreifen und die Folgen danach würdigen zu können. Der Kurs der Staatspapiere und des Diskontos ist freilich ein politischer Thermometer, aber man würde sich irren, wenn man glaubte, dieser Thermometer zeige den Siegesgrad der einen oder der anderen großen Fragen, die jetzt die Menschheit bewegen. Das Steigen und Fallen der Kurse beweist nicht das Steigen oder Fallen der liberalen oder servilen Partei, sondern die größere oder geringere Hoffnung, die man hegt für die Pazifikation Europas, für die Erhaltung des Bestehenden oder vielmehr für die Sicherung der Verhältnisse, wovon die Auszahlung der Staatsschuldzinsen abhängt.

In dieser beschränkten Auffassung, bei allen möglichen Vorkommenheiten, sind die Börsenspekulanten bewunderungswürdig. Ungestört von allen geistigen Aufregungen, haben sie ihren Sinn allein auf alles Faktische gewendet, und fast mit tierischem Gefühle, wie Wetterfrösche, erkennen sie, ob irgendein Ereignis, das scheinbar beruhigend aussieht, nicht eine Quelle künftiger Stürme sein wird oder ob ein großes Mißgeschick nicht am Ende dazu diene, die Ruhe zu konsolidieren. Bei dem Falle Warschaus frug man nicht: Wieviel Unheil wird für die Menschheit dadurch entstehen?, sondern: Wird der Sieg des Kantschus die Unruhestifter, d.h. die Freunde der Freiheit, entmutigen? Durch die Bejahung dieser Frage stieg der Kurs. Erhielte man heute an der Börse plötzlich die telegraphische Nachricht, daß Herr Talleyrand an eine Vergeltung nach dem Tode glaube, so würden die französischen Staatspapiere gleich um zehn Prozent fallen; denn man könnte fürchten, er werde sich mit Gott zu versöhnen suchen und dem Ludwig Philipp und dem ganzen Justemilieu entsagen und sie sakrifizieren und die schöne Ruhe, deren wir jetzt genießen, aufs Spiel setzen. Weder Sein noch Nichtsein, sondern Ruhe oder Unruhe ist die große Frage der Börse. Danach richtet sich auch der Diskonto. In unruhiger Zeit ist das Geld ängstlich, zieht sich in die Kisten der Reichen, wie in eine Festung, zurück, hält sich eingezogen; der Diskonto steigt. In ruhiger Zeit wird das Geld wieder sorglos, bietet sich preis, zeigt sich öffentlich, ist sehr herablassend; der Diskonto ist niedrig. So ein alter Louisdor hat mehr Verstand als ein Mensch und weiß am besten, ob es Krieg oder Frieden gibt. Vielleicht durch den guten Umgang mit Geld haben die Leute der Börse ebenfalls eine Art von politischem Instinkte bekommen, und während in der letzten Zeit die tiefsten Denker nur Krieg erwarteten, blieben sie ganz ruhig und glaubten an die Erhaltung des Friedens. Frug man einen derselben nach seinen Gründen, so ließ er sich, wie Sir John, keine Gründe abzwingen, sondern behauptete immer: »Das ist meine Idee.«

In dieser Idee ist die Börse seitdem sehr erstarkt, und nicht einmal der Tod Pérsiers konnte sie auf eine andere Idee bringen. Freilich, sie war längst auf diesen Fall vorbereitet, und zudem bildet man sich ein, sein Friedenssystem überlebe ihn und stehe fest durch den Willen des Königs. Aber diese gänzliche Indifferenz bei der Todesnachricht Pérsiers hat mich widerwärtig berührt. Anstandshalber hätte die Börse doch wenigstens durch eine kleine Baisse ihre Betrübnis an den Tag legen müssen. Aber nein, nicht einmal ein achtel Prozent, nicht einmal ein achtel Trauerprozent sind die Staatspapiere gefallen bei dem Tode Casimir Pérsers, des großen Bankierministers!

Bei Pérsiers Begräbnis zeigte sich wie bei seinem Tode die kühlste Indifferenz. Es war ein Schauspiel wie jedes andere; das Wetter war schön, und Hunderttausende von Menschen waren auf den Beinen, um den Leichenzug zu sehen, der sich lang und gleichgültig, über die Boulevards nach Père-Lachaise dahinzog. Auf vielen Gesichtern ein Lächeln, auf andern die laueste Werkeltagsstimmung, auf den meisten nur Ennui. Unzählig viel Militär, wie es sich kaum ziemte für den Friedensheld des Entwaffnungssystems. Viel Nationalgarden und Gendarmen. Dabei auch die Kanoniere mit ihren Kanonen, welche letztere mit Recht trauern konnten, denn sie hatten gute Tage unter Périer, gleichsam eine Sinekur. Das Volk betrachtete alles mit einer seltsamen Apathie; es zeigte weder Haß noch Liebe; der Feind der Begeisterung wurde begraben, und Gleichgültigkeit bildete den Leichenzug. Die einzigen wahrhaft Betrübten unter den Leidtragenden waren die beiden Söhne des Verstorbenen, die in langen Trauermänteln und mit blassen Gesichtern hinter dem Leichenwagen gingen. Es sind zwei junge Menschen, etwa in den Zwanzigen, untersetzt, etwas rundlich, von einem Äußern, das vielmehr Wohlhabenheit als Geist verrät; ich sah sie diesen Winter auf allen Bällen, lustig und frischbäckig. Auf dem Sarge lagen dreifarbige Fahnen, mit schwarzem Krepp umflort. Die dreifarbige Fahne hätte just nicht zu trauern brauchen bei Casimir Pérsiers Tod. Wie ein schweigender Vorwurf lag sie traurig auf seinem Sarg, die Fahne der Freiheit, die durch seine Schuld so viele Beleidigungen erlitten. Wie der Anblick dieser Fahne, so rührte mich auch der Anblick des alten Lafayette bei dem Leichenzuge Pérsiers, des abtrünnigen Mannes, der doch einst so glorreich mit ihm gekämpft unter jener Fahne.

Meine Nachbarn, die dem Zuge zuschauten, sprachen von dem Leichenbegängnisse Benjamin Constants. Da ich erst ein Jahr in Paris bin, so kenne ich die Betrübnis, die damals das Volk an den Tag legte, nur aus der Beschreibung. Ich kann mir jedoch von solchem Volksschmerz eine Vorstellung machen, da ich kurz nachher dem Begräbnisse des ehemaligen Bischofs von Blois, des Konventionel Grégoire, zugesehen. Da waren keine hohen Beamten, keine Infanterie und Kavallerie, keine leeren Trauerwagen voll Hoflakaien, keine Kanonen, keine Gesandten mit bunten Livreen, kein offizieller Pomp. Aber das Volk weinte, Schmerz lag auf allen Gesichtern, und obgleich ein starker Regen wie mit Eimern vom Himmel herabgoß, waren doch alle Häupter unbedeckt, und das Volk spannte sich vor den Leichenwagen und zog ihn eigenhändig nach dem Montparnasse. Grégoire, ein wahrer Priester, stritt sein ganzes Leben hindurch für die Freiheit und Gleichheit der Menschen jeder Farbe und jedes Bekenntnisses; er ward immer gehaßt und verfolgt von den Feinden des Volks, und das Volk liebte ihn und weinte, als er starb.

Zwischen zwei bis drei Uhr ging der Leichenzug Périers über die Boulevards; als ich um halb acht von Tische kam, begegnete ich den Soldaten und Wagen, die vom Kirchhofe zurückkehrten. Die Wagen rollten jetzt rasch und heiter; die Trauerflöre waren von der dreifarbigen Fahne abgenommen; diese und die Harnische der Kürassiere glänzten im lustigsten Sonnenschein; die roten Trompeter, auf weißen Rossen dahintrabend, bliesen lustig die Marseillaise; das Volk, bunt geputzt und lachend, tänzelte nach den Theatern; der Himmel, der lange umwölkt gewesen, war jetzt so lieblich blau, so sonnenduftig; die Bäume glänzten so grünvergnügt; die Cholera und Casimir Périer waren vergessen, und es war Frühling.

Nun ist der Leib begraben, aber das System lebt noch. Oder ist es wirklich wahr, daß jenes System nicht eine Schöpfung Périers ist, sondern des Königs? Einige Philippisten haben diese Meinung zuerst geäußert, damit man der selbständigen Kraft des Königs vertraue; damit man nicht wähne, er stehe ratlos an dem Grabe seines Beschützers; damit man an der Aufrechthaltung des bisherigen Systems nicht zweifle. Viele Feinde des Königs bemächtigen sich jetzt dieser Meinung; es kommt ihnen ganz erwünscht, daß man jenes unpopuläre System früher als den 13. März datiert und ihm einen allerhöchsten Stifter zuschreibt, dem dadurch die allerhöchste Verantwortlichkeit erwächst. Freunde und Feinde vereinigen sich hier manchmal, um die Wahrheit zu verstümmeln. Entweder schneiden sie ihr die Beine ab oder ziehen sie so in die Länge, daß sie so dünn wird wie eine Lüge. Der Parteigeist ist ein Prokrustes, der die Wahrheit schlecht bettet. Ich glaube nicht daß Périer bei dem sogenannten Systeme vom 13. März nur seinen ehrlichen Namen hergeopfert und daß Ludwig Philipp der eigentliche Vater sei. Er leugnet vielleicht die Vaterschaft bei diesem bedenklichen Kinde, ebenso wie jener Bauerbursche, der naiv hinzusetzte: »Mais pour dire la vérité, je n'y ai pas nui.« Alle Beleidigungen, die Frankreich bisher erdulden mußte, kommen jetzt auf Rechnung des Königs. Der Fußtritt, den der kranke Löwe noch zuletzt in Rom, von der Eselin des Herrn, erhalten hat, erbittert die Franzosen aufs unleidlichste. Man tut ihm aber unrecht; Ludwig Philipp läßt ungern eine Beleidigung hingehen und möchte sich gerne schlagen, nur nicht mit jedem; z.B. er würde sich nicht gern mit Rußland schlagen, aber sehr gern mit den Preußen, mit denen er sich schon bei Valmy geschlagen und die er daher nicht sehr zu fürchten scheint. Man will nämlich nie Furcht an ihm bemerkt haben, wenn von Preußen und dessen bedrohlicher Rittertümlichkeit die Rede ist. Ludwig Philipp Orleans, der Enkel des heiligen Ludwig, der Sprößling des ältesten Königstammes, der größte Edelmann der Christenheit, pflegt dann jovial bürgerlich zu scherzen, wie es doch betrübend sei, daß die uckermärk'sche Kamarilla so gar vornehm und adelstolz auf ihn, den armen Bürgerkönig, herabsehe.

Ich kann nicht umhin, hier zu erwähnen, daß man niemals an Ludwig Philipp den Grandseigneur merkt und daß in der Tat das französische Volk keinen bürgerlicheren Mann zum Könige wählen konnte. Ebensowenig liegt ihm daran, ein legitimer König zu sein, und, wie man sagt, die Guizotsche Erfindung der Quasilegitimität war gar nicht nach seinem Geschmack. Er beneidet Heinrich V. nicht im mindesten ob des Vorzugs der Legitimität und ist durchaus nicht geneigt, deshalb mit ihm zu unterhandeln oder gar ihm Geld dafür zu bieten; aber Ludwig Philipp ist nun einmal der Meinung, daß er das Bürgerkönigtum erfunden habe, er hat ein Patent auf diese Erfindung bekommen; er verdient damit jährlich achtzehn Millionen, eine Summe, die das Einkommen der Pariser Spielhäuser fast übertrifft, und er möchte solch einträgliches Geschäft als ein Monopol für sich und seine Nachkommen behalten. Schon im vorigen Artikel habe ich angedeutet, wie die Erhaltung jenes Königmonopols dem Ludwig Philipp über alles am Herzen liegt und wie, in Berücksichtigung solcher menschlichen Denkungsweise, seine Usurpation der Präsidentur im Konseil zu entschuldigen ist. Noch immer hat er sich, der Tat nach, nicht in die gebührenden Grenzen seiner konstitutionellen Befugnis zurückgezogen, obgleich er, der Form nach, nicht mehr zu präsidieren wagt. Die eigentliche Streitfrage ist noch immer nicht geschlichtet und wird sich wohl bis zur Bildung eines neuen Ministeriums hinzerren. Was aber die Schwäche der Regierung am meisten offenbart, das ist eben, daß nicht das innere Landesbedürfnis, sondern ausländische Ereignisse die Erhaltung, Erneuerung oder Umgestaltung des französischen Ministeriums bedingen. Solche Abhängigkeit von fremdländischen Interessen zeigte sich betrübsam und offenkundig genug während der letzten Vorfallenheiten in England. Jedes Gerücht, das uns in dieser letzten Zeit von dort zuwehte, brachte hier eine neue Ministerkombination in Vorschlag und Beratung. Man dachte viel an Odilon-Barrot, und man war auf gutem Wege, sogar an Mauguin zu denken. Als man das britische Staatssteuer in Wellingtons Händen sah, verlor man ganz den Kopf, und man war schon im Begriff, des militärischen Gleichgewichts halber, den Marschall Soult zum ersten Minister zu machen.

Die Freiheit von England und Frankreich wäre alsdann unter das Kommando zweier alten Soldaten gekommen, die, allem selbständigen Bürgertume fremd oder gar feindlich, nie etwas andres gelernt haben, als sklavisch zu gehorchen oder despotisch zu befehlen. Soult und Wellington sind ihrem Charakter nach bloße Condottieri, nur daß ersterer in einer edlern Schule das Waffenhandwerk gelernt hat und ebensosehr nach Ruhm wie nach Sold dürstet. Nichts Geringeres als eine Krone sollte ihm einst als Beute zufallen, und, wie man mir versichert, Soult war einige Tage lang König von Portugal unter dem Namen Nicolo I., König der Algarven. Die Laune seines strengen Oberherrn erlaubte ihm nicht, diesen königlichen Spaß länger zu treiben. Aber er kann es gewiß nicht vergessen: er hat einst mit vollen Ohren den süßen Majestätstitel eingesogen, mit berauschten Augen hat er die Menschen, in untertänigster Haltung, vor sich knien sehen, auf seinen gnädigen Händen fühlt er noch die brennenden portugiesischen Lippen – und ihm sollte die Freiheit Frankreichs anvertraut werden! Über den andern, über Mylord Wellington, brauche ich wohl nichts zu sagen. Die letzten Begebenheiten haben bewiesen, daß ich in meinen frühern Schriften noch immer zu milde von ihm gesprochen. Man hat, verblendet durch seine täppischen Siege, nie geglaubt, daß er eigentlich einfältig sei; aber auch das haben die jüngsten Ereignisse bewiesen. Er ist dumm wie alle Menschen, die kein Herz haben. Denn die Gedanken kommen nicht aus dem Kopfe, sondern aus dem Herzen. Lobt ihn immerhin, feile Hofpoeten und reimende Schmeichler des toryschen Hochmuts! Besinge ihn immerhin, kaledonischer Barde, bankerottes Gespenst mit der bleiernen Harfe, deren Saiten von Spinnweb! Besingt ihn, fromme

Laureaten, bezahlte Heldensänger, und zumal besingt seine letzten Heldentaten! Nie hat ein Sterblicher vor aller Welt Augen sich in so kläglicher Blöße gezeigt. Fast einstimmig hat ganz England, eine Jury von zwanzig Millionen freier Bürger, sein Schuldig ausgesprochen über den armen Sünder, der, wie ein gemeiner Dieb, nächtlicherweile und mit Hülfe listiger Hehlerinnen die Kronjuwelen des souveränen Volks, seine Freiheit und seine Rechte, einstecken wollte. Leset den »Morning Chronicle«, die »Times« und sogar jene Sprecher, die sonst so gemäßigt sind, und staunt ob der scharfrichterlichen Worte, womit sie den Sieger von Waterloo gestäupt und gebrandmarkt. Sein Name ist ein Schimpf geworden. Durch die feigsten Höflingskünste soll es gelungen sein, ihm auf einige Tage die Gewalt in Händen zu spielen, die er doch nicht auszuüben wagte. Leigh Hunt vergleicht ihn deshalb mit einem greisen Lüstling, der ein Mädchen verführen wollte, welches, in solcher Bedrängnis, eine Freundin um Rat frug und zur Antwort erhielt: »Laß ihn nur gewähren, und er wird außer der Sünde seines bösen Willens auch noch die Schande der Ohnmacht auf sich laden.«

Ich habe immer diesen Mann gehaßt, aber ich dachte nie, daß er so verächtlich sei. Ich habe überhaupt von denen, die ich hasse, immer größer gedacht, als sie es verdienten. Und ich gestehe, daß ich den Tories von England mehr Mut und Kraft und großsinnige Aufopferung zutraute, als sie jetzt, wo es not tat, bewiesen haben. Ja, ich habe mich geirrt in diesem hohen Adel von England, ich glaubte, sie würden, wie stolze Römer, die Äcker, worauf der Feind kampiert, nicht geringeren Preises wie sonst verkaufen; sie würden auf ihren kurulischen Stühlen die Feinde erwarten – nein! ein panischer Schrecken ergriff sie, als sie sahen, daß John Bull etwas ernsthaft sich gebärdete, und die Äcker mitsamt den rotten boroughs werden jetzt wohlfeiler ausgeboten, und die Zahl der kurulischen Stühle wird vermehrt, damit auch die Feinde gefälligst Platz nehmen. Die Tories vertrauen nicht mehr ihrer eigenen Kraft; sie glauben nicht mehr an sich selbst – ihre Macht ist gebrochen. Freilich, die Whigs sind ebenfalls Aristokraten, Lord Grey ist ebenso adelsüchtig wie Lord Wellington; aber es wird der englischen Aristokratie wie der französischen ergehen: der eine Arm schneidet den andern ab.

Es ist unbegreiflich, daß die Tories, auf einen nächtlichen Streich ihrer Königin rechnend, so sehr erschraken, als dieser gelang und das

Volk sich überall mit lautem Protest dagegen erhob. Dies war ja vorauszusehen, wenn man den Charakter der Engländer und ihre gesetzlichen Widerstandsmittel in Anschlag brachte. Das Urteil über die Reformbill stand fest bei jedem im Volke. Alles Nachdenken darüber war ein Faktum geworden. Überhaupt haben die Engländer, wo es Handeln gilt, den Vorteil, daß sie, als freie Menschen immer befugt, sich frei auszusprechen, über jede Frage ein Urteil in Bereitschaft haben. Sie urteilen gleichsam mehr, als sie denken. Wir Deutsche hingegen, wir denken immer, vor lauter Denken kommen wir zu keinem Urteil; auch ist es nicht immer ratsam, sich auszusprechen; den einen hält die Furcht vor dem Mißfallen des Herrn Polizeidirektors, den andern die Bescheidenheit oder gar die Blödigkeit davon zurück, ein Urteil zu fällen; viele deutsche Denker sind ins Grab gestiegen, ohne über irgendeine große Frage ein eigenes Urteil ausgesprochen zu haben. Die Engländer sind hingegen bestimmt, praktisch, alles Geistige verfestet sich bei ihnen, so daß ihre Gedanken, ihr Leben und sie selbst eine einzige Tatsache werden, deren Rechte unabweisbar. Ja, sie sind »brutal wie eine Tatsache« und widerstehen materiell. Ein Deutscher mit seinen Gedanken, seinen Ideen, die weich wie das Gehirn, woraus sie hervorgegangen, ist gleichsam selbst nur eine Idee, und wenn diese der Regierung mißfällt, so schickt man sie auf die Festung. So saßen sechzig Ideen in Köpenick eingesperrt, und niemand vermißte sie; die Bierbrauer brauten ihr Bier nach wie vor; die Almanachspressen druckten ihre Kunstnovellen nach wie vor. Zu jener tatsächlichen Widerstandsnatur der Engländer, jenem unbeugsamen Eigensinn bei abgeurteilten Fragen, kommt noch die gesetzliche Sicherheit, womit sie handeln können. Wir vermögen uns keinen Begriff davon zu machen, wie weit die englische Opposition, die Gegnerin der Regierung innerhalb und außerhalb des Parlaments, auf legalem Wege vorwärtsschreiten darf. Die Tage von Wilkes begreift man erst, wenn man England selbst gesehen hat. Die Reisenden, die uns die englische Freiheit schildern wollen, geben uns in dieser Absicht eine Aufzählung von Gesetzen. Aber die Gesetze sind nicht die Freiheit selbst, sondern nur die Grenzen derselben. Man hat auf dem Kontinente keinen Begriff davon, wieviel intensive Freiheit zuweilen in jenen Grenzen zusammengedrängt ist, und man hat noch viel weniger einen Begriff von der Faulheit und Schläfrigkeit der Grenzwächter. Nur wo sie Schutz geben sollen gegen Willkür der Gewalthaber, sind jene

Grenzen fest und wachsam gehütet. Wenn sie überschritten werden von den Gewalthabern, dann steht ganz England auf, wie ein einziger Mann, und die Willkür wird zurückgetrieben. Ja, diese Leute warten nicht einmal, bis die Freiheit verletzt worden, sondern wo sie nur im geringsten bedroht ist, erheben sie sich gewaltig, mit Worten und Flinten. Die Franzosen des Julius sind nicht früher aufgestanden, als bis die ersten Keulenschläge der Willkür, die Ordonnanzen, ihnen aufs Haupt niederfielen. Die Engländer dieses Maimonds haben nicht den ersten Schlag abgewartet; es war ihnen schon genug, daß dem berühmten Scharfrichter, der schon in andern Ländern die Freiheit hingerichtet, das Schwert in Händen gegeben worden.

Es sind wunderliche Käuze, diese Engländer. Ich kann sie nicht leiden. Sie sind erstens langweilig, und dann sind sie ungesellig, eigensüchtig, sie quäken wie die Frösche, sie sind geborne Feinde aller guten Musik, sie gehen in die Kirche mit vergoldeten Gebetbüchern, und sie verachten uns Deutsche, weil wir Sauerkraut essen. Aber als es der englischen Aristokratie gelang, »das deutsche Weib« (the nasty German frow) durch die Hofbastardschaft in ihr Interesse zu ziehen; als König Wilhelm, der noch des Abends an Lord Grey versprach, soviel neue Pairs zu ernennen, als zum Durchsetzen der Reformbill nötig sei, umgestimmt durch die Königin der Nacht, des andern Morgens sein Wort brach; als Wellington und seine Tories mit ihren libertiziden Händen die Staatsgewalt ergriffen: da waren jene Engländer plötzlich gar nicht mehr langweilig, sondern sehr interessant; sie waren gar nicht mehr ungesellig, sondern sie vereinigten sich hunderttausendweis; sie wurden sehr gemeinsinnig; ihre Worte waren gar nicht mehr so quäkend, sondern voll des kühnsten Wohllauts, sie sprachen Dinge, die hinreißender klangen als die Melodien von Rossini und Meyerbeer, und sie sprachen gar nicht gebetbücherlich fromm von den Priestern der Kirche sondern sie berieten sich ganz freigeistig, »ob sie nicht die Bischöfe zum Henker jagen und König Wilhelm mitsamt seiner Sauerkrautsippschaft nach Hannover zurückschicken sollten«.

Ich habe, als ich früher in England war, über vieles gelacht, aber am herzlichsten über den Lord Mayor, den eigentlichen Bürgermeister des Weichbilds von London der, als eine Ruine des mittelalterlichen Kommunewesens, sich in all seiner Perückenmajestät und breiten Zunftwürde erhalten hat. Ich sah ihn in der Gesellschaft seiner Aldermänner; das sind die gravitätischen Vorstände der Bürgerschaft, Gevatter Schneider und Handschuhmacher, meistens dicke Krämer, rote Beefsteakgesichter, lebendige Porterkrüge, aber nüchtern und sehr reich durch Fleiß und Sparsamkeit, so daß viele darunter, wie man mir versichert, über eine Million Pfund Sterling in der Englischen Bank liegen haben. Die Englische Bank ist ein großes Gebäude in Thread-needle-Street; und würde in England eine Revolution ausbrechen, so kann die Bank in die größte Gefahr geraten, und die reichen Bürger von London könnten ihr Vermögen verlieren und in einer Stunde zu Bettlern werden. Nichtsdestoweniger, als König Wilhelm sein Wort brach und die Freiheit von England gefährdet stand, da hat der Lord Mayor von London seine große Perücke aufgesetzt, und mit seinen dicken Aldermännern machte er sich auf den Weg, und sie sahen dabei so sichermütig, so amtsruhig aus, als gingen sie zu einem feierlichen Gastmahl in Guildhall; sie gingen aber nach dem Hause der Gemeinen und protestierten dort aufs entschlossenste gegen das neue Regiment und wiedersagten dem König, im Fall er es nicht widerriefe, und wollten lieber durch eine Revolution Leib und Gut aufs Spiel setzen, als den Untergang der englischen Freiheit gestatten. Es sind wunderliche Käuze, diese Engländer!

Ich werde eines Mannes, den ich auf der linken Seite des Sprechers im englischen Unterhause sitzen sah, nie vergessen; denn nie hat mir ein Mensch mehr als dieser mißfallen. Er sitzt dort noch immer. Es ist eine untersetzte, stämmige Figur mit einem großen, viereckigen Kopfe, der mit unangenehm aufgesträubten rötlichen Haaren bedeckt ist. Das über und über gerötete, breitbäckige Gesicht ist ordinär, regelmäßig unedel; nüchterne, wohlfeile Augen; karg zugemessene Nase; eine große Strecke von da bis zum Munde, und dieser kann keine drei Worte sprechen, ohne daß eine Zahl dazwischenläuft oder wenigstens von Geld die Rede ist. Es liegt in seinem ganzen Wesen etwas Knickrichtes, Filziges, Schäbiges; kurz, es ist der echte Sohn Schottlands, Herr Joseph Hume. Man sollte diese Gestalt vor jedem Rechenbuche in Kupfer stechen. Er gehörte immer zur Opposition; die englischen Minister haben immer besondere Angst vor ihm, wenn Geldsummen besprochen werden. Sogar als Canning Minister wurde, blieb er auf der Oppositionsbank sitzen, und wenn Canning in seinen Reden eine Zahl zu nennen hatte, frug er jedesmal in leisem Tone den neben ihm sitzenden Huskisson »How much?«, und wenn dieser ihm die Zahl souffliert hatte, sprach er sie laut aus, indem er fast lächelnd Joseph Hume dabei ansah; nie hat mir ein Mensch mehr mißfallen als dieser. Als aber König Wilhelm sein Wort brach, da erhob sich Joseph Hume hoch und heldenmütig wie ein Gott der Freiheit, und er sprach Worte, die so gewaltig und so erhaben läuteten wie die Glocke von Sankt Paul, und es war freilich wieder von Geld die Rede, und er erklärte, »daß man keine Steuern bezahlen solle«, und das Parlament stimmte ein in den Antrag seines großen Bürgers.

Das war es, das entschied; die gesetzliche Verweigerung der Abgaben schreckte die Feinde der Freiheit. Sie wagten nicht den Kampf mit einem einigen Volke, das Leib und Gut aufs Spiel setzte. Sie hatten freilich noch immer ihre Soldaten und ihre Guineen. Aber man traute nicht mehr den roten Knechten, obgleich sie bisher dem Wellingtonschen Stocke so prügeltreu gehorcht. Man vertraute nicht mehr der Ergebenheit erkaufter Wortführer; denn selbst Englands Nobility merkt jetzt, »daß nicht alles in der Welt feil ist und daß man auch am Ende nicht Geld genug hat, alles zu bezahlen«. Die Tories gaben nach. Es war in der Tat das Feigste, aber auch das Klügste. Wie kam es aber, daß sie das einsahen? Haben sie etwa unter den Steinen, womit man ihnen die Fenster einwarf, zufällig den Stein der Weisen gefunden?

Artikel IX

Paris, 16. Junius 1832

John Bull verlangt jetzt eine wohlfeile Regierung und eine wohlfeile Religion (cheap government, cheap religion) und will nicht mehr alle Früchte seiner Arbeit hergeben, damit die ganze Sippschaft jener Herren, die seine Staatsinteressen verwalten oder ihm die christliche Demut predigen, im stolzesten Überfluß schwelgt. Er hat vor ihrer Macht nicht mehr soviel Ehrfurcht wie sonst, und auch John Bull hat gemerkt: La force des grands n'est que dans la tête des petits. Der Zauber ist gebrochen, seitdem die englische Nobility ihre eigene Schwäche offenbart hat. Man fürchtet sie nicht mehr, man sieht ein, sie besteht aus schwachen Menschen wie wir andere. Als der erste Spanier fiel und die Mexikaner merkten, daß die weißen Götter, die sie mit Blitz und Donner bewaffnet sahen, ebenfalls sterblich seien, wäre diesen der

Kampf schier schlecht bekommen, hätten die Feuergewehre nicht den Ausschlag gegeben. Unsere Feinde aber haben nicht diesen Vorteil; Berthold Schwarz hat das Pulver für uns alle erfunden. Vergebens scherzt die Klerisei: Gebt dem Cäsar, was des Cäsars ist. Unsere Antwort ist: Während achtzehn Jahrhunderten haben wir dem Cäsar immer viel zuviel gegeben; was übriggeblieben, das ist jetzt für uns. –

Seit die Reformbill zum Gesetze erhoben ist, sind die Aristokraten plötzlich so großmütig geworden, daß sie behaupten, nicht bloß wer zehn Pfund Sterling Steuer bezahle, sondern jeder Engländer, sogar der ärmste, habe das Recht, bei der Wahl eines Parlamentsdeputierten seine Stimme zu geben. Sie möchten lieber abhängig werden von dem niedrigsten Bettler- und Lumpengesindel als von jenem wohlhabenden Mittelstand, der nicht so leicht zu bestechen ist und der für sie auch keine so tiefe Sympathie fühlt wie der Pöbel. Letzterer ist jenen Hochgeborenen wenigstens wahlverwandt; sie haben beide, der Adel und der Pöbel, den größten Abscheu vor gewerbfleißiger Tätigkeit; sie streben vielmehr nach Eroberung des fremden Eigentums oder nach Geschenken und Trinkgeldern für gelegentliche Lohndienerei; Schuldenmachen ist durchaus nicht unter ihrer Würde; der Bettler und der Lord verachten die bürgerliche Ehre; sie haben eine gleiche Unverschämtheit, wenn sie hungrig sind, und sie stimmen ganz überein in ihrem Hasse gegen den wohlhabenden Mittelstand. Die Fabel erzählt: Die obersten Sprossen einer Leiter sprachen einst hochmütig zu den untersten: »Glaubt nicht, daß ihr uns gleich seid, ihr steckt unten im Kote, während wir oben frei emporragen, die Hierarchie der Sprossen ist von der Natur eingeführt, sie ist von der Zeit geheiligt, sie ist legitim«; ein Philosoph aber, welcher vorüberging und diese hochadelige Sprache hörte, lächelte und drehte die Leiter herum. Sehr oft geschieht dieses im Leben, und dann zeigt sich, daß die hohen und die niedrigen Sprossen der gesellschaftlichen Leiter in derselben Lage eine gleiche Gesinnung beurkunden. Die vornehmen Emigranten, die im Auslande in Misere gerieten, wurden ganz gemeine Bettler in Gefühl und Gesinnung, während das korsikanische Lumpengesindel, das ihren Platz in Frankreich einnahm, sich so frech, so hochnäsig, so hoffärtig spreizte, als wären sie die älteste Noblesse.

Wie sehr den Freunden der Freiheit jenes Bündnis der Noblesse und des Pöbels gefährlich ist, zeigt sich am widerwärtigsten auf der Pyrenäischen Halbinsel. Hier, wie auch in einigen Provinzen von Westfrankreich und Süddeutschland, segnet die katholische Priesterschaft diese heilige Allianz. Auch die Priester der protestantischen Kirche sind überall bemüht, das schöne Verhältnis zwischen dem Volk und den Machthabern (d.h. zwischen dem Pöbel und der Aristokratie) zu befördern, damit die Gottlosen (die Liberalen) nicht die Obergewalt gewinnen. Denn sie urteilen sehr richtig: Wer sich frevelhaft seiner Vernunft bedient und die Vorrechte der adeligen Geburt leugnet, der zweifelt am Ende auch an den heiligsten Lehren der Religion und glaubt nicht mehr an die Erbsünde, an den Satan, an die Erlösung, an die Himmelfahrt, er geht nicht mehr nach dem Tisch des Herrn und gibt dann auch den Dienern des Herrn keine Abendmahlstrinkgelder oder sonstige Gebühr, wovon ihre Subsistenz und also das Heil der Welt abhängt. Die Aristokraten aber haben ihrerseits eingesehen, daß das Christentum eine sehr nützliche Religion ist, daß derjenige, der an die Erbsünde glaubt, auch die Erbprivilegien nicht leugnen wird, daß die Hölle eine sehr gute Anstalt ist die Menschen in Furcht zu halten, und daß jemand, der seinen Gott frißt, sehr viel vertragen kann. Diese vornehmen Leute waren freilich einst selbst sehr gottlos und haben durch die Auflösung der Sitten den Umsturz des alten Regimes befördert. Aber sie haben sich gebessert, und wenigstens sehen sie ein, daß man dem Volke ein gutes Beispiel geben muß. Nachdem die alte Orgie ein so schlechtes Ende genommen und auf den süßesten Sündenrausch die bitterste Not gefolgt war, haben die edlen Herren ihre schlüpfrigen Romane mit Erbauungsbüchern vertauscht, und sie sind sehr devot geworden und keusch, und sie wollen dem Volk ein gutes Beispiel geben. Auch die edlen Damen haben sich, mit verwischter Röte auf den Wangen, von dem Boden der Sünde wieder erhoben und bringen ihre zerzausten Frisuren und ihre zerknitterten Röcke wieder in Ordnung und predigen Tugend und Anständigkeit und Christentum und wollen dem Volke ein gutes Beispiel geben.

(Ich habe hier einige Stücke ausscheiden müssen, die allzusehr jenem Moderantismus huldigten, der in dieser Zeit der Reaktion nicht mehr rühmlich und passend ist. Ich gebe dafür eine nachträglich geschriebene Note, die ich dem Schlusse dieses Artikels anfüge.)

Ich liebe die Erinnerung der früheren Revolutionskämpfe und der Helden, die sie gekämpft, ich verehre diese ebenso hoch, wie es nur immer die Jugend Frankreichs vermag, ja, ich habe noch vor den Juliustagen den Robespierre und den Sanktum Justum und den großen Berg bewundert – aber ich möchte dennoch nicht unter dem Regimente solcher Erhabenen leben, ich würde es nicht aushalten können, alle Tage guillotiniert zu werden, und niemand hat es aushalten können, und die französische Republik konnte nur siegen und siegend verbluten. Es ist keine Inkonsequenz, daß ich diese Republik enthusiastisch liebe, ohne im geringsten die Wiedereinführung dieser Regierungsform in Frankreich und noch weniger eine deutsche Übersetzung derselben zu wünschen. Ja, man könnte sogar, ohne inkonsequent zu sein, zu gleicher Zeit wünschen, daß in Frankreich die Republik wieder eingeführt und daß in Deutschland hingegen der Monarchismus erhalten bleibe. In der Tat, wem die Sicherung der Siege, die für das demokratische Prinzip erfochten worden, mehr als alle andere Interessen am Herzen liegt, dürfte leicht in solchen Fall geraten.

Hier berühre ich die große Streitfrage, worüber jetzt in Frankreich so blutig und bitter gestritten wird, und ich muß die Gründe anführen, weshalb so viele Freunde der Freiheit immer noch der gegenwärtigen Regierung anhängen und warum andere den Umsturz derselben und die Wiedereinführung der Republik verlangen. Jene, die Philippisten, sagen: Frankreich, welches nur monarchisch regiert werden könne, habe an Ludwig Philipp den geeignetsten König; er sei ein sicherer Schützer der erlangten Freiheit und Gleichheit, da er selber in seinen Gesinnungen und Sitten vernünftig und bürgerlich ist; er könne nicht, wie die vorige Dynastie, einen Groll im Herzen tragen gegen die Revolution, da sein Vater und er selber daran teilgenommen; er könne das Volk nicht an die vorige Dynastie verraten, da er sie als Verwandter inniger als andere hassen muß; er könne mit den übrigen Fürsten in Frieden bleiben, da diese, seiner hohen Geburt halber ihm seine Illegitimität zugute halten, statt daß sie gleich den Krieg erklärt hätten, wenn ein bloßer Roturier auf den französischen Thron gesetzt oder gar die Republik proklamiert worden wäre; und doch sei der Frieden nötig für das Glück Frankreichs. Dagegen behaupten die Republikaner: Das stille Glück des Friedens sei gewiß ein schönes Gut, es habe jedoch keinen Wert ohne die Freiheit; in dieser Gesinnung hätten ihre Väter die Bastille gestürmt und Ludwig Capet das Haupt abgeschlagen und mit der ganzen Aristokratie Europas Krieg geführt; dieser Krieg sei noch nicht zu Ende, es sei nur Waffenstillstand, die europäische Aristokratie hege noch immer den tiefsten Groll gegen Frankreich, es sei eine Blutfeindschaft, die nur mit der Vernichtung der einen oder der andern Macht aufhöre; Ludwig Philipp aber sei ein König, die Erhaltung seiner Krone sei ihm die Hauptsache, er verständige und verschwägere sich mit Königen, und hin- und hergezerrt durch allerlei Hausverhältnisse und zur leidigsten Halbheit verdammt, sei er ein unzulänglicher Vertreter jener heiligsten Interessen, die einst nur die Republik am kräftigsten vertreten konnte und derenthalber die Wiedereinführung der Republik eine Notwendigkeit sei.

Wer in Frankreich keine teuren Güter besitzt, die durch den Krieg zugrunde gehen können, mag man leicht eine Sympathie für jene Kampflustigen empfinden, die dem Siege des demokratischen Prinzips das stille Glück des Lebens aufopfern, Gut und Blut in die Schanze schlagen und so lange fechten wollen, bis die Aristokratie in ganz Europa vernichtet ist. Da zu Europa auch Deutschland gehört, so hegen viele Deutsche jene Sympathie für die französischen Republikaner; aber wie man oft zu weit geht, so gestaltet sie sich bei manchen zu einer Vorliebe für die republikanische Form selbst, und da sehen wir eine Erscheinung, die kaum begreifbar, nämlich deutsche Republikaner. Daß Polen und Italiener, die ebenso wie die deutschen Freiheitsfreunde von den französischen Republikanern mehr Heil erwarten als von dem Justemilieu und sie daher mehr lieben, jetzt auch für die republikanische Regierungsform, die ihnen nicht ganz fremd ist, eine Vorliebe empfinden, das ist sehr natürlich. Aber deutsche Republikaner! man traut seinen Ohren kaum und seinen Augen, und doch sehen wir deren hier und in Deutschland.

Noch immer, wenn ich meine deutschen Republikaner betrachte, reibe ich mir die Augen und sage zu mir selber: Träumst du etwa? Lese ich gar die »Deutsche Tribüne« und ähnliche Blätter, so frage ich mich: Wer ist denn der große Dichter, der dies alles erfindet? Existiert der Doktor Wirth mit seinem blanken Ehrenschwert? Oder ist er nur ein Phantasiegebilde von Tieck oder Immermann? Dann aber fühle ich wohl, daß die Poesie sich nicht so hoch versteigt, daß unsere großen Poeten dennoch keine so bedeutende Charaktere darstellen können und daß der Doktor Wirth wirklich leibt und lebt, ein zwar irrender, aber tapferer Ritter der Freiheit, wie Deutschland deren wenige gesehen, seit den Tagen Ulrichs von Hutten.

Ist es wirklich wahr, daß das stille Traumland in lebendige Bewegung geraten? Wer hätte das vor dem Julius 1830 denken können! Goethe mit seinem Eiapopeia, die Pietisten mit ihrem langweiligen Gebetbücherton, die Mystiker mit ihrem Magnetismus hatten Deutschland völlig eingeschläfert, und weit und breit, regungslos, lag alles und schlief. Aber nur die Leiber waren schlafgebunden; die Seelen, die darin eingekerkert, behielten ein sonderbares Bewußtsein. Der Schreiber dieser Blätter wandelte damals, als junger Mensch, durch die deutschen Lande und betrachtete die schlafenden Menschen; ich sah den Schmerz auf ihren Gesichtern, ich studierte ihre Physiognomien, ich legte ihnen die Hand aufs Herz, und sie fingen an, nachtwandlerhaft im Schlafe zu sprechen, seltsam abgebrochene Reden, ihre geheimsten Gedanken enthüllend. Die Wächter des Volks, ihre goldenen Nachtmützen tief über die Ohren gezogen und tief eingehüllt in Schlafröcken von Hermelin, saßen auf roten Polsterstühlen und schliefen ebenfalls und schnarchten sogar. Wie ich so dahinwanderte, mit Ränzel und Stock, sprach ich oder sang ich laut vor mich hin, was ich den schlafenden Menschen auf den Gesichtern erspäht oder aus den seufzenden Herzen erlauscht hatte; – es war sehr still um mich her, und ich hörte nichts als das Echo meiner eigenen Worte. Seitdem, geweckt von den Kanonen der großen Woche ist Deutschland erwacht, und jeder, der bisher geschwiegen, will das Versäumte schnell wieder einholen, und das ist ein redseliger Lärm und ein Gepolter, und dabei wird Tabak geraucht, und aus den dunklen Dampfwolken droht ein schreckliches Gewitter. Das ist wie ein aufgeregtes Meer, und auf den hervorragenden Klippen stehen die Wortführer; die einen blasen mit vollen Backen in die Wellen hinein, und sie meinen sie hätten diesen Sturm erregt und je mehr sie bliesen, desto wütender heule die Windsbraut; die anderen sind ängstlich, sie hören die Staatsschiffe krachen, sie betrachten mit Schrecken das wilde Gewoge, und da sie aus ihren Schulbüchern wissen, daß man mit Öl das Meer besänftigen könne, so gießen sie ihre Studierlämpchen in die empörte Menschenflut, oder, prosaisch zu sprechen, sie schreiben ein versöhnendes Broschürchen und wundern sich, wenn das Mittel nicht hilft, und seufzen: »Oleum perdidi!«

Es ist leicht vorauszusehen, daß die Idee einer Republik, wie sie jetzt viele deutsche Geister erfaßt, keineswegs eine vorübergehende Grille ist. Den Doktor Wirth und den Siebenpfeiffer und Herrn Scharpff und

Georg Fein aus Braunschweig und Grosse und Schüler und Savoye, man kann sie festsetzen, und man wird sie festsetzen; aber ihre Gedanken bleiben frei und schweben frei, wie Vögel, in den Lüften. Wie Vögel nisten sie in den Wipfeln deutscher Eichen, und vielleicht ein halb Jahrhundert lang sieht man und hört man nichts von ihnen, bis sie eines schönen Sommermorgens auf dem öffentlichen Markte zum Vorschein kommen, großgewachsen, gleich dem Adler des obersten Gottes, und mit Blitzen in den Krallen. Was ist denn ein halb oder gar ein ganzes Jahrhundert? Die Völker haben Zeit genug, sie sind ewig; nur die Könige sind sterblich.

Ich glaube nicht so bald an eine deutsche Revolution und noch viel weniger an eine deutsche Republik; letztere erlebe ich auf keinen Fall; aber ich bin überzeugt, wenn wir längst ruhig in unseren Gräbern vermodert sind, kämpft man in Deutschland mit Wort und Schwert für die Republik. Denn die Republik ist eine Idee, und noch nie haben die Deutschen eine Idee aufgegeben, ohne sie bis in allen ihren Konsequenzen durchgefochten zu haben. Wir Deutschen, die wir in unserer Kunstzeit die kleinste ästhetische Streitfrage, z.B. über das Sonett, gründlichst ausgestritten, wir sollten jetzt, wo unsere politische Periode beginnt, jene wichtigere Frage unerörtert lassen?

Zu solcher Polemik haben uns die Franzosen noch ganz besondere Waffen geliefert; denn wir haben beide, Franzosen und Deutsche, in der jüngsten Zeit viel voneinander gelernt; jene haben viel deutsche Philosophie und Poesie angenommen, wir dagegen die politischen Erfahrungen und den praktischen Sinn der Franzosen; beide Völker gleichen jenen Homerischen Heroen, die auf dem Schlachtfelde Waffen und Rüstungen wechseln als Zeichen der Freundschaft. Daher überhaupt diese große Veränderung, die jetzt mit den deutschen Schriftstellern vorgeht. In früheren Zeiten waren sie entweder Fakultätsgelehrte oder Poeten, sie kümmerten sich wenig um das Volk, für dieses schrieb keiner von beiden, und in dem philosophischen poetischen Deutschland blieb das Volk von der plumpsten Denkweise befangen, und wenn es etwa einmal mit seinen Obrigkeiten haderte, so war nur die Rede von rohen Tatsächlichkeiten, materiellen Nöten, Steuerlast, Maut, Wildschaden, Torsperre usw.; – während im praktischen Frankereich das Volk, welches von den Schriftstellern erzogen und geleitet wurde, viel mehr um ideelle Interessen, um philosophische Grundsätze, stritt. Im Freiheitskriege (lucus a non lucendo) benutzten die Regierungen eine Koppel Fakultätsgelehrte und Poeten, um für ihre Kroninteressen auf das Volk zu wirken, und dieses zeigte viel Empfänglichkeit, las den »Merkur« von Joseph Görres, sang die Lieder von E. M. Arndt, schmückte sich mit dem Laube seiner vaterländischen Eichen, bewaffnete sich, stellte sich begeistert in Reih und Glied, ließ sich »Sie« titulieren, landstürmte und focht und besiegte den Napoleon; – denn gegen die Dummheit kämpfen die Götter selbst vergebens. Jetzt wollen die deutschen Regierungen jene Koppel wieder benutzen. Aber diese hat unterdessen immer im dunkelen Loch angekettet gelegen und ist sehr räudig geworden, in üblen Geruch gekommen und hat nichts Neues gelernt und bellt noch immer in der alten Weise; das Volk hingegen hat unterdessen ganz andere Töne gehört, hohe, herrliche Töne von bürgerlicher Gleichheit, von Menschenrechten unveräußerlichen Menschenrechten, und mit lächelndem Mitleiden, wo nicht gar mit Verachtung, schaut es hinab auf die bekannten Kläffer, die mittelalterlichen Rüden, die getreuen Pudel und die frommen Möpse von 1814.

Nun freilich, die Töne von 1832 möchte ich nicht samt und sonders vertreten. Ich habe mich schon oben geäußert in betreff der befremdlichsten dieser Töne, nämlich über unsere deutschen Republikaner. Ich habe den zufälligen Umstand gezeigt, woraus ihre ganze Erscheinung hervorgegangen. Ich will hier durchaus nicht ihre Meinungen bekämpfen; das ist nicht meines Amtes, und dafür haben ja die Regierungen ihre besonderen Leute, die sie dafür besonders bezahlen. Aber ich kann nicht umhin, hier die Bemerkung auszusprechen: der Hauptirrtum der deutschen Republikaner entsteht dadurch, daß sie den Unterschied beider Länder nicht genau in Anschlag bringen, wenn sie auch für Deutschland jene republikanische Regierungsart wünschen, die vielleicht für Frankreich ganz passend sein möchte. Nicht wegen seiner geographischen Lage und des bewaffneten Einspruchs der Nachbarfürsten kann Deutschland keine Republik werden, wie jüngst der Großherzog von Baden behauptet hat. Vielmehr sind es eben jene geographischen Verhältnisse, die den deutschen Republikanern bei ihrer Argumentation zugute kämen, und was ausländische Gefahr betrifft, so wäre das vereinigte Deutschland die furchtbarste Macht der Welt, und ein Volk, welches sich unter servilsten Verhältnissen immer so vortrefflich schlug, würde, wenn es erst aus lauter Republikanern bestünde, sehr leicht die angedrohten Baschkiren und Kalmücken an Tapferkeit übertreffen. Aber Deutschland kann keine Republik sein, weil es seinem Wesen nach royalistisch ist. Frankreich ist, im Gegenteil, seinem Wesen nach republikanisch. Ich sage hiermit nicht, daß die Franzosen mehr republikanische Tugenden hätten als wir; nein, diese sind auch bei den Franzosen nicht im Überfluß vorhanden. Ich spreche nur von dem Wesen, von dem Charakter, wodurch der Republikanismus und der Royalismus sich nicht bloß voneinander unterscheiden, sondern sich auch als grundverschiedene Erscheinungen kundgeben und geltend machen.

Der Royalismus eines Volks besteht, dem Wesen nach, darin, daß es Autoritäten achtet, daß es an die Personen glaubt, die jene Autoritäten repräsentieren, daß es in dieser Zuversicht auch der Person selbst anhängt. Der Republikanismus eines Volks besteht, dem Wesen nach, darin, daß der Republikaner an keine Autorität glaubt, daß er nur die Gesetze hochachtet, daß er von den Vertretern derselben beständig Rechenschaft verlangt, sie mit Mißtrauen beobachtet, sie kontrolliert, daß er also nie den Personen anhängt und diese vielmehr, je höher sie aus dem Volke hervorragen, desto emsiger mit Widerspruch, Argwohn, Spott und Verfolgung niederzuhalten sucht.

Der Ostrazismus war in dieser Hinsicht die republikanischste Einrichtung, und jener Athener, welcher für die Verbannung des Aristides stimmte, »weil man ihn immer den Gerechten nenne«, war der echteste Republikaner. Er wollte nicht, daß die Tugend durch eine Person repräsentiert werde, daß die Person am Ende mehr gelte als die Gesetze, er fürchtete die Autorität eines Namens; – dieser Mann war der größte Bürger von Athen, und daß die Geschichte seinen eigenen Namen verschweigt, charakterisiert ihn am meisten. Ja, seitdem ich die französischen Republikaner, sowohl in Schriften als im Leben, studiere, erkenne ich überall als charakteristische Zeichen jenes Mißtrauen gegen die Person, jenen Haß gegen die Autorität eines Namens. Es ist nicht kleinliche Gleichheitssucht, weshalb jene Menschen die großen Namen hassen, nein, sie fürchten, daß die Träger solcher Namen ihn gegen die Freiheit mißbrauchen möchten oder vielleicht durch Schwäche und Nachgiebigkeit ihren Namen zum Schaden der Freiheit mißbrauchen lassen. Deshalb wurden in der Revolutionszeit so viele große populäre Freiheitsmänner hingerichtet, eben weil man, in gefährlichen Zuständen, einen schädlichen Einfluß ihrer Autorität befürchtete. Deshalb höre ich noch jetzt aus manchem Munde die republikanische Lehre, daß man alle liberalen Reputationen zugrunde richten müsse, denn diese übten, im entscheidenden Augenblick, den schädlichsten Einfluß, wie man es zuletzt bei Lafayette gesehen, dem man »die beste Republik« verdanke.

Vielleicht habe ich hier beiläufig die Ursache angedeutet, weshalb jetzt sowenig große Reputationen in Frankreich hervorragen; sie sind zum größten Teil schon zugrunde gerichtet. Von den allerhöchsten Personen bis zu den allerniedrigsten gibt es hier keine Autoritäten mehr. Von Ludwig Philipp I. bis zu Alexander, Chef des claqueurs, vom großen Talleyrand bis zu Vidocq, von Gaspar Debureau, dem berühmten Pierrot des Fünembülen-Theaters, bis hinab auf Hyazinth de Quelen, Erzbischof von Paris, von Monsieur Staub, maître tailleur, bis zu de Lamartine, dem frommen Böcklein, von Guizot bis Paul de Kock, von Cherubini bis Biffi, von Rossini bis zum kleinsten Maulaffi – keiner, von welchem Gewerbe er auch sei, hat hier ein unbestrittenes Ansehen. Aber nicht bloß der Glaube an Personen ist hier vernichtet, sondern auch der Glaube an alles, was existiert. Ja, in den meisten Fällen zweifelt man nicht einmal; denn der Zweifel selbst setzt ja einen Glauben voraus. Es gibt hier keine Atheisten; man hat für den lieben Gott nicht einmal so viel Achtung übrig, daß man sich die Mühe gäbe, ihn zu leugnen. Die alte Religion ist gründlich tot, sie ist bereits in Verwesung übergegangen, »die Mehrheit der Franzosen« will von diesem Leichnam nichts mehr wissen und hält das Schnupftuch vor der Nase, wenn vom Katholizismus die Rede ist. Die alte Moral ist ebenfalls tot, oder vielmehr, sie ist nur noch ein Gespenst, das nicht einmal des Nachts erscheint. Wahrlich, wenn ich dieses Volk betrachte, wie es zuweilen hervorstürmt und auf dem Tische, den man Altar nennt, die heiligen Puppen zerschlägt und von dem Stuhl, den man Thron nennt, den roten Sammet abreißt und neues Brot und neue Spiele verlangt und seine Lust daran hat, aus den eigenen Herzwunden das freche Lebensblut sprudeln zu sehen: dann will es mich bedünken, dieses Volk glaube nicht einmal an den Tod.

Bei solchen Ungläubigen wurzelt das Königtum nur noch in den kleinen Bedürfnissen der Eitelkeit, eine größere Gewalt aber treibt sie wider ihren Willen zur Republik. Diese Menschen, deren Bedürfnissen von Auszeichnung und Prunk nur die monarchische Regierungsform entspricht, sind dennoch, durch die Unvereinbarkeit ihres Wesens mit den Bedingnissen des Royalismus, zur Republik verdammt. Die Deutschen aber sind noch nicht in diesem Falle, der Glaube an Autoritäten ist noch nicht bei ihnen erloschen, und nichts Wesentliches drängt sie zur republikanischen Regierungsform. Sie sind dem Royalismus nicht entwachsen, die Ehrfurcht vor den Fürsten ist bei ihnen nicht gewaltsam gestört, sie haben nicht das Unglück eines 21. Januarii erlebt, sie glauben noch an Personen, sie glauben an Autoritäten, an eine hohe Obrigkeit, an die Polizei, an die heilige Dreifaltigkeit, an die »Hallesche Literaturzeitung«, an Löschpapier und Packpapier, am meisten aber an Pergament. Armer Wirth! du hast die Rechnung ohne die Gäste gemacht!

Der Schriftsteller, welcher eine soziale Revolution befördern will, darf immerhin seiner Zeit um ein Jahrhundert vorauseilen; der Tribun hingegen, welcher eine politische Revolution beabsichtigt, darf sich nicht allzuweit von den Massen entfernen. Überhaupt, in der Politik wie im Leben, muß man nur das Erreichbare wünschen.

Wenn ich oben von dem Republikanismus der Franzosen sprach, so hatte ich, wie schon erwähnt, mehr die unwillkürliche Richtung als den ausgesprochenen Willen des Volks im Sinne. Wie wenig, für den Augenblick, der ausgesprochene Wille des Volks den Republikanern günstig ist, hat sich den 5. und 6. Junius kundgegeben. Ich habe über diese denkwürdigen Tage schon hinlänglich kummervolle Berichte mitgeteilt, als daß ich mich einer ausführlichen Besprechung derselben nicht überheben dürfte. Auch sind die Akten darüber noch nicht geschlossen, und vielleicht geben uns die kriegsgerichtlichen Verhöre mehr Aufschluß über jene Tage, als wir bisher zu erlangen vermochten. Noch kennt man nicht die eigentlichen Anfänge des Streites, noch viel weniger die Zahl der Kämpfer. Die Philippisten sind dabei interessiert, die Sache als eine lang vorbereitete Verschwörung darzustellen und die Zahl ihrer Feinde zu übertreiben. Dadurch entschuldigen sie die jetzigen Gewaltmaßregeln der Regierung und gewinnen dadurch den Ruhm einer großen Kriegstat. Die Opposition hingegen behauptet, daß bei jenem Aufruhr nicht die mindeste Vorbereitung stattgefunden, daß die Republikaner ganz ohne Führer und ihre Zahl ganz gering gewesen. Dieses scheint die Wahrheit zu sein. Jedenfalls ist es jedoch für die Opposition ein großes Mißgeschick, daß, während sie in corpore versammelt war und gleichsam in Reih und Glied stand, jener mißlungene Revolutionsversuch stattgefunden. Hat aber die Opposition hierdurch an Ansehen verloren, so hat die Regierung dessen noch mehr eingebüßt durch die unbesonnene Erklärung des État de siège. Es ist, als habe sie zeigen wollen, daß sie, wenn es darauf ankomme, sich noch grandioser zu blamieren wisse als die Opposition. Ich glaube wirklich, daß die Tage vom 5. und 6. Junius als ein bloßes Ereignis zu betrachten sind, das nicht besonders vorbereitet war. Jener Lamarquesche Leichenzug sollte nur eine große Heerschau der Opposition sein. Aber die Versammlung so vieler streitbarer und streitsüchtiger Menschen geriet plötzlich in unwiderstehlichen Enthusiasmus, der Heilige Geist kam über sie zur unrechten Zeit, sie fingen an zur unrechten Zeit zu weissagen, und der Anblick der roten Fahne soll, wie ein Zauber, die Sinne verwirrt haben.

Es hat eine mystische Bewandtnis mit dieser roten, schwarz umfransten Fahne, worauf die schwarzen Worte »La liberté ou la mort!« geschrieben standen und die wie ein Banner der Todesweihe über alle Köpfe am Pont d'Austerlitz hervorragte. Mehrere Leute, die den geheimnisvollen Fahnenträger selbst gesehen haben, behaupten, es sei ein langer, magerer Mensch gewesen, mit einem langen Leichengesichte, starren Augen, geschlossenem Munde, über welchem ein schwarzer altspanischer Schnurrbart mit seinen Spitzen an jeder Seite weit hervorstach, eine unheimliche Figur, die auf einem großen schwarzen Klepper gespenstisch unbeweglich saß, während ringsumher der Kampf am leidenschaftlichsten wütete.

Den Gerüchten in betreff Lafayettes, die mit dieser Fahne in Verbindung stehen, wird jetzt von dessen Freunden aufs ängstlichste widersprochen. Er soll weder die rote Fahne noch die rote Mütze bekränzt haben. Der arme General sitzt zu Hause und weint über den schmerzlichen Ausgang jener Feier, wobei er wieder, wie bei den meisten Volksaufständen seit Beginn der Revolution, eine Rolle gespielt – immer sonderbarer mit fortgezogen durch die allgemeine Bewegung und in der guten Absicht, durch seine persönliche Gegenwart das Volk vor allzu großen Exzessen zu bewahren. Er gleicht dem Hofmeister, der seinem Zögling in die Frauenhäuser folgte, damit er sich dort nicht betrinke, und mit ihm ins Weinhaus ging, damit er wenigstens dort nicht spiele, und ihn sogar in die Spielhäuser begleitete, damit er ihn dort vor Duellen bewahre; – kam es aber zu einem ordentlichen Duell, dann hat der Alte selber sekundiert.

Wenn man auch voraussehen konnte, daß bei dem Lamarqueschen Begräbnisse, wo ein Heer von Unzufriedenen sich versammelte, einige Unruhen stattfinden würden, so glaubte doch niemand an den Ausbruch einer eigentlichen Insurrektion. Es war vielleicht der Gedanke, daß man jetzt so hübsch beisammen sei, was einige Republikaner veranlaßte, eine Insurrektion zu improvisieren. Der Augenblick war keineswegs ungünstig gewählt, eine allgemeine Begeisterung hervorzubringen und selbst die Zagenden zu entflammen. Es war ein Augenblick, der wenigstens das Gemüt gewaltsam aufregte und die gewöhnliche Werkeltagsstimmung und alle kleinen Besorgnisse und Bedenklichkeiten daraus verscheuchte. Schon auf den ruhigen Zuschauer mußte dieser Leichenzug einen großen Eindruck machen, sowohl durch die Zahl der Leidtragenden, die über hunderttausend betrug, als auch durch den dunkelmutigen Geist, der sich in ihren Mienen und Gebärden aussprach. Erhebend und doch zugleich beängstigend wirkte besonders der Anblick der Jugend aller hohen Schulen von Paris, der Amis du peuple und so vieler anderer Republikaner aus allen Ständen, die, mit furchtbarem Jubel die Luft erfüllend, gleich Bacchanten der Freiheit vorüberzogen, in den Händen belaubte Stäbe, die sie als ihre Thyrsen schwangen, grüne Weidenkränze um die kleinen Hüte, die Tracht brüderlich einfach, die Augen wie trunken von Tatenlust, Hals und Wangen rotflammend – ach! auf manchem dieser Gesichter bemerkte ich auch den melancholischen Schatten eines nahen Todes, wie er jungen Helden sehr leicht geweissagt werden kann. Wer diese Jünglinge sah, in ihrem übermütigen Freiheitsrausch, der fühlte wohl, daß viele derselben nicht lange leben würden. Es war auch ein trübes Vorbedeutnis, daß der Siegeswagen, dem jene bacchantische Jugend nachjubelte, keinen lebenden, sondern einen toten Triumphator trug.

Unglückseliger Lamarque! wieviel Blut hat deine Leichenfeier gekostet! Und es waren nicht gezwungene oder gedungene Gladiatoren, die sich niedermetzelten, um ein eitel Trauergepränge durch Kampfspiel zu erhöhen. Es war die blühend begeisterte Jugend, die ihr Blut hingab für die heiligsten Gefühle, für den großmütigsten Traum ihrer Seele. Es war das beste Blut Frankreichs, welches in der Rue Saint-Martin geflossen, und ich glaube nicht, daß man bei den Thermopylen tapferer gefochten als am Eingange der Gäßchen Saint-Merry und Aubry-des-Bouchers, wo sich endlich eine Handvoll von einigen sechzig Republikanern gegen 60000 Linientruppen und Nationalgarden verteidigten und sie zweimal zurückschlugen. Die alten Soldaten des Napoleon, welche sich auf Waffentaten so gut verstehen wie wir etwa auf christliche Dogmatik, Vermittlung der Extreme oder Kunstleistungen einer Mimin, behaupten, daß der Kampf auf der Rue Saint-Martin zu den größten Heldentaten der neueren Geschichte gehört. Die Republikaner taten Wunder der Tapferkeit, und die wenigen, die am Leben blieben, baten keineswegs um Schonung. Dieses bestätigen alle meine Nachforschungen, die ich, wie mein Amt es erheischt, gewissenhaft angestellt. Sie wurden größtenteils mit den Bajonetten erstochen, von den Nationalgardisten. Einige Republikaner traten, als aller Widerstand vergebens war, mit entblößter Brust ihren Feinden entgegen und ließen sich erschießen. Als das Eckhaus der Rue Saint-Merry eingenommen wurde, stieg ein Schüler der École d'Alfort mit der Fahne aufs Dach, rief sein »Vive la République!« und stürzte nieder, von Kugeln durchbohrt. In ein Haus, dessen erste Etage noch von den Republikanern behauptet wurde, drangen die Soldaten und brachen die Treppe ab; jene aber, die ihren Feinden nicht lebend in die Hände fallen wollten, haben sich selber umgebracht, und man eroberte nur ein Zimmer voll Leichen. In der Kirche Saint-Merry hat man mir diese Geschichte erzählt, und ich mußte mich dort an die Bildsäule des heiligen Sebastian anlehnen, um nicht vor innerer Bewegung umzusinken, und ich weinte wie ein Knabe. Alle Heldengeschichten, worüber ich als Knabe schon soviel geweint, traten mir dabei ins Gedächtnis, fürnehmlich aber dacht ich an Kleomenes, König von Sparta, und seine zwölf Gefährten, die durch die Straßen von Alexandrien rannten und das Volk zur Erkämpfung der Freiheit aufriefen und keine gleichgesinnten Herzen fanden und, um den Tyrannenknechten zu entgehen, sich selber töteten; der schöne Anteos war der letzte, noch einmal beugte er sich über den toten Kleomenes, den geliebten Freund, und küßte die geliebten Lippen und stürzte sich dann in sein Schwert.

Über die Zahl derer, die auf der Rue Saint-Martin gefochten, ist noch nichts Bestimmtes ermittelt. Ich glaube, daß anfangs gegen zweihundert Republikaner dort versammelt gewesen, die aber endlich, wie oben angedeutet, während des Tages vom 6. Juni auf sechzig zusammengeschmolzen waren. Kein einziger war dabei, der einen bekannten Namen trug oder den man früher als einen ausgezeichneten Kämpen des Republikanismus gekannt hätte. Es ist das wieder ein Zeichen, daß, wenn jetzt nicht viele Heldennamen in Frankreich besonders laut erklingen, keineswegs der Mangel an Helden daran schuld ist. Überhaupt scheint die Weltperiode vorbei zu sein, wo die Taten der einzelnen hervorragen; die Völker, die Parteien, die Massen selber sind die Helden der neuern Zeit; die moderne Tragödie unterscheidet sich von der antiken dadurch, daß jetzt die Chöre agieren und die eigentlichen Hauptrollen spielen, während die Götter, Heroen und Tyrannen, die früherhin die handelnden Personen waren, jetzt zu mäßigen Repräsentanten des Parteiwillens und der Volkstat herabsinken und zur schwatzenden Betrachtung hingestellt sind, als Thronredner, als Gastmahlpräsidenten, Landtagsabgeordnete, Minister, Tribüne usw. Die Tafelrunde des großen Ludwig Philipp, die ganze Opposition mit ihren comptes rendus, mit ihren Deputationen, die Herren Odilon-Barrot, Lafitte und Arago, wie passiv und geringselig erscheinen diese abgedroschenen renommierten Leute, diese scheinbaren Notabilitäten, wenn man sie mit den Helden der Rue Saint-Martin vergleicht, deren Namen niemand kennt, die gleichsam anonym gestorben sind.

Der bescheidene Tod dieser großen Unbekannten vermag nicht bloß uns eine wehmütige Rührung einzuflößen, sondern er ermutigt auch unsere Seele, als Zeugnis, daß viele tausend Menschen, die wir gar nicht kennen, bereit stehen, für die heilige Sache der Menschheit ihr Leben zu opfern. Die Despoten aber müssen von heimlichem Grauen erfaßt werden, bei dem Gedanken, daß eine solche unbekannte Schar von Todessüchtigen sie immer umringt gleich den vermummten Dienern einer heiligen Feme. Mit Recht fürchten sie Frankreich, die rote Erde der Freiheit!

Es ist ein Irrtum, wenn man etwa glaubt, daß die Helden der Rue Saint-Martin zu den unteren Volksklassen gehört oder gar zum Pöbel, wie man sich ausdrückt; nein, es waren meistens Studenten, schöne Jünglinge, von der École d'Alfort, Künstler, Journalisten, überhaupt Strebende, darunter auch einige Ouvriers, die unter der groben Jacke sehr feine Herzen trugen. Bei dem Kloster Saint-Merry scheinen nur junge Menschen gefochten zu haben; an andern Orten kämpften auch alte Leute. Unter den Gefangenen, die ich durch die Stadt führen sehen, befanden sich auch Greise, und besonders auffallend war mir die Miene eines alten Mannes, der, nebst einigen Schülern der École polytechnique, nach der Conciergerie gebracht wurde. Letztere gingen gebeugten Hauptes, düster und wüst, das Gemüt zerrissen, wie ihre Kleider; der Alte hingegen ging zwar ärmlich und altfränkisch, aber sorgfältig angezogen, mit abgeschabt strohgelbem Frack und dito Weste und Hose, zugeschnitten nach der neuesten Mode von 1793, mit einem großen dreieckigen Hut auf dem alten gepuderten Köpfchen, und das Gesicht so sorglos, so vergnügt fast, als ging's zu einer Hochzeit; eine alte Frau lief hinter ihm drein, in der Hand einen Regenschirm, den sie ihm nachzubringen schien, und in jeder Falte ihres Gesichtes eine Todesangst, wie man sie wohl empfinden kann, wenn es heißt, irgendeiner unserer Lieben soll vor ein Kriegsgericht gestellt und binnen vierundzwanzig Stunden erschossen werden. Ich kann das Gesicht jenes alten Mannes gar nicht vergessen. Auf der Morgue sah ich den 8. Junius ebenfalls einen alten Mann, der mit Wunden bedeckt war und, wie ein neben mir stehender Nationalgarde mir versichert, ebenfalls als Republikaner sehr kompromittiert sei. Er lag aber auf den Bänken der Morgue. Letztere ist nämlich ein Gebäude, wo man die Leichen, die man auf der Straße oder in der Seine findet, hinbringt und ausstellt und wo man also die Angehörigen, die man vermißt, aufzusuchen pflegt.

An obenerwähntem Tage, den 8. Juni, begaben sich so viele Menschen nach der Morgue, daß man dort Queue machen mußte, wie vor der Großen Oper, wenn »Robert le Diable« gegeben wird. Ich mußte dort fast eine Stunde lang warten, bis ich Einlaß fand, und hatte Zeit genug, jenes trübsinnige Haus, das vielmehr einem großen Steinklumpen gleicht, ausführlich zu betrachten. Ich weiß nicht, was es bedeutet, daß eine gelbe Holzscheibe mit blauem Mittelgrund, wie eine große brasilianische Kokarde, vor dem Eingang hängt. Die Hausnummer ist 21, vingt-un. Drinnen war es melancholisch anzusehen, wie ängstlich einige Menschen die ausgestellten Toten betrachteten, immer fürchtend, denjenigen zu finden, den sie suchten. Es gab dort zwei entsetzliche Erkennungsszenen. Ein kleiner Junge erblickte seinen toten Bruder und blieb schweigend, wie angewurzelt, stehen. Ein junges Mädchen fand dort ihren toten Geliebten und fiel schreiend in Ohnmacht. Da ich sie kannte, hatte ich das traurige Geschäft, die Trostlose nach Hause zu führen. Sie gehörte zu einem Putzladen in meiner Nachbarschaft, wo acht junge Damen arbeiten, welche sämtlich Republikanerinnen sind.

Ihre Liebhaber sind lauter junge Republikaner. Ich bin in diesem Hause immer der einzige Royalist.

Zwischennote zu Artikel IX

Geschrieben den 1. Oktober 1832
Die im vorstehenden Artikel unterdrückte Stelle bezog sich zunächst auf den deutschen Adel. Je mehr ich aber die neuesten Tageserscheinungen überdenke, desto wichtiger dünkt mir dies Thema, und ich muß mich nächstens zu einer gründlichen Besprechung desselben entschließen. Wahrlich, es geschieht nicht aus Privatgefühlen; ich glaube es in der jüngsten Zeit bewiesen zu haben, daß meine Befehdung nur die Prinzipien und nicht leiblich unmittelbar die Person der Gegner trifft. Die Enragés des Tages haben mich deshalb in der letzten Zeit als einen geheimen Bundesgenossen der Artistokraten verschrien, und wenn die Insurrektion vom 5. Junius nicht scheiterte, wäre es ihnen leicht gelungen, mir den Tod zu bereiten, den sie mir zugedacht. Ich verzeihe ihnen gern diese Narrheit, und nur in meinem Tagesbericht vom 7. Junius ist mir ein Wort darüber entschlüpft. – Der Parteigeist ist ein ebenso blindes wie rasendes Tier.

Es ist aber mit dem deutschen Adel eine sehr schlimme Sache. Alle Konstitutionen, selbst die beste, können uns nichts helfen, solange nicht das ganze Adeltum bis zur letzten Wurzel zerstört ist. Die armen Fürsten sind selbst in der größten Not, ihr schönster Wille ist fruchtlos, sie müssen ihren heiligsten Eiden zuwiderhandeln, sie sind gezwungen, der Sache des Volks entgegenzuwirken, mit einem Worte: sie können den beschworenen Konstitutionen nicht treu bleiben, solange sie nicht von jenen älteren Konstitutionen befreit sind, die ihnen der Adel, als er seine waffenherrliche Unabhängigkeit einbüßte, durch die seidenen Künste der Kurtisanerie abzugewinnen wußte; Konstitutionen, die als ungeschriebene Gewohnheitsrechte tiefer begründet sind als die gedrucktesten Löschpapierverfassungen; Konstitutionen, deren Kodex jeder Krautjunker auswendig weiß und deren Aufrechthaltung unter die besondere Obhut jeder alten Hofkatze gestellt ist; Konstitutionen, wovon auch der absoluteste König nicht das geringste Titelchen zu verletzen wagt – ich spreche von der Etikette.

Durch die Etikette liegen die Fürsten ganz in der Gewalt des Adels, sie sind unfrei, sie sind unzurechnungsfähig, und die Treulosigkeit, die einige derselben bei den letzten Ordonnanzen des Bundestags beurkundet, ist, wenn man sie billig beurteilt, nicht ihrem Willen, sondern ihren Verhältnissen beizumessen. Keine Konstitution sichert die Rechte des Volks, solange die Fürsten gefangenliegen in den Etiketten des Adels, der, sobald die Kasteninteressen ins Spiel kommen, alle Privatfeindschaften beiseite setzt und als Korps verbündet ist. Was vermag der einzelne, der Fürst, gegen jenes Korps, das in Intrigen geübt ist, das alle fürstlichen Schwächen kennt, das unter seinen Mitgliedern auch die nächsten Verwandten des Fürsten zählt, das ausschließlich um dessen Person sein darf, dergestalt, daß der Fürst seine Edelleute, selbst wenn er sie haßt, durchaus nicht von sich weisen kann, daß er ihren holden Anblick ertragen muß, daß er sich von ihnen ankleiden, die Hände waschen und lecken lassen muß, daß er mit ihnen essen, trinken und sprechen muß – denn sie sind hoffähig, durch Erbrang zu jenen Hofchargen bevorzugt, und alle Hofdamen würden sich empören und dem armen Fürsten sein eigenes Haus verleiden, wenn er nach seines Herzens Gefühlen handelte und nicht nach den Vorschriften der Etikette. So geschah es, daß König Wilhelm von England, ein wackerer, guter Fürst, durch die Ränke seiner noblen Umgebung, aufs kläglichste gezwungen ward, sein Wort zu brechen und seinen ehrlichen Namen zu opfern und der Achtung und des Vertrauens seines Volkes auf immer verlustig zu werden. So geschah es, daß einer der edelsten und geistreichsten Fürsten, die je einen Thron geziert, Ludwig von Bayern, der noch vor drei Jahren der Sache des Volkes so eifrig zugetan war und allen Unterjochungsversuchen seiner Noblesse so fest widerstand und ihre frondierende Insolenz und Verleumdungen so heldenmütig ertrug: daß dieser jetzt, müd und entkräftet, in ihre verräterische Arme sinkt und sich selber untreu wird! Armes Herz, das einst so ruhmsüchtig und stolz war, wie sehr muß dein Mut gebrochen sein, daß du, um von einigen störrigen Untertanen nicht mehr durch Widerrede inkommodiert zu werden, deine eigne unabhängige Oberherrschaft aufgabest und selbst ein untertäniger Vasall wurdest, Vasall deiner natürlichen Feinde, Vasall deiner Schwäger!

Ich wiederhole, alle geschriebene Konstitutionen können uns nichts helfen, solange wir das Adeltum nicht von Grund aus vernichten. Es ist nicht damit abgetan, daß man durch diskutierte, votierte und sanktionierte und promulgierte Gesetze die Privilegien des Adels annulliert; dieses ist an mehreren Orten geschehen, und dennoch herrschen dort noch immer die Adelsinteressen. Wir müssen die herkömmlichen Mißbräuche im fürstlichen Haushalt vertilgen, auch für das Hofgesinde eine neue Gesindeordnung einführen, die Etiketten zerbrechen und, um selbst frei zu werden, mit der Fürstenbefreiung, mit der Emanzipation der Könige, das Werk beginnen. Die alten Drachen müssen verscheucht werden von dem Quell der Macht. Wenn ihr dieses getan habt, seid wachsam, damit sie nicht nächtlicherweile wieder herankriechen und den Quell vergiften. Einst gehörten wir den Königen, jetzt gehören die Könige uns. Daher müssen wir sie auch selbst erziehen und nicht mehr jenen hochgeborenen Prinzenhofmeistern überlassen, die sie zu den Zwecken ihrer Kaste erziehen und an Leib und Seele verstümmeln. Nichts ist den Völkern gefährlicher als jene frühe Umjunkerung der Kronprinzen. Der beste Bürger werde Prinzenerzieher, durch die Wahl des Volks, und wer verrufenen Leumunds ist oder nur im geringsten bescholten, werde gesetzlich entfernt von der Person des jungen Fürsten. Drängt er sich dennoch hinzu, mit jener unverschämten Zudringlichkeit, die dem Adel in solchen Fällen eigen ist, so werde er gestäupt, auf dem Marktplatz, nach den schönsten Rhythmen, und mit rotem Eisen werde ihm das Metrum aufs Schulterblatt gedruckt. Wenn er etwa behauptet, er habe sich an die Person des jungen Fürsten gedrängt, um für geistreich und witzig gehalten zu werden, und wenn er einen dicken Bauch hat wie Sir John, so setze man ihn bloß ins Zuchthaus, aber wo die Weiber sitzen.

Indessen, es gibt auch weiße Raben.

Ich werde, wie ich schon in der Vorrede zu Kahldorfs Briefen an den Grafen Moltke angedeutet, diesen Gegenstand ausführlicher besprechen; eine Statistik des diplomatischen Korps, dem die Interessen der Völker anvertraut sind, wird dabei am interessantesten sein. Es werden Tabellen beigefügt werden, Verzeichnisse der verschiedenen Tugenden desselben, in den verschiedenen Hauptstädten. Man wird z.B. daraus ersehen, wie in einer der letztern immer der dritte Mann unter der edlen Genossenschaft entweder ein Spieler ist oder ein heimatloser Lohndiener oder ein Escroc oder der Ruffiano seiner eigenen Gattin oder der Gemahl seines Jockeis oder ein Allerweltsspion oder sonst ein adliger Taugenichts. Ich habe behufs dieser Statistik ein sehr gründliches Quellenstudium getrieben, und zwar an den Tischen des Königs Pharo und anderer Könige des Morgenlands, in den Soireen der schönsten Göttinnen des Tanzes und des Gesanges, in den Tempeln der Gourmandise und der Galanterie, kurz, in den vornehmsten Häusern Europas.

Ich muß in betreff des Grafen Moltke hier nachträglich erwähnen, daß derselbe Juli vorigen Jahres hier in Paris war und mich in einen Federkrieg über den Adel verwickeln wollte, um dem Publikum zu zeigen, daß ich seine Prinzipien mißverstanden oder willkürlich entstellt hätte. Es schien mir aber grade damals bedenklich, in meiner gewöhnlichen Weise ein Thema öffentlich zu erörtern, das die Tagesleidenschaften so furchtbar ansprechen mußte. Ich habe diese Besorgnisse dem Grafen mitgeteilt, und er war verständig genug, nichts gegen mich zu schreiben. Da ich ihn zuerst angegriffen, hätte ich seine Antwort nicht ignorieren dürfen, und eine Replik hätte wieder von meiner Seite erfolgen müssen. Wegen jener Einsicht verdient der Graf das beste Lob, das ich ihm hiermit zolle, und zwar um so bereitwilliger, da ich in ihm persönlich einen geistreichen und, was noch mehr sagen will, einen wohldenkenden Mann gefunden, der es wohl verdient hätte, in der Vorrede zu den Kahldorfschen Briefen nicht wie ein gewöhnlicher Adliger behandelt zu werden. Seitdem habe ich seine Schrift über Gewerbefreiheit gelesen, worin er, wie bei vielen anderen Fragen, den liberalsten Grundsätzen huldigt.

Es ist eine sonderbare Sache mit diesen Adligen! Die Besten unter ihnen können sich von ihren Geburtsinteressen nicht lossagen. Sie können in den meisten Fällen liberal denken, vielleicht noch unabhängig liberaler als Roturiers, sie können vielleicht mehr als diese die Freiheit lieben und Opfer dafür bringen – aber für bürgerliche Gleichheit sind sie sehr unempfänglich. Im Grunde ist kein Mensch ganz liberal, nur die Menschheit ist es ganz, da der eine das Stück Liberalismus besitzt, das dem anderen mangelt, und die Leute sich also in ihrer Gesamtheit aufs beste ergänzen. Der Graf Moltke ist gewiß der festesten Meinung, daß der Sklavenhandel etwas Widerrechtliches und Schändliches ist, und er stimmt gewiß für dessen Abschaffung. Mynheer van der Null hingegen, ein Sklavenhändler, den ich unter den Bohmchen zu Rotterdam kennengelernt, ist durchaus überzeugt, der Sklavenhandel sei etwas ganz Natürliches und Anständiges, das Vorrecht der Geburt aber, das

Erbprivilegium, der Adel, sei etwas Ungerechtes und Widersinniges, welches jeder honette Staat ganz abschaffen müsse.

Daß ich im Julius 1831 mit dem Grafen Moltke, dem Champion des Adels, keinen Federkrieg führen wollte, wird jeder vernünftig fühlende Mensch zu würdigen wissen, wenn er die Natur der Bedrohnisse erwägt, die damals in Deutschland laut geworden.

Die Leidenschaften tobten wilder als je, und es galt damals, dem Jakobinismus ebenso kühn die Stirne zu bieten wie einst dem Absolutismus. Unbeweglich in meinen Grundsätzen, haben selbst die Ränke des Jakobinismus nicht vermocht, mich hier, zu Paris, in den dunkelen Strudel hineinzureißen, wo deutscher Unverstand mit französischem Leichtsinn rivalisierte. Ich habe keinen Teil genommen an der hiesigen deutschen Assoziation, außer daß ich ihr, bei einer Kollekte für die Unterstützung der freien Presse, einige Francs zollte; lange vor den Juniustagen habe ich den Vorstehern jener Assoziation aufs bestimmteste notifiziert, daß ich nicht mit derselben in weiterer Verbindung stehe. Ich kann daher nur mitleidig die Achsel zucken, wenn ich höre, daß die jesuitisch aristokratische Partei in Deutschland sich zu jener Zeit die größte Mühe gab, mich als einen der Enragés des Tages darzustellen, um mir bei deren Exzessen eine kompromittierende Solidarität aufzubürden.

Es war eine tolle Zeit, und ich hatte meine große Not mit meinen besten Freunden, und ich war sehr besorgt für meine schlimmsten Feinde. Ja, ihr teuern Feinde, ihr wißt nicht, wieviel Angst ich um euch ausgestanden habe. Es war schon die Rede davon, alle verräterische Junker, verleumderische Pfaffen und sonstige Schurken in Deutschland aufzuknüpfen. Wie durfte ich das leiden! Galt es nur, euch ein bißchen zu züchtigen, euch auf dem Schloßplatz zu Berlin oder auf dem Schrannenmarkt zu München in einem gelinden Versmaße mit Ruten zu streichen oder euch die trikolore Kokarde auf die Tonsur zu nageln oder sonst ein Späßchen mit euch zu treiben, das hätte ich schon hingehen lassen. Aber daß man euch geradezu umbringen wollte, das litt ich nicht. Euer Tod wäre ja für mich der größte Verlust gewesen. Ich hätte mir neue Feinde erwerben müssen, vielleicht unter honetten Leuten, welches einem Schriftsteller in den Augen des Publikums sehr schädlich ist. Nichts ist uns ersprießlicher, als wenn wir lauter schlechte Kerle zu Feinden haben. Der HERR hat mich unübersehbar reichlich mit dieser Sorte gesegnet, und ich bin froh, daß sie jetzt in Sicherheit sind. Ja, laßt uns ein »Te Metternich laudamus« singen, ihr teuern Feinde! Ihr waret in der größten Gefahr, gehenkt zu werden, und ich hätte euch dann auf immer verloren! Jetzt ist wieder alles still, alles wird beigelegt oder festgesetzt, die Bundesakte wird losgelassen, und die Patrioten werden eingesperrt, und wir sehen einer langen, süßen, sicheren Ruhe entgegen. Jetzt können wir uns wieder ungestört des alten schönen Verhältnisses erfreuen: ich geißle euch wieder nach wie vor, und ihr verleumdet mich wieder nach wie vor. Wie froh bin ich, euch noch so ungehenkt zu sehen! Euer Leben ist mir teurer als jemals. Ich kann mich bei eurem Anblick einer gewissen Rührung nicht erwehren. Ich bitte euch, schont eure Gesundheit; verschluckt nicht euer eigenes Gift, lügt und verleumdet lieber wo möglich noch mehr, als ihr zu tun pflegt, das erleichtert das fromme Herz; geht nicht so gebückt und gekrümmt, das schadet der Brust; geht mal ins Theater, wenn eine Raupachsche Tragödie gegeben wird, das heitert auf; versucht eine Abwechselung in euren Privatvergnügungen, besucht auch einmal ein schönes Mädchen; hütet euch aber vor des Seilers Töchterlein!

Ihr flattert jetzt wieder an einem langen Faden; aber wer weiß, eines frühen Morgens hängt ihr an einem kurzen Strick.

Beilage zu Artikel VI

»Siehe zu, die Grundsuppe des Wuchers, der Dieberei und der Räuberei sind unsere Großen und Herren, nehmen alle Kreaturen zum Eigentum, die Fische im Wasser, die Vögel in der Luft, das Gewächs auf Erden, alles muß ihr sein. (Jes. V.) Darüber lassen sie denn Gottes Gebot ausgehen unter die Armen und sprechen: ›Gott hat geboten, du sollt nicht stehlen‹; es dienet aber ihnen nicht. So sie nun alle Menschen verursachen, den armen Ackermann, Handwerkmann und alles, was da lebet, schinden und schaben (Mich. III.), so er sich dann vergreift an dem Allerheiligsten, so muß er henken. Da sagt dann der Doktor Lügner Amen. Die Herren machen das selber, daß ihnen der arme Mann feind wird. Die Ursach des Aufruhrs wollen sie nicht wegtun, wie kann es in der Länge gut werden? So ich das sage, werde ich aufrührisch sein, wohl hin.«

So sprach vor dreihundert Jahren Thomas Münzer, einer der heldenmütigsten und unglücklichsten Söhne des deutschen Vaterlandes, ein Prediger des Evangeliums, das, nach seiner Meinung, nicht bloß die Seligkeit im Himmel verhieß, sondern auch die Gleichheit und Brüderschaft der Menschen auf Erden befehle. Der Doktor Martinus Luther war anderer Meinung und verdammte solche aufrührerische Lehren, wodurch sein eigenes Werk, die Losreißung von Rom und die Begründung des neuen Bekenntnisses, gefährdet wurde; und vielleicht mehr aus Weltklugheit denn aus bösem Eifer schrieb er das unrühmliche Buch gegen die unglücklichen Bauern. Pietisten und servile Duckmäuser haben in jüngster Zeit dieses Buch wieder ins Leben gerufen und die neuen Abdrücke ins Land herum verbreitet, einerseits, um den hohen Protektoren zu zeigen, wie die reine lutherische Lehre den Absolutismus unterstütze, andererseits, um durch Luthers Autorität den Freiheitsenthusiasmus in Deutschland niederzudrücken. Aber ein heiligeres Zeugnis, das aus dem Evangelium hervorblutet, widerspricht der knechtischen Ausdeutung und vernichtet die irrige Autorität; Christus, der für die Gleichheit und Brüderschaft der Menschen gestorben ist, hat sein Wort nicht als Werkzeug des Absolutismus offenbart, und Luther hatte unrecht, und Thomas Münzer hatte recht. Er wurde enthauptet zu Mödlin. Seine Gefährten hatten ebenfalls recht, und sie wurden teils mit dem Schwerte hingerichtet, teils mit dem Stricke gehenkt, je nachdem sie adeliger oder bürgerlicher Abkunft waren. Markgraf Kasimir von Ansbach hat, noch außer solchen Hinrichtungen, auch fünfundachtzig Bauern die Augen ausstechen lassen, die nachher im Lande herumbettelten und ebenfalls recht hatten. Wie es in Oberöstreich und Schwaben den armen Bauern erging, wie überhaupt in Deutschland viele hunderttausend Bauern, die nichts als Menschenrechte und christliche Milde verlangten, abgeschlachtet und gewürgt wurden von ihren geistlichen und weltlichen Herren, ist männiglich bekannt. Aber auch letztere hatten recht, denn sie waren noch in der Fülle ihrer Kraft, und die Bauern wurden manchmal irre an sich selber, durch die Autoritäten eines Luthers und anderer Geistlichen, die es mit den Weltlichen hielten, und durch unzeitige Kontroverse über zweideutige Bibelstellen und weil sie manchmal Psalmen sangen, statt zu fechten.

Im Jahr der Gnade 1789 begann in Frankreich derselbe Kampf um Gleichheit und Brüderschaft, aus denselben Gründen, gegen dieselben

Gewalthaber, nur daß diese durch die Zeit ihre Kraft verloren und das Volk an Kraft gewonnen und nicht mehr aus dem Evangelium, sondern aus der Philosophie seine Rechtsansprüche geschöpft hatte. Die feudalistischen und hierarchischen Institutionen, die Karl der Große in seinem großen Reiche begründet und die sich in den daraus hervorgegangenen Ländern mannigfaltig entwickelt, diese hatten in Frankreich ihre mächtigen Wurzeln geschlagen, jahrhundertelang kräftig geblüht und, wie alles in der Welt, endlich ihre Kraft verloren. Die Könige von Frankreich, verdrießlich ob ihrer Abhängigkeit von dem Adel und von der Geistlichkeit, welcher erstere sich ihnen gleich dünkte und welche letztere mehr als sie selbst das Volk beherrschte, hatten allmählich die Selbständigkeit jener beiden Mächte zu vernichten gewußt, und unter Ludwig XIV. war dieses stolze Werk vollendet. Statt eines kriegerischen Feudaladels, der die Könige einst beherrschte und schützte, kroch jetzt um die Stufen des Thrones ein schwächlicher Hofadel, dem nur die Zahl seiner Ahnen, nicht seiner Burgen und Mannen, Bedeutung verlieh; statt starrer, ultramontanischer Priester, die mit Beicht' und Bann die Könige schreckten, aber auch das Volk im Zaume hielten, gab es jetzt eine gallikanische, sozusagen mediatisierte Kirche, deren Ämter man im Œil de bœuf von Versailles oder im Boudoir der Mätressen erschlich und deren Oberhäupter zu denselben Adligen gehörten, die als Hofdomestiken paradierten, so daß Abt- und Bischofskostüm, Pallium und Mitra, als eine andre Art von Hoflivree betrachtet werden konnte; – und ohngeachtet dieser Umwandlung behielt der Adel die Vorrechte, die er einst über das Volk ausgeübt; ja sein Hochmut gegen letzteres stieg, je mehr er gegen seinen königlichen Herren in Demut versank; er usurpierte, nach wie vor, alle Genüsse, drückte und beleidigte, nach wie vor; und dasselbe tat jene Geistlichkeit, die ihre Macht über die Geister längst verloren, aber ihre Zehnten, ihr Dreigöttermonopol, ihre Privilegien der Geistesunterdrückung und der kirchlichen Tücken noch bewahrt hatte. Was einst, im Bauernkrieg, die Lehrer des Evangeliums versucht, das taten die Philosophen jetzt in Frankreich, und mit besserem Erfolg; sie demonstrierten dem Volke die Usurpationen des Adels und der Kirche; sie zeigten ihm, daß beide kraftlos geworden; – und das Volk jubelte auf, und als am 14. Julius 1789 das Wetter sehr günstig war, begann das Volk das Werk seiner Befreiung, und wer am 14. Julius 1790 den Platz besuchte, wo die alte, dumpfe, mürrisch unangenehme

Bastille gestanden hatte, fand dort, statt dieser, ein luftig lustiges Gebäude, mit der lachenden Aufschrift: »Ici on danse.«

Seit siebzehn Jahren sind viele Schriftsteller in Europa unablässig bemüht, die Gelehrten Frankreichs von dem Vorwurf zu befreien, als hätten sie den Ausbruch der französischen Revolution ganz besonders verursacht. Die jetzigen Gelehrten wollten wieder bei den Großen zu Gnaden aufgenommen werden, sie suchten wieder ihr weiches Plätzchen zu Füßen der Macht und gebärdeten sich dabei so servil unschuldig, daß man sie nicht mehr für Schlangen ansah, sondern für gewöhnliches Gewürme. Ich kann aber nicht umhin, der Wahrheit wegen zu gestehen, daß eben die Gelehrten des vorigen Jahrhunderts den Ausbruch der Revolution am meisten befördert und deren Charakter bestimmt haben. Ich rühme sie deshalb, wie man den Arzt rühmt, der eine schnelle Krisis herbeigeführt und die Natur der Krankheit, die tödlich werden konnte, durch seine Kunst gemildert hat. Ohne das Wort der Gelehrten hätte der hinsiechende Zustand Frankreichs noch unerquicklich länger gedauert; und die Revolution, die doch am Ende ausbrechen mußte, hätte sich minder edel gestaltet; sie wäre gemein und grausam geworden, statt daß sie jetzt nur tragisch und blutig ward; ja, was noch schlimmer ist, sie wäre vielleicht ins Lächerliche und Dumme ausgeartet, wenn nicht die materiellen Nöten einen idealen Ausdruck gewonnen hätten; – wie es leider nicht der Fall ist in jenen Ländern, wo nicht die Schriftsteller das Volk verleitet haben, eine Erklärung der Menschenrechte zu verlangen, und wo man eine Revolution macht, um keine Torsperre zu bezahlen oder um eine fürstliche Mätresse loszuwerden usw. Voltaire und Rousseau sind zwei Schriftsteller, die mehr als alle andere der Revolution vorgearbeitet, die späteren Bahnen derselben bestimmt haben und noch jetzt das französische Volk geistig leiten und beherrschen. Sogar die Feindschaft dieser beiden Schriftsteller hat wunderbar nachgewirkt; vielleicht war der Parteikampf unter den Revolutionsmännern selbst, bis auf diese Stunde, nur eine Fortsetzung eben dieser Feindschaft. (Vergleiche die Note a am Schluß.)

Dem Voltaire geschieht jedoch unrecht, wenn man behauptet, er sei nicht so begeistert gewesen wie Rousseau; er war nur etwas klüger und gewandter. Die Unbeholfenheit flüchtet sich immer in den Stoizismus und grollt lakonisch beim Anblick fremder Geschmeidigkeit. Alfieri macht dem Voltaire den Vorwurf, er habe als Philosoph gegen die

Großen geschrieben, während er ihnen als Kammerherr die Fackel vortrug. Der düstere Piemonteser bemerkte nicht, daß Voltaire, indem er dienstbar den Großen die Fackel vortrug, auch damit zugleich ihre Blöße beleuchtete. Ich will aber Voltaire durchaus nicht von dem Vorwurf der Schmeichelei freisprechen, er und die meisten französischen Gelehrten krochen wie kleine Hunde zu den Füßen des Adels und leckten die goldenen Sporen und lächelten, wenn sie sich daran die Zunge zerrissen, und ließen sich mit Füßen treten. Wenn man aber die kleinen Hunde mit Füßen tritt, so tut das ihnen ebenso weh wie den großen Hunden. Der heimliche Haß der französischen Gelehrten gegen die Großen muß um so entsetzlicher gewesen sein, da sie außer den gelegentlichen Fußtritten auch viele wirkliche Wohltaten von ihnen genossen hatten. Garat erzählt von Chamfort, daß er tausend Taler, die Ersparnisse eines ganzen arbeitsamen Lebens, aus einem alten Lederbeutel hervorzog und freudig hin gab, als, im Anfang der Revolution, zu einem revolutionären Zwecke Geld gesammelt wurde. Und Chamfort war geizig und war immer von den Großen protegiert worden.

Mehr aber noch als die Männer der Wissenschaft haben die Männer der Gewerbe den Sturz des alten Regimes befördert. Glaubten jene, die Gelehrten, daß an dessen Stelle das Regime der geistigen Kapazitäten beginne, so glaubten diese, die Industriellen, daß ihnen, dem faktisch mächtigsten und kräftigsten Teil des Volks, auch gesetzlich die Anerkenntnis ihrer hohen Bedeutung, und also gewiß jede bürgerliche Gleichstellung und Mitwirkung bei den Staatsgeschäften, gebühre. Und in der Tat, da die bisherigen Institutionen auf das alte Kriegswesen und den Kirchenglauben beruhten, welche beide kein wahres Leben mehr in sich trugen, so mußte die Gesellschaft auf die beiden neuen Gewalten basiert werden, worin eben die meiste Lebenskraft quoll, nämlich auf die Wissenschaft und die Industrie. Die Geistlichkeit, die geistig zurückgeblieben war, seit Erfindung der Buchdruckerei, und der Adel, der durch die Erfindung des Pulvers zugrunde gerichtet worden, hätten jetzt einsehen müssen, daß die Macht, die sie seit einem Jahrtausend ausgeübt, ihren stolzen, aber schwachen Händen entschwinde und in die verachteten, aber starken Hände der Gelehrten und Gewerbfleißigen übergehe; sie hätten einsehen müssen, daß sie die verlorene Macht nur in Gemeinschaft mit eben jenen Gelehrten und Gewerbfleißigen wiedergewinnen könnten; – sie hatten aber nicht diese Einsicht, sie wehrten sich töricht gegen das Unvermeidliche, ein schmerzlicher, widersinniger Kampf begann, die schleichende, windige Lüge und der morsche, kranke Stolz fochten gegen die eiserne Notwendigkeit, gegen Fallbeil und Wahrheit, gegen Leben und Begeistrung, und wir stehen jetzt noch auf der Walstätte.

Da war ein trübseliger Minister, respektabeler Bankier, guter Hausvater, guter Christ, guter Rechner, der Pantalon der Revolution, der glaubte steif und fest, das Defizit des Budgets sei der eigentliche Grund des Übels und des Streites; und er rechnete Tag und Nacht, um das Defizit zu heben, und vor lauter Zahlen sah er weder die Menschen noch ihre drohenden Mienen; doch hatte er in seiner Dummheit einen sehr guten Einfall, nämlich die Zusammenberufung der Notabeln. Ich sage, einen sehr guten Einfall, weil er der Freiheit zugute kam; ohne jenes Defizit hätte Frankreich sich noch länger im Zustande des mißbehaglichsten Siechtums hingeschleppt; jenes Defizit war in der Tat nicht mit Geld zu bezahlen, nämlich weil es die Krankheit zum Ausbruch trieb; jene Zusammenberufung der Notabeln beschleunigte die Krisis und also auch die künftige Genesung; und wenn einst die Büste Neckers ins Pantheon der Freiheit aufgestellt wird, wollen wir ihm eine Narrenkappe, bekränzt mit patriotischem Eichenlaub, aufs Haupt setzen. Wahrlich, ist es töricht, wenn man nur die Personen sieht in den Dingen, so ist es noch törichter, wenn man in den Dingen nur die Zahlen sieht. Es gibt aber Kleingeister, die aufs pfiffigste beide Irrtümer zu verschmelzen suchen, die sogar in den Personen die Zahlen suchen, womit sie uns die Dinge erklären wollen. Sie sind nicht damit zufrieden, den Julius Cäsar für die Ursache des Untergangs römischer Freiheit zu halten, sondern sie behaupten, der geniale Julius sei so verschuldet gewesen, daß er, um nicht selber eingesteckt zu werden, genötigt war, die ganze Welt mitsamt seinen Gläubigern einzustecken. Wenn ich nicht irre, so dient eine Stelle Plutarchs, wo dieser von Cäsars Schulden spricht, zur Basis einer solchen Argumentation. Bourienne, der kleine schmuckelnde Bourienne, der bestechliche Croupier beim Glückspiel des Kaiserreichs, die armselige arme Seele, hat irgendwo in seinen Memoiren angedeutet, daß es wohl Geldverlegenheit gewesen sein mag, was den Napoleon Bonaparte, im Anfange seiner Laufbahn, zu großen Unternehmungen angetrieben habe. In dieser Weise sind manche Tiefdenker nicht damit zufrieden, den Grafen Mirabeau für die Ursache des Untergangs der französischen Monarchie zu halten, sondern sie behaupten sogar, jener sei so sehr durch Geldnot und Schulden bedrängt gewesen, daß er sich nur durch den Umsturz des Vorhandenen habe helfen können. Ich will solche Absurdität nicht weiter besprechen; doch mußte ich sie erwähnen, weil sie eben in der letzten Zeit sich am blühendsten entfalten konnte. Mirabeau betrachtet man nämlich jetzt als den eigentlichen Repräsentanten jener ersten Phasis der Revolution, die mit der Nationalversammlung beginnt und schließt. Er ist als solcher ein Volksheld geworden, man bespricht ihn täglich, man erblickt ihn überall, gemalt und gemeißelt, man sieht ihn dargestellt auf allen französischen Theatern, in allen seinen Gestalten: arm und wild; liebend und hassend; lachend und knirschend; ein sorglos verschuldeter Gott, dem Himmel und Erde gehörte und der kapabel war, seinen letzten Fixstern und letzten Louisdor im Pharo zu verspielen; ein Simson, der die Staatssäulen niederreißt, um im stürzenden Gebäude seine mahnenden Philister zu verschütten; ein Herkules, der am Scheidewege sich mit beiden Damen verständigt und in den Armen des Lasters sich von den Anstrengungen der Tugend zu erholen weiß; »ein von Genie und Häßlichkeit strahlender Ariel-Kaliban«, den die Prosa der Liebe ernüchterte, wenn ihn die Poesie der Vernunft berauscht hatte; ein verklärter, anbetungswürdiger Wüstling der Freiheit; ein Zwitterwesen, das nur Jules Janin schildern konnte.

Eben durch die moralischen Widersprüche seines Charakters und Lebens ist Mirabeau der eigentliche Repräsentant seiner Zeit, die ebenfalls so liederlich und erhaben, so verschuldet und reich war, die ebenfalls, im Kerker sitzend, die schlüpfrigsten Romane, aber auch die edelsten Befreiungsbücher geschrieben und die nachher, obgleich belastet mit der alten Puderperücke und mit einem Stück von der alten, infamen Kette, als Herold des neuen Weltfrühlings auftrat und dem erblassenden Zeremonienmeister der Vergangenheit die kühnen Worte zurief: »Allez dire à votre maître que nous sommes ici par la puissance du peuple, et qu'on ne nous en arrachera que par la force des baïonnettes.« Mit diesen Worten beginnt die französische Revolution; kein Bürgerlicher hätte den Mut gehabt, sie auszusprechen, die Zunge der Roturiers und Vilains war noch gebunden von dem stummen Zauber des alten Gehorsams, und eben nur im Adel, in jener überfrechen Kaste, die niemals wahre Ehrfurcht vor den Königen fühlte, fand die neue Zeit ihr erstes Organ.

Ich kann nicht umhin zu erwähnen, daß man mir jüngst versichert, jene weltberühmten Worte Mirabeaus gehörten eigentlich dem Grafen Volney, der, neben ihm sitzend, sie ihm souffliert habe. Ich glaube nicht, daß diese Sage ganz grundlos erfunden sei, sie widerspricht durchaus nicht dem Charakter Mirabeaus, der die Ideen seiner Freunde ebenso gern wie ihr Geld borgte und der deswegen in vielen Memoiren, namentlich in den Brissotschen und in den jüngst erschienenen Memoiren von Dumont, entsetzlich verschrien wird. Manche seiner Zeitgenossen haben deshalb an der Größe seines Rednertalentes gezweifelt und ihm nur wirksame Saillies, Theatercoups der Tribüne, zugestanden. Es ist jetzt schwer, ihn in dieser Hinsicht zu beurteilen. Nach dem Zeugnis der Mitlebenden, die man noch über ihn befragen kann, lag der Zauber seiner Rede mehr in seiner persönlichen Erscheinung als in seinen Worten. Besonders wenn er leise sprach, ward man durchschauert von dem wunderbaren Laut seiner Stimme; man hörte die Schlangen zischen, die heimlich unter den oratorischen Blumen krochen. Kam er in Leidenschaft, war er unwiderstehlich. Von Frau von Staël erzählt man, daß sie auf der Galerie der Nationalversammlung saß, als Mirabeau die Tribüne bestieg, um gegen Necker zu sprechen. Es versteht sich, daß eine Tochter wie sie, die ihren Vater anbetete, mit Wut und Grimm gegen Mirabeau erfüllt war; aber diese feindlichen Gefühle schwanden, je länger sie ihn anhörte, und endlich, als das Gewitter seiner Rede mit schrecklichster Herrlichkeit aufstieg, als die vergifteten Blitze aus seinen Augen schossen, als die weltzerschmetternden Donner aus seiner Seele hervorgrollten – da lag Frau von Staël weit hinausgelehnt über der Balustrade der Galerie und applaudierte wie toll.

Aber bedeutsamer noch als das Rednertalent des Mannes war das, was er sagte. Dieses können wir jetzt am unparteiischsten beurteilen, und da sehen wir, daß Mirabeau seine Zeit am tiefsten begriffen hat, daß er nicht sowohl niederzureißen als auch aufzubauen wußte und daß er letzteres besser verstand als die großen Meister, die sich bis auf heutigen Tag an dem großen Werke abmühen. In den Schriften Mirabeaus finden wir die Hauptideen einer konstitutionellen Monarchie wie sie Frankreich bedurfte; wir entdecken den Grundriß, obgleich nur flüchtig und mit blassen Linien entworfen; und wahrlich, allen weisen und bangen Regenten Europas empfehle ich das Studium dieser Linien, dieser Staatshülfslinien, die das größte politische Genie unserer Zeit, mit prophetischer Einsicht und mathematischer Sicherheit, vorgezeichnet hat. Es wäre wichtig genug, wenn man Mirabeaus Schriften in dieser Hinsicht auch für Deutschland ganz besonders zu exploitieren suchte. Seine revolutionären, negierenden Gedanken haben leichtes Verständnis und schnelle Wirkung gefunden. Seine ebenso gewaltigen positiven, konstituierenden Gedanken sind weniger verstanden und wirksam geworden.

Am wenigsten verstand man Mirabeaus Vorliebe für das Königtum. Was er diesem an absoluter Gewalt abgewinnen wollte, das gedachte er ihm durch konstitutionelle Sicherung zu vergüten; ja, er gedachte die königliche Macht noch zu vermehren und zu verstärken, indem er den König aus den Händen der hohen Stände, die ihn durch Hofintrigen und Beichtstuhl faktisch beherrschten, gewaltsam riß und vielmehr in die Arme des dritten Standes hineindrängte. Mirabeau eben war der Verkünder jenes konstitutionellen Königtums, das nach meinem Bedünken der Wunsch jener Zeit war und das, mehr oder minder demokratisch formuliert, auch von der Gegenwart, von uns in Deutschland, verlangt wird.

Dieser konstitutionelle Royalismus war es, was dem Leumund des Grafen am meisten geschadet; denn die Revolutionäre, die ihn nicht begriffen, sahen darin einen Abfall und meinten, er habe die Revolution verkauft. Sie schmähten ihn alsdann um die Wette mit den Aristokraten, die ihn haßten, eben weil sie ihn begriffen, weil sie wußten, daß Mirabeau durch die Vernichtung der Privilegienwirtschaft das Königtum auf ihre Kosten retten und verjüngen wollte. Wie ihn aber die Misere der Privilegierten anwiderte, so mußte ihm auch die Roheit der meisten Demagogen fatal sein, um so mehr, da sie, in jener wahnwitzig debordierenden Weise, die wir wohl kennen, schon die Republik predigten. Es ist interessant, in den damaligen Blättern zu sehen, zu welchen sonderbaren Mitteln jene Demagogen, die gegen die Popularität des Mirabeau noch nicht öffentlich anzukämpfen wagten, ihre Zuflucht nahmen, um die monarchische Tendenz des großen Tribuns unwirksam zu machen. So z.B. als Mirabeau sich einmal ganz bestimmt royalistisch ausgesprochen hatte, wußten sich diese Leute nicht anders zu helfen, als indem sie aussprengten: da Mirabeau seine Reden öfters nicht selbst mache, sei es ihm passiert, daß er die Rede, die er von einem Freunde erhalten, vorher zu lesen vergessen und erst auf der Tribüne bemerkt habe, daß dieser ihm perfiderweise eine ganz royalistische Rede untergeschoben.

Ob es Mirabeau gelungen wäre, die Monarchie zu retten und neu zu begründen, darüber wird noch immer gestritten. Die einen sagen, er starb zu früh; die anderen sagen, er starb eben zur rechten Zeit. Er starb nicht an Gift; denn die Aristokratie hatte ihn eben damals nötig. Volksmänner vergiften nicht; der Giftbecher gehört zur alten Tragödie der Paläste. Mirabeau starb, weil er zwei Tänzerinnen, Mesdemoiselles Helisberg und Colomb, und eine Stunde vorher eine Trüffelpastete genossen hatte. – –

Note a

Der Kampf unter den Revolutionsmännern des Konvents war nichts anders als der geheime Groll des Rousseauischen Rigorismus gegen die Voltairesche Légèreté. Die echten Montagnards hegten ganz die Denk- und Gefühlsweise Rousseaus, und als sie die Dantonisten und Hébertisten zu gleicher Zeit guillotinierten, geschah es nicht sowohl, weil jene zu sehr den erschlaffenden Moderantismus predigten und diese hingegen im zügellosesten Sansculottismus ausarteten; wie mir jüngst ein alter Bergmann sagte: »parcequ'ils étaient tous des hommes pourris, frivoles, sans croyance et sans vertu.« Beim Umstürzen des Alten waren die wilden Revolutionsmänner ziemlich einig, als aber etwas Neues gebaut werden sollte, als das Positivste zur Sprache kam, da erwachten die natürlichen Antipathien. Der rousseauisch ernste Schwärmer Saint-Just haßte alsdann den heiteren, geistreichen Fanfaron Desmoulins. Der sittenreine, unbestechliche Robespierre haßte den sinnlichen, geldbefleckten Danton. Maximilian Robespierre heiligen Andenkens war die Inkarnation Rousseaus; er war tief religiös, er glaubte an Gott und Unsterblichkeit, er haßte die Voltaireschen Religionsspöttereien, die unwürdigen Possen eines Gobels, die Orgien der Atheisten und das laxe Treiben der Esprits, und er haßte vielleicht jeden, der witzig war und gern lachte.

Am 19. Thermidor siegte die kurz vorher unterdrückte Voltairesche Partei; unter dem Direktorium übte sie ihre Reaktionen gegen den Berg; späterhin, während dem Heldenspiel der Kaiserzeit und während der frommen christlichen Komödie der Restauration, konnte sie nur in untergeordneten Rollen sich geltend machen; aber wir sahen sie doch bis auf diese Stunde, mehr oder minder tätig, am Staatsruder stehen, und zwar repräsentiert von dem ehemaligen Bischof von Autun, Charles Maurice Talleyrand. Rousseaus Partei, unterdrückt seit jenem unglückseligen Tage des Thermidor, lebt arm, aber geistig und leiblich gesund in den Faubourgs St. Antoine und St. Marceau, sie lebt in der Gestalt eines Garnier-Pagès, eines Cavaignac und so vieler andern edlen Republikaner, die von Zeit zu Zeit als Blutzeugen auftreten, für das Evangelium der Freiheit. Ich bin nicht tugendhaft genug, um jemals dieser Partei mich anschließen zu können; ich hasse aber zu sehr das Laster, als daß ich sie jemals bekämpfen würde.

Tagesberichte

Vorbemerkung

Über die mißlungene Insurrektion vom 5. und 6. Junius, über diese so bedeutende und folgereiche Erscheinung wird man nie viel Wahres und Richtiges erfahren, sintemalen beide Parteien gleich interessiert waren, die bekannten Tatsachen zu entstellen und die unbekannten zu verhüllen. Die folgenden Tagesberichte, geschrieben angesichts der Begebenheiten, im Geräusch des Parteikampfs, und zwar immer kurz vor Abgang der Post, so schleunig als möglich, damit die Korrespondenten des siegenden Justemilieu nicht den Vorsprung gewönnen – diese flüchtigen Blätter teile ich hier mit, unverändert, insoweit sie auf die Insurrektion vom 5. Junius Bezug haben. Der Geschichtschreiber mag sie vielleicht einst um so gewissenhafter benutzen können, da er wenigstens sicher ist, daß sie nicht nach späteren Interessen verfertigt worden.

Wenn es auch für manche irrige Suppositionen, wie man sie in diesen Blättern findet, keines besonderen Widerrufs bedarf, so kann ich doch nicht umhin, eine einzige derselben zu berichtigen. Der General Lafayette hat nämlich seitdem öffentlich erklärt, daß er es nicht war, welcher am 5. Junius die rote Fahne und die Jakobinermütze bekränzt hat. Unser alter General hat sich, wie ich erst später erfahren, an jenem Tage ganz seiner würdig gezeigt. Eine leicht begreifliche Diskretion erlaubt mir nicht, in diesem Augenblick einige hierauf bezügliche Umstände zu berichten, die selbst den eingefleischtesten Jakobiner mit Rührung und Ehrfurcht vor Lafayette erfüllen müßten.

Man wird in diesen Blättern, wie im ganzen Buche, vielen widersprechenden Äußerungen begegnen, aber sie betreffen nie die Dinge, sondern immer die Personen. Über erstere muß unser Urteil feststehen, über letztere darf es täglich wechseln. So habe ich über das schlechte System, worin Ludwig Philipp wie in einem Sumpfe steckt, immer dieselbe Meinung ausgesprochen, aber über seine Person urteilte ich nicht immer in derselben Tonart. Im Beginn war ich gegen ihn gestimmt, weil ich ihn für einen Aristokraten hielt; später, als ich mich von seiner echten Bürgerlichkeit überzeugte, sprach ich schon von ihm viel besser; als er uns durch den État de siège erschreckte, ward ich wieder sehr aufgebracht gegen ihn; dies legte sich wieder nach den ersten Tagen, als wir sahen, daß der arme Ludwig Philipp nur in der Betäubung der eignen Angst jenen Mißgriff begangen; aber seitdem haben mir die Karlisten durch ihre Schmähungen eine wahre Vorliebe für die Person dieses Königs eingeflößt, und ich könnte diese noch in meinem Herzen steigern, wenn ich ihn mit ... vergleichen wollte.

Paris, 5. Juni

Der Leichenzug von General Lamarque, un convoi d'opposition, wie die Philippisten sagen, ist eben von der Madelaine nach dem Bastillenplatze gezogen; es waren mehr Leidtragende und Zuschauer als bei Casimir Pérsiers Begräbnis. Das Volk zog selbst den Leichenwagen. Besonders auffallend in dem Zuge waren die fremden Patrioten, deren Nationalfahnen in einer Reihe getragen wurden. Ich bemerkte darunter auch eine Fahne, deren Farben aus Schwarz, Karmosinrot und Gold bestanden. Um ein Uhr fiel ein starker Regen, der über eine halbe Stunde dauerte; trotzdem blieb eine unabsehbare Volksmenge auf den Boulevards, die meisten barhaupt. Als der Zug bis gegen das Variétés-Theater gelangt war und eben die Kolonne der Amis du peuple vorüberzog und mehrere derselben »Vive la République!« riefen, fiel es einem Polizeisergeanten ein, zu intervenieren; aber man stürzte über ihn her, zerbrach seinen Degen, und ein gräßlicher Tumult entstand; er ist nur mit Not gestillt worden. Der Anblick einer solchen Störnis, die einige hunderttausend Menschen in Bewegung gesetzt, war jedoch merkwürdig und bedenklich genug.

Paris, 6. Junius

Ich weiß nicht, ob ich in meinem gestrigen Briefe erwähnt habe, daß auf den Abend eine Emeute angesagt war. Als Lamarques Leichenzug über die Boulevards kam und der Auftritt beim Theater des Varietes stattfand, konnte man schon Schlimmes ahnen. Auf wessen Seite die Schuld, daß die Leidenschaft so fürchterlich ausbrach, ist schwer zu ermitteln. Die widersprechendsten Gerüchte herrschen noch immer über den Anfang der Feindseligkeiten, über die Ereignisse dieser Nacht und über die ganze Lage der Dinge. Nur ein Begebnis, welches mir von mehrern Seiten und aufs glaubwürdigste bestätigt wird, will ich hier erwähnen. Als Lafayette, dessen Anwesenheit bei dem Leichenzug überall Enthusiasmus erregt hatte, auf dem Platze, bei dem Pont d'Austerlitz, wo die Totenfeier stattfand, seine Leichenrede geendet hatte, drückte man ihm eine Immortellenkrone aufs Haupt. Zu gleicher Zeit ward auf eine ganz rote Fahne, welche schon vorher viel Aufmerksamkeit erregt, eine rote phrygische Mütze gesteckt, und ein Schüler der École polytechnique erhob sich auf den Schultern der Nebenstehenden, schwenkte seinen blanken Degen über jene rote Mütze und rief: »Vive la liberté!«, nach andrer Aussage: »Vive la République!« Lafayette soll alsdann seinen Immortellenkranz auf die rote Freiheitsmütze gesetzt haben; viele glaubwürdige Leute behaupten, sie hätten es mit eigenen Augen gesehen. Es ist möglich, daß er durch Zwang oder Überraschung diese symbolische Handlung getan; es ist aber auch möglich, daß eine dritte Hand dabei im Spiele war, ohne daß man es in dem großen Menschengedränge bemerken konnte. Nach dieser Manifestation, sagen einige, wollte man die bekränzte rote Mütze im Triumphe durch die Stadt tragen, und als die Munizipalgarden und Sergeants de ville bewaffneten Widerstand leisteten, habe der Kampf begonnen. Soviel ist gewiß, als Lafayette, ermüdet von dem vierstündigen Wege, sich in einen Fiaker setzte, hat das Volk die Pferde desselben ausgespannt und seinen alten treuesten Freund, mit eigenen Händen, unter ungeheurem Beifallruf, über die Boulevards gezogen. Viele Ouvriers hatten junge Bäume aus der Erde gerissen und liefen damit, wie Wilde, neben dem Wagen, der in jedem Augenblicke bedroht schien, durch das ungefüge Menschengedränge umgestürzt zu werden. Es sollen zwei Schüsse den Wagen getroffen haben; ich kann jedoch über diesen sonderbaren Umstand nichts Bestimmtes angeben.

Viele, die ich ob des Beginns der Feindseligkeiten befragt habe, behaupten, es habe bei dem Pont d'Austerlitz wegen der Leiche des toten Helden der blutige Hader begonnen, indem ein Teil der »Patrioten« den Sarg nach dem Pantheon bringen, ein anderer Teil ihn weiter nach dem nächsten Dorfe begleiten wollte und die Sergeants de ville und Munizipalgarden sich dergleichen Vorhaben widersetzten. So schlug man sich nun mit großer Erbitterung, wie einst vor dem Skäischen Tore um die Leiche des Patroklus. Auf der Place de la Bastille ist viel Blut geflossen. Um halb sieben Uhr kämpfte man schon an der Porte St. Denis, wo das Volk sich barrikadierte. Mehrere bedeutende Posten wurden genommen; die Nationalgarden, die solche besetzt hatten, widerstanden nur schwach und übergaben ihre Waffen. So bekam das Volk viele Gewehre. Auf der Place Notre Dame des Victoires fand ich großen Kampflärm; die »Patrioten« hatten drei Posten an der Bank besetzt. Als ich mich nach den Boulevards wandte, fand ich dort alle Butiken geschlossen, wenig Volk, darunter gar wenige Weiber, die doch sonst bei Emeuten sehr furchtlos ihre Schaulust befriedigen; es sah alles sehr ernsthaft aus. Linientruppen und Kürassiere zogen hin und her, Ordonnanzen mit besorgten Gesichtern sprengten vorüber, in der Ferne Schüsse und Pulverdampf. Das Wetter war nicht mehr trübe und gegen Abend sehr günstig. Die Sache schien für die Regierung sehr gefährlich, als es hieß, die Nationalgarden hätten sich für das Volk erklärt. Der Irrtum entstand dadurch, daß viele der »Patrioten« gestern die Uniform der Nationalgardisten trugen und die Nationalgarde wirklich einige Zeit unschlüssig war, welche Partei sie unterstützen sollte. Während dieser Nacht haben die Weiber wahrscheinlich ihren Männern demonstriert, daß man nur die Partei unterstützen müsse, die am meisten Sicherheit für Leib und Gut gewährt, und dessen gewähre Ludwig Philipp viel mehr als die Republikaner, die sehr arm und überhaupt für Handel und Gewerbe sehr schädlich seien; die Nationalgarde ist also heute ganz gegen die Republikaner; die Sache ist entschieden. »C'est un coup manqué«, sagt das Volk. Von allen Seiten kommen Linientruppen nach Paris. Auf der Place de la Concorde stehen sehr viele geladene Kanonen, ebenfalls auf der andern Seite der Tuilerien, auf dem Carrouselplatz. Der Bürgerkönig ist von Bürgerkanonen umringt; où peut-on être mieux qu'au sein de sa famille? Es ist jetzt vier Uhr, und es regnet stark. Dieses ist den »Patrioten« sehr ungünstig, die sich großenteils im Quartier St. Martin barrikadiert haben und wenig Zuhülfe erhalten. Sie sind von allen Seiten zerniert, und ich höre in diesem Augenblick den stärksten Kanonendonner. Ich vernahm, vor zwei Stunden hätte das Volk noch viele Siegeshoffnung gehabt, jetzt aber gelte es nur, heroisch zu sterben. Das werden viele. Da ich bei der Porte St. Denis wohne, habe ich die ganze Nacht schlaflos zugebracht; fast ununterbrochen dauerte das Schießen. Der Kanonendonner findet jetzt in meinem Herzen den kummervollsten Widerhall. Es ist eine unglückselige Begebenheit, die noch unglückseligere Folgen haben wird.

Paris, 7. Juni

Als ich gestern nach der Börse ging, um meinen Brief in den Postkasten zu werfen, stand das ganze Spekulantenvolk unter den Kolonnen, vor der breiten Börsentreppe. Da eben die Nachricht anlangte, daß die Niederlage der »Patrioten« gewiß sei, zog sich die süßeste Zufriedenheit über sämtliche Gesichter; man konnte sagen, die ganze Börse lächelte. Unter Kanonendonner gingen die Fonds um zehn Sous in die Höhe. Man schoß nämlich noch bis fünf Uhr; um sechs Uhr war der ganze Revolutionsversuch unterdrückt. Die Journale konnten also darüber schon heute soviel Belehrung mitteilen, als ihnen ratsam schien. Der »Constitutionnel« und die »Débats« scheinen die Hauptzüge der Ereignisse einigermaßen richtig getroffen zu haben. Nur das Kolorit und der Maßstab ist falsch. Ich komme eben von dem Schauplatze des gestrigen Kampfes, wo ich mich überzeugt habe, wie schwer es wäre, die ganze Wahrheit zu ermitteln. Dieser Schauplatz ist nämlich eine der größten und volkreichsten Straßen von Paris, die Rue St. Martin, die an der Pforte dieses Namens auf dem Boulevard beginnt und erst an der Seine, an dem Pont de Notre-Dame, aufhört. An beiden Enden der Straße hörte ich die Anzahl der »Patrioten« oder, wie sie heute heißen, der »Rebellen«, die sich dort geschlagen, auf fünfhundert bis tausend angeben; jedoch gegen die Mitte der Straße ward diese Angabe immer kleiner und schmolz endlich bis auf fünfzig. »Was ist Wahrheit!« sagt Pontius Pilatus.

Die Anzahl der Linientruppen ist leichter zu ermitteln; es sollen gestern (selbst dem »Journal des débats« zufolge) 40000 Mann schlagfertig in Paris gestanden haben. Rechnet man dazu wenigstens 20000 Nationalgarden, so schlug sich jene Handvoll Menschen gegen 60000 Mann. Einstimmig wird der Heldenmut dieser Tollkühnen gerühmt; sie sollen Wunder der Tapferkeit vollbracht haben. Sie riefen beständig: »Vive la République!«, und sie fanden kein Echo in der Brust des Volks. Hätten sie statt dessen »Vive Napoléon!« gerufen, so würde, wie man heute in allen Volksgruppen behauptet, die Linie schwerlich auf sie geschossen haben, und die große Menge der Ouvriers wäre ihnen zu Hülfe gekommen. Aber sie verschmähten die Lüge. Es waren die reinsten, jedoch keineswegs die klügsten Freunde der Freiheit. Und doch ist man heute albern genug, sie des Einverständnisses mit den Karlisten zu beschuldigen! Wahrlich, wer so todesmutig für den heiligen Irrtum seines Herzens stirbt, für den schönen Wahn einer idealischen Zukunft, der verbindet sich nicht mit jenem feigen Kot, den uns die Vergangenheit unter dem Namen Karlisten hinterlassen hat. Ich bin, bei Gott! kein Republikaner, ich weiß, wenn die Republikaner siegen, so schneiden sie mir die Kehle ab, und zwar, weil ich nicht auch alles bewundere, was sie bewundern; – aber dennoch, die nackten Tränen traten mir heute in die Augen, als ich die Orte betrat, die noch von ihrem Blute gerötet sind. Es wäre mir lieber gewesen, ich und alle meine Mitgemäßigten wären, statt jener Republikaner, gestorben.

Die Nationalgardisten freuen sich sehr ihres Sieges. In ihrer Siegestrunkenheit hätten sie gestern abend fast mir selber, der ich doch zu ihrer Partei gehöre, eine ganz ungesunde Kugel in den Leib gejagt; sie schossen nämlich heldenmütig auf jeden, der ihren Posten zu nahe kam. – Es war ein regnichter, sternloser, widerwärtiger Abend. Wenig Licht auf den Straßen, da fast alle Läden, ebenso wie den Tag über, geschlossen waren. Heute ist wieder alles in bunter Bewegung, und man sollte glauben, nichts wäre vorgegangen. Sogar auf der Straße St. Martin sind alle Läden geöffnet. Trotzdem daß man wegen des aufgerissenen Pflasters und der Reste der Barrikaden dort schwer passiert, wälzt sich jetzt aus Neugier eine ungeheure Menschenmasse durch die Straße, die sehr lang und ziemlich eng ist und deren Häuser ungeheuer hoch gebaut. Fast überall hat dort der Kanonendonner die Fensterscheiben zerbrochen, und überall sieht man die frischen Spuren der Kugeln; denn von beiden Seiten wurde mit Kanonen in die Straße hineingeschossen, bis die Republikaner sich in die Mitte derselben zusammengedrängt sahen. Gestern sagte man, in der Kirche St. Merry seien sie endlich von allen Seiten eingeschlossen gewesen. Diesem aber hörte ich am Orte selbst widersprechen. Ein etwas hervorragendes Haus, Café Leclerque geheißen und an der Ecke des Gäßchens St. Merry gelegen, scheint das Hauptquartier der Republikaner gewesen zu sein. Hier hielten sie sich am längsten; hier leisteten sie den letzten Widerstand. Sie verlangten keine Gnade und wurden meistens durch die Bajonette gejagt. Hier fielen die Schüler der Alfortschen Schule. Hier floß das glühendste Blut Frankreichs. – Man irrt jedoch, wenn man glaubt, daß die Republikaner aus lauter jungen Brauseköpfen bestanden. Viele alte Leute kämpften mit ihnen. Eine junge Frau, die ich bei der Kirche St. Merry sprach, klagte über den Tod ihres Großvaters, dieser habe sonst so friedlich gelebt, aber als er die rote Fahne gesehen und »Vive la République!« rufen hörte, sei er, mit einer alten Pike, zu den jungen Leuten gelaufen und mit ihnen gestorben. Armer Greis! er hörte den Kuhreigen »des Berges«, und die Erinnerung seiner ersten Freiheitsliebe erwachte, und er wollte noch einmal mitträumen den Traum der Jugend! Schlaft wohl!

Die Nachfolgen dieser gescheiterten Revolution sind vorauszusehen. Über tausend Menschen sind arretiert, darunter auch, wie man sagt, ein Deputierter, Garnier-Pagès. Die liberalen Journale werden unterdrückt. Das Krämertum frohlockt, der Egoismus gedeiht, und viele der besten Menschen müssen Trauer anlegen. Die Abschreckungstheorie wird noch mehr Opfer verlangen. Schon ist der Nationalgarde angst ob ihrer eignen Force; diese Helden erschrecken, wenn sie sich selbst in einem Spiegel sehen. Der König, der große, starke, mächtige Ludwig Philipp, wird viele Ehrenkreuze austeilen. Der bezahlte Witzbold wird die Freunde der Freiheit auch im Grabe schmähen, und letztere heißen jetzt Feinde der öffentlichen Ruhe, Mörder usw.

Ein Schneider, der heute morgen auf dem Vendômeplatze es wagte, die gute Absicht der Republikaner zu erwähnen, bekam Prügel von einer starken Frau, die wahrscheinlich seine eigne war. Das ist die Konterrevolution.

Paris, 8. Juni

Es scheint keine ganz rote, sondern eine rotschwarzgoldene Fahne gewesen zu sein, die Lafayette bei Lamarques Totenfeier mit Immortellen bekränzt hat. Diese fabelhafte Fahne die niemand kannte, hatten viele für eine republikanische gehalten. Ach, ich kannte sie sehr gut, ich dachte gleich: Du lieber Himmel! das sind ja unsre alten Burschenschaftsfarben, heute geschieht ein Unglück oder eine Dummheit. Leider geschah beides. Als die Dragoner, beim Beginn der Feindseligkeiten, auch auf die Deutschen einsprengten, die jener Fahne folgten, barrikadierten sich diese hinter die großen Holzbalken eines Schreinerhofs. Später retirierten sie sich nach dem Jardin des Plantes, und die Fahne, obgleich in sehr beschädigtem Zustand, ist gerettet. Den Franzosen, die mich über die Bedeutung dieser rotschwarzgoldenen Fahne befragt, habe ich gewissenhaft geantwortet, der Kaiser Rotbart, der seit vielen Jahrhunderten im Kyffhäuser wohnt, habe uns dieses Banner geschickt, als ein Zeichen, daß das alte große Traumreich noch existiert und daß er selbst kommen werde, mit Zepter und Schwert. Was mich betrifft, so glaube ich nicht, daß letzteres so bald geschieht; es flattern noch gar zu viele schwarze Raben um den Berg.

Hier, in Paris, gestalten sich die Verhältnisse minder traumhaft; auf allen Straßen Bajonette und wachsame Militärgesichter. Ich habe es anfangs nur für einen unbedeutenden Schreckschuß gehalten, daß man Paris in Belagerungsstand erklärt; es hieß, man würde diese Erklärung gleich wieder zurücknehmen. Aber als ich gestern nachmittags immer mehr und mehr Kanonen über die Rue Richelieu fahren sah, merkte ich, daß man die Niederlage der Republikaner benützen möchte, um andern Gegnern der Regierung, namentlich den Journalisten, an den Leib zu kommen. Es ist nun die Frage, ob der »gute Wille« auch mit hinlänglicher Kraft gepaart ist. Man exploitiert jetzt die Siegesbetäubung der Nationalgardisten, die in betreff der Republikaner an gewaltsamen Maßregeln teilgenommen und denen jetzt Ludwig Philipp wieder kameradschaftlich wie sonst die Hand drückt. Da man die Karlisten haßt und die Republikaner mißbilligt, so unterstützt das Volk den König als den Erhalter der Ordnung, und er ist so populär wie die liebe Notwendigkeit. Ja, ich habe »Vive le roi!« rufen hören, als der König über die Boulevards ritt; aber ich habe auch eine hohe Gestalt gesehen, die unfern des Faubourg Montmartre ihm kühn entgegentrat und »A bas Louis Philippe!« rief. Mehrere Reiter des königlichen Gefolges stiegen gleich von ihren Pferden, ergriffen jenen Protestanten und schleppten ihn mit sich fort.

Ich habe Paris nie so sonderbar schwül gesehen wie gestern abend. Trotz des schlechten Wetters waren die öffentlichen Orte mit Menschen gefüllt. In dem Garten des Palais Royal drängten sich die Gruppen der Politiker und sprachen leise, in der Tat sehr leise; denn man kann jetzt auf der Stelle vor ein Kriegsgericht gestellt und in vierundzwanzig Stunden erschossen werden. Ich fange an, mich nach dem Gerichtsschlendrian meines Deutschlands zurückzusehnen. Der gesetzlose Zustand, worin man sich jetzt hier befindet, ist widerwärtig; das ist ein fataleres Übel als die Cholera. Wie man früher, als letztere grassierte, durch die übertriebenen Angaben der Totenzahl geängstet wurde, so ängstigt man sich jetzt, wenn man von den ungeheuer vielen Arrestationen, wenn man von geheimen Füsilladen hört, wenn tausenderlei schwarze Gerüchte sich, wie gestern abend der Fall war, im Dunkeln bewegen. Heute, bei Tageslicht, ist man beruhigter. Man gesteht, daß man sich gestern geängstigt, und man ist vielmehr verdrießlich als furchtsam. Es herrscht jetzt ein Justemilieu-Terreur!

Die Journale sind gemäßigt in ihren Protestationen, jedoch keineswegs kleinlaut. Der »National« und der »Temps« sprechen furchtlos, wie freien Männern ziemt. Mehr, als heute in den Blättern steht, weiß ich über die neuesten Ereignisse nicht mitzuteilen. Man ist ruhig und läßt die Dinge ruhig herankommen. Die Regierung ist vielleicht erschrocken über die ungeheure Macht, die sie in ihren eigenen Händen sieht. Sie hat sich über die Gesetze erhoben; eine bedenkliche Stellung. Denn es heißt mit Recht: Qui est au-dessus de la loi, est hors de la loi. Das einzige, womit viele wahre Freiheitsfreunde die jetzigen gewaltsamen Maßregeln entschuldigen, ist die Notwendigkeit, daß die royauté démocratique im Innern erstarken müsse, um nach außen kräftiger zu handeln.

Paris, 10. Juni

Gestern war Paris ganz ruhig. Den Gerüchten von den vielen Füsilladen, noch vorgestern abend von den glaubwürdigsten Leuten verbreitet, wurde von denen, die der Regierung am nächsten stehen, aufs beruhigendste widersprochen. Nur eine große Anzahl von Verhaftungen wurde eingestanden. Dessen konnte man sich aber auch mit eignen Augen überzeugen; gestern, noch mehr aber vorgestern, sah man überall arretierte Personen von Liniensoldaten oder Kommunalgarden vorbeiführen. Das war zuweilen wie eine Prozession; alte und junge Menschen, in den kläglichsten Kostümen und begleitet von jammernden Angehörigen. Hieß es doch, jeder werde gleich vor ein Kriegsgericht gestellt und binnen vierundzwanzig Stunden erschossen, zu Vincennes. Überall sah man Volksgruppen vor den Häusern, wo Nachsuchungen geschahen. Dies war hauptsächlich der Fall in den Straßen, die der Schauplatz des Kampfes gewesen und wo sich viele der Kämpfer, als sie an ihrer Sache verzweifelten, verborgen hielten, bis irgendein Verräter sie aufspürte. Längs den Kais sah man das meiste Volksgewimmel, gaffend und schwatzend, besonders in der Nähe der Rue St. Martin, die noch immer mit Schaulustigen gefüllt ist, und um das Palais de Justice, wohin man viele Gefangene führte. Auch an der Morgue drängte man sich, um die dort ausgestellten Toten zu sehen; dort gab es die schmerzlichsten Erkennungsszenen. Die Stadt gewährte wirklich einen kummervollen Anblick; überall Volksgruppen mit Unglück auf den Gesichtern, patrouillierende Soldaten und Leichenzüge gefallener Nationalgardisten.

In der Sozietät ist man jedoch seit vorgestern nicht im mindesten bekümmert; man kennt seine Leute, und man weiß, daß das Justemilieu sich selbst sehr unbehaglich fühlt in der jetzigen Fülle seiner Gewalt. Es besitzt jetzt das große Richtschwert, aber es fehlt ihm die starke Hand, die dazu gehört. Bei dem mindesten Streich fürchtet es, sich selbst zu verletzen. Berauscht von dem Siege, den man zunächst dem Marschall Soult verdankte, ließ man sich zu militärischen Maßregeln verleiten, die jener alte Soldat, der noch voll von den Velleitäten der Kaiserzeit, vorgeschlagen haben soll. Nun steht dieser Mann auch faktisch an der Spitze des Ministerrats, und seine Kollegen und die übrigen Justemilieu-Leute fürchten, daß ihm jetzt auch die so eifrig ambitionierte Präsidentur anheimfalle. Man sucht daher ganz leise einzulenken und sich wieder aus dem Heroismus herauszuziehen; und dahin zielen die nachträglichen milden Definitionen, die man der Ordonnanz über die Erklärung des Belagerungszustandes jetzt nachschickt. Man kann es dem Justemilieu ansehen, wie es sich vor seiner eigenen Macht jetzt ängstigt und aus Angst sie krampfhaft in Händen hält und sie vielleicht nicht wieder losgibt, bis man ihm Pardon verspricht. Es wird vielleicht in der Verzweiflung einige unbedeutende Opfer fallenlassen; es wird sich vielleicht in den lächerlichsten Grimm hineinlügen, um seine Feinde zu erschrecken; es wird grauenhafte Dummheiten begehen; es wird – es ist unmöglich vorauszusehen, was nicht alles die Furcht vermag, wenn sie sich in den Herzen der Gewalthaber barrikadiert hat und sich rings von Tod und Spott zerniert sieht. Die Handlungen eines Furchtsamen, wie die eines Genies, liegen außerhalb aller Berechnung. Indessen, das höhere Publikum fühlt hier, daß der außergesetzliche Zustand, worein man es versetzt, nur eine Formel ist. Wo die Gesetze im Bewußtsein des Volks leben, kann die Regierung sie nicht durch eine plötzliche Ordonnanz vernichten. Man ist hier de facto seines Leibes und seines Eigentums immer noch sicherer als im übrigen Europa, mit Ausnahme Englands und Hollands. Obgleich Kriegsgerichte instituiert sind, herrscht hier noch immer mehr faktische Preßfreiheit, und die Journalisten schreiben hier über die Maßregeln der Regierung noch immer viel freier als in manchen Staaten des Kontinents, wo die Preßfreiheit durch papierne Gesetze sanktioniert ist.

Da die Post heute, Sonntag, schon diesen Mittag abgeht, kann ich über heute nichts mitteilen. Auf die Journale muß ich bloß verweisen. Ihr Ton ist weit wichtiger als das, was sie sagen. Übrigens sind sie gewiß wieder voll von Lügen. – Seit frühestem Morgen wird unaufhörlich getrommelt. Es ist heute große Revue. Mein Bedienter sagt mir, daß die Boulevards, überhaupt die ganze Strecke von der Barrière du Trône bis an die Barrière de l'Étoile mit Linientruppen und Nationalgarden bedeckt sind. Ludwig Philipp, der Vater des Vaterlandes, der Besieger der Catilinas vom 5. Juni, Cicero zu Pferde, der Feind der Guillotine und des Papiergeldes, der Erhalter des Lebens und der Butiken, der Bürgerkönig, wird sich in einigen Stunden seinem Volke zeigen; ein lautes Lebehoch wird ihn begrüßen; er wird sehr gerührt sein; er wird vielen die Hand drücken, und die Polizei wird es an besonderen Sicherheitsmaßregeln und an Extraenthusiasmus nicht fehlen lassen.

Paris, 11. Juni

Ein wunderschönes Wetter begünstigte die gestrige Heerschau. Auf den Boulevards, von der Barrière du Trône bis zur Barrière de l'Étoile, standen vielleicht 50000 Nationalgarden und Linientruppen, und eine unzählige Menge von Zuschauern war auf den Beinen oder an den Fenstern, neugierig erwartend, wie der König aussehen und das Volk ihn empfangen werde, nach so außerordentlichen Ereignissen. Um ein Uhr gelangten Se. Majestät mit Ihrem Generalstab in die Nähe der Porte Saint-Denis, wo ich auf einer umgestürzten Therme stand, um genauer beobachten zu können. Der König ritt nicht in der Mitte, sondern an der rechten Seite, wo Nationalgarden standen, und den ganzen Weg entlang lag er seitwärts vom Pferde herabgebeugt, um überall den Nationalgarden die Hand zu drücken; als er zwei Stunden später desselben Wegs zurückkehrte, ritt er an der linken Seite, wo er dasselbe Manöver fortsetzte, so daß ich mich nicht wundern würde, wenn er, infolge dieser schiefen Haltung, heute die größten Brustschmerzen empfindet oder sich gar eine Rippe verrenkt hat. Jene außerordentliche Geduld des Königs war wirklich unbegreifbar. Dabei mußte er beständig lächeln. Aber unter der dicken Freundlichkeit jenes Gesichtes, glaube ich, lag viel Kummer und Sorge. Der Anblick des Mannes hat mir tiefes Mitleid eingeflößt. Er hat sich sehr verändert, seit ich ihn diesen Winter auf einem Ball in den Tuilerien gesehen. Das Fleisch seines Gesichtes, damals rot und schwellend, war gestern schlaff und gelb, sein schwarzer Backenbart war jetzt ganz ergraut, so daß es aussieht, als wenn sogar seine Wangen sich seitdem geängstigt ob gegenwärtiger und künftiger Schläge des Schicksals; wenigstens war es ein Zeichen des Kummers, daß er nicht daran gedacht hat, seinen Backenbart schwarz zu färben. Der dreieckige Hut, der, mit ganzer Vorderbreite, ihm tief in die Stirne gedrückt saß, gab ihm außerdem ein sehr unglückliches Ansehen. Er bat gleichsam mit den Augen um Wohlwollen und Verzeihung. Wahrlich, diesem Mann war es nicht anzusehen, daß er uns alle in Belagerungsstand erklärt hat. Es regte sich daher auch nicht der mindeste Unwille gegen ihn, und ich muß bezeugen, daß großer Beifallruf ihn überall begrüßte; besonders haben ihm diejenigen, denen er die Hand gedrückt, ein rasendes Lebehoch nachgeschrien, und aus tausend Weibermäulern erscholl ein gellendes: »Vive le roi!« Ich sah eine alte Frau, die ihren Mann in die Rippen stieß, weil er nicht laut genug geschrien. Ein bitteres Gefühl ergriff mich, wenn ich dachte, daß das Volk, welches jetzt den armen händedrückenden Ludwig Philipp umjubelt, dieselben Franzosen sind, die so oft den Napoleon Bonaparte vorbeireiten sahen mit seinem marmornen Cäsargesicht und seinen unbewegten Augen und »unnahbaren« Händen.

Nachdem Ludwig Philipp die Heerschau gehalten oder vielmehr das Heer betastet hatte, um sich zu überzeugen, daß es wirklich existiert, dauerte der militärische Lärm noch mehrere Stunden. Die verschiedenen Korps schrien sich beständig Komplimente zu, wenn sie aneinander vorübermarschierten. »Vive la ligne!« rief die Nationalgarde, und jene schrie dagegen »Vive la Garde nationale!« Sie fraternisierten. Man sah einzelne Liniensoldaten und Nationalgarden in symbolischer Umarmung; ebenso, als symbolische Handlung, teilten sie miteinander ihre Würste, ihr Brot und ihren Wein. Es ereignete sich nicht die geringste Unordnung.

Ich kann nicht umhin zu erwähnen, daß der Ruf: »Vive la liberté!« der häufigste war, und wenn diese Worte von so vielen tausend bewaffneten Leuten aus voller Brust hervorgejauchzt wurden, fühlte man sich ganz heiter beruhigt, trotz des Belagerungsstandes und der instituierten Kriegsgerichte. Aber das ist es eben, Ludwig Philipp wird sich nie selbstwillig der öffentlichen Meinung entgegenstellen, er wird immer ihre dringendsten Gebote zu erlauschen suchen und immer danach handeln. Das ist die wichtige Bedeutung der gestrigen Revue. Ludwig Philipp fühlte das Bedürfnis, das Volk in Masse zu sehen, um sich zu überzeugen, daß es ihm seine Kanonenschüsse und Ordonnanzen nicht übelgenommen und ihn nicht für einen argen Gewaltkönig hält und kein sonstiges Mißverständnis stattfindet. Das Volk wollte sich aber auch seinen Ludwig Philipp genau betrachten, um sich zu überzeugen, daß er noch immer der untertänige Höfling seines souveränen Willens ist und ihm noch immer gehorsam und ergeben geblieben. Man konnte deshalb ebenfalls sagen, das Volk habe den König die Revue passieren lassen, es habe Königschau gehalten und habe bei dessen Manöver seine allerhöchste Zufriedenheit geäußert.

Paris, 12. Juni

Die große Revue war gestern das allgemeine Tagesgespräch. Die Gemäßigten sahen darin das beste Einverständnis zwischen dem König und den Bürgern. Viele erfahrne Leute wollen jedoch diesem schönen Bunde nicht trauen und weissagen ein Zerwürfnis, das leicht stattfinden kann, sobald einmal die Interessen des Thrones mit den Interessen der Butike in Konflikt geraten. Jetzt freilich stützen sie sich wechselseitig, und König und Bürger sind miteinander zufrieden. Wie man mir erzählt, war die Place Vendôme vorgestern nachmittag der Schauplatz, wo man jene schöne Übereinstimmung am besten bemerken konnte; der König war erheitert durch den Jubel, womit er auf den Boulevards empfangen worden; und als die Kolonnen der Nationalgarden ihm vorbeidefilierten, traten einzelne derselben, ohne Umstände, aus der Reihe hervor, reichten auch ihm die Hand, sagten ihm dabei ein freundliches Wort oder sagten ihm bündigst ihre Meinung über die letzten Ereignisse oder erklärten ihm unumwunden, daß sie ihn unterstützen werden, solange er seine Macht nicht mißbrauche. Daß dieses nie geschehe, daß er nur die Unruhestifter unterdrücken wolle, daß er die Freiheit und Gleichheit der Franzosen um so kräftiger verfechten werde, beteuerte Ludwig Philipp aufs heiligste, und sein Wort begründete vieles Vertrauen. Ich habe der Unparteilichkeit wegen diese Umstände nachträglich erwähnen müssen. Ja, ich gestehe es, das mißtrauende Herz ward mir dadurch etwas besänftigt.

Die Oppositionsjournale scheinen fast die vorgestrigen Vorgänge ignorieren zu wollen. Überhaupt ist ihr Ton sehr merkwürdig. Es ist eine Art des Ansichthaltens, wie es furchtbaren Ausbrüchen vorherzugehen pflegt. Sie scheinen nur die Aufhebung der Ordonnanz über den Belagerungsstand abwarten zu wollen. Der Ton jedes Journals bekundet, in welchem Grade es bei den letzten Ereignissen kompromittiert ist. Die »Tribune« muß ganz schweigen, denn diese ist am meisten bloßgestellt. Der »National« ist es ebenfalls, aber nicht in so hohem Grade, und er darf schon mehr und freier sprechen. Der »Temps«, der am stärksten und kühnsten sich gegen die Ordonnanz des Belagerungsstandes erhoben hat, steht gar nicht schlecht mit einigen Rädelsführern des Justemilieu und ist viel mehr geschützt als Sarrut und Carrel; aber wir wollen uns durch solche Berücksichtigung nicht abhalten lassen, den Herrn Coste als einen der besten Bürger Frankreichs zu loben, ob der männlichen großen Worte, womit er sich in bedrängtester Zeit gegen die Ungesetzlichkeit und die Willkür der Regierung ausgesprochen hat. – Herr Sarrut ist arretiert; Herrn Carrel sucht man überall. Gegen Carrel ist man wohl am meisten aufgebracht. Man glaubte nämlich allgemein, Herr Carrel stände an der Spitze der Volksbewegung vom 5. Juni. Das große Gebäude in der Rue du Croissant, wo die Druckerei und die Bureaux des »National«, hielt man für das Hauptquartier, und gegen zweitausend Personen, worunter viele von hoher Bedeutung, sind dorthin gegangen, um sich und ihren Anhang zu jeder Mithülfe anzubieten. Es ist aber ganz gewiß, daß Carrel alle solche Anträge abgelehnt und vorausgesagt, daß die beabsichtigte Revolution mißlinge, weil man sie nicht gehörig vorbereitet; weil man sich der Sympathie des Volks nicht versichert; weil man der nötigsten Hülfsmittel entbehre; weil man nicht einmal die agierenden Personen kenne usw. Und in der Tat, nie gab es eine Empörung, die schlechter eingeleitet worden, und bis auf diese Stunde weiß man noch nicht, wie sie entstanden ist und sich gestaltet hat. Jemand, der in der Rue St. Martin mitgefochten, versichert: Als die Republikaner, die sich dort eingeschlossen fanden, einander betrachteten, hat keiner den andern gekannt, und nur Zufall hat alle diese Menschen, die sich ganz fremd waren, zusammengebracht. Sie lernten sich jedoch schnell kennen, als sie sich gemeinschaftlich schlugen, und die meisten starben als herzinnig vertraute Waffenbrüder. So hat man auch bis auf diese Stunde noch nicht ermitteln können, wie es mit der Heimführung Lafayettes eigentlich zugegangen ist. Ein Wohlunterrichteter hat mir gestern versichert, die Regierung, die dem Lamarqueschen Leichenbegängnisse mißtraute und deshalb auch ihre Dragoner in Bereitschaft hielt, habe der Polizei Order gegeben, bei etwanigem Ausbruche von Revolte sich immer gleich des Lafayettes zu bemächtigen, damit dieser nicht in die Hände der Empörer gerate und durch das Ansehen seines Namens sie unterstützen könne; als nun die ersten Schüsse fielen, haben einige Polizeiagenten, als Ouvriers verkleidet, den armen Lafayette gewaltsam in eine Kutsche geschoben, und andere ebenfalls verkleidete Polizeiagenten haben sich davor gespannt und ihn unter lautem »Vive Lafayette!« im Triumphe davongeschleppt.

Wenn man jetzt die Republikaner sprechen hört, so gestehen sie, daß am 6. Juni das Unglück ihrer Freunde ihnen viel geschadet, daß aber tags darauf die Torheit ihrer Feinde, nämlich die Ordonnanz über den Belagerungsstand der Stadt Paris, ihnen desto mehr genutzt hat. Sie behaupten, daß der 5. und 6. Juni nur als Vorpostengefecht zu betrachten sei, daß keiner von den Notabilitäten der republikanischen Partei dabeigewesen und daß ihnen aus dem vergossenen Blute viele neue Mitkämpfer erwüchsen. Was ich oben erwähnt, scheint diese Behauptung einigermaßen zu unterstützen. Die Partei, die der »National« repräsentiert und die von der perfiden »Gazette de France« als doktrinäre Republikaner bezeichnet wird, nahm an jenen Begebenheiten keinen Teil, und die Häuptlinge der Partei der »Tribune«, die Montagnards, sind ebenfalls nicht dabei zum Vorschein gekommen.

Paris, 17. Juni

Man macht sich jetzt in der Ferne gewiß die sonderbarsten Vorstellungen von dem hiesigen Zustande, wenn man die letzten Vorfälle, den noch unaufgehobenen État de siège und die schroffe Gegeneinanderstellung der Parteien, bedenkt. Und doch sehen wir diesen Augenblick hier so wenig Veränderung, daß wir uns eben über diesen Mangel an ungewöhnlichen Erscheinungen am meisten wundern müssen. Diese Bemerkung ist die Hauptsache, die ich mitzuteilen habe, und dieser negative

Inhalt meines Briefes wird gewiß manche irrige Voraussetzungen berichtigen.

Es ist hier ganz still. Die Kriegsgerichte instruieren mit grimmiger Miene. Bis jetzt ist noch keine Katze erschossen. Man lacht, man spöttelt, man witzelt über den Belagerungszustand, über die Tapferkeit der Nationalgarde, über die Weisheit der Regierung. Was ich gleich vorausgesagt habe, ist richtig eingetroffen: das Justemilieu weiß nicht, wie es sich wieder aus dem Heroismus herausziehen soll, und die Belagerten betrachten mit Schadenfreude diesen verzweifelten Zustand der Belagerer. Diese möchten gern so barbarisch als möglich aussehen; sie wühlen im Archiv der barbarischsten Zeiten, um Greuelgesetze wieder ins Leben zu rufen, und es gelingt ihnen nur, sich lächerlich zu machen.

Die geputzten Menschengruppen, die in den Gärten des Palais Royal, der Tuilerien und des Luxemburg spazierengehen und die stille Sommerkühle einatmen oder den idyllischen Spielen der kleinen Kinder zuschauen oder in sonstig umfriedeter Ruhe sich erlustigen, diese bilden, ohne es zu wissen, die heiterste Satire auf jenen Belagerungszustand, welcher gesetzlich existiert. Damit das Publikum nur einigermaßen daran glaube, werden mit dem größten Ernst überall Haussuchungen gehalten, Kranke werden aus ihren Betten aufgestört, und man wühlt nach, ob nicht etwa eine Flinte darin versteckt liegt oder gar eine Tüte mit Pulver. – Am meisten werden die armen Fremden belästigt, die des Belagerungszustandes wegen sich nach der Préfecture de Police begehen müssen, um neue Aufenthaltserlaubnisse nachzusuchen. Sie müssen dort pro forma allerlei Interrogationen ausstehen. Viele Franzosen aus der Provinz, besonders Studenten, müssen auf der Polizei einen Revers unterschreiben, daß sie während ihres Aufenthalts in Paris nichts gegen die Regierung von Ludwig Philipp unternehmen wollten. Viele haben lieber die Stadt verlassen, als daß sie diese Unterschrift gaben. Andere unterschrieben nur, nachdem man ihnen erlaubte hinzuzusetzen, daß sie ihrer Gesinnung nach Republikaner seien. Jene polizeiliche Vorsichtsmaßregel haben gewiß die Doktrinäre nach dem Beispiele deutscher Universitäten eingeführt.

Man arretiert noch immer, zuweilen die heterogensten Leute und unter den heterogensten Vorwänden; die einen wegen Teilnahme an der republikanischen Revolte, andere wegen einer neuentdeckten bonapartistischen Verschwörung; gestern arretierte man sogar drei karlistische Pairs, worunter Don Chateaubriand, der Ritter von der traurigen Gestalt, der beste Schriftsteller und größte Narr von Frankreich. Die Gefängnisse sind überfüllt. In Saint-Pélagie allein sitzen politischer Anklagen halber über 600 Gefangene. Von einem meiner Freunde, der wegen Schulden sich dort befindet und ein großes Werk schreibt, in welchem er beweist, daß Saint-Pélagie von den Pelasgern gestiftet worden, erhielt ich gestern einen Brief, worin er sehr klagt über den Lärm, der ihn jetzt umgebe und in seinen gelehrten Untersuchungen gestört habe. Der größte Übermut herrscht unter den Gefangenen von Saint-Pélagie. Auf die Mauer des Hofes haben sie eine ungeheuer große Birne gezeichnet und darüber ein Beil.

Ich kann bei Erwähnung der Birne nicht umhin zu bemerken, daß die Bilderläden durchaus keine Notiz genommen von unserem Belagerungszustande. Die Birne, und wieder die Birne, ist dort auf Karikaturen zu schauen. Die auffallendste ist wohl die Darstellung der Place de la Concorde mit dem Monument, das der Charte gewidmet ist; auf letzterm, welches die Gestalt eines Altars hat, liegt eine ungeheure Birne mit den Gesichtszügen des Königs. – Dem Gemüt eines Deutschen wird dergleichen auf die Länge lästig und widrig. Jene ewigen Spöttereien, gemalt und gedruckt, erregen vielmehr bei mir eine gewisse Sympathie für Ludwig Philipp. Er ist wahrhaft zu bedauern, jetzt mehr als je. Er ist gütig und milde von Natur und wird jetzt gewiß von den Kriegsgerichten dazu verurteilt, strenge zu sein. Dabei fühlt er, daß Exekutionen weder helfen noch abschrecken, besonders nachdem die Cholera vor einigen Wochen über 35000 Menschen durch die schrecklichsten Martern hingerichtet. Grausamkeiten werden aber den Gewalthabern eher verziehen als die Verletzung hergebrachter Rechtsbegriffe, wie sie namentlich in der rückwirkenden Kraft der Belagerungserklärung liegt. Deshalb hat jene Androhung von kriegsgerichtlicher Strenge den Republikanern einen so superieuren Ton eingeflößt, und ihre Gegner erscheinen dadurch jetzt so klein.

Paris, 7. Juli
Eine Abspannung, wie sie nach großen Aufregungen einzutreten pflegt, ist hier in diesem Augenblicke bemerkbar. Überall graue Mißlaune, Vergrämnis, Müdigkeit, aufgesperrte Männer, die teils gähnen, teils ohnmächtig die Zähne weisen. Der Beschluß des Kassationshofes hat

unserem sonderbaren Belagerungszustande fast lustspielartig ein Ende gemacht. Es ist über diese unvorhergesehene Katastrophe so viel gelacht worden, daß man der Regierung ihren verfehlten Coup d'état fast verzieh. Mit welchem Ergötzen lasen wir an den Straßenecken die Proklamation des Herrn Montalivet, worin er sich gleichsam bei den Parisern bedankte, daß sie von dem État de siège sowenig Notiz genommen und sich unterdessen durchaus nicht in ihren Vergnügungen stören lassen! Ich glaube nicht, daß Beaumarchais dieses Aktenstück besser geschrieben hätte. Wahrlich, die jetzige Regierung tut viel für die Aufheiterung des Volks!

Zu gleicher Zeit amüsierten sich die Franzosen mit einem sonderbaren Puzzlespiel. Letzteres ist bekanntlich ein chinesischer Zeitvertreib, und man hat dabei die Aufgabe zu lösen, daß man mit einigen schiefen und eckigen Stückchen Holz eine bestimmte Figur zusammensetzen könne. Nach den Regeln dieses Spiels beschäftigte man sich nun in den hiesigen Salons, ein neues Ministerium zusammenzusetzen, und man hat keine Idee davon, welche schiefe und eckige Personagen nebeneinandergestellt wurden und wie alle diese hölzernen Kombinationen dennoch keine honette Gesamtfigur bildeten. –

Über Dupins Mißlichkeiten, in betreff einer Ministerwahl, haben die Journale viel Sonderbares geschwatzt, doch nicht immer ohne Grund. Es ist wahr, daß er mit dem König etwas hart zusammengeraten und sie sich beide einmal mit wechselseitigem Unmute getrennt. Auch ist es wahr, daß Lord Granville die Veranlassung gewesen. Aber die Sache verhält sich folgendermaßen: Herr Dupin hatte früher dem König Ludwig Philipp sein Wort gegeben, daß er, sobald dieser es verlange, die Präsidentur des Konseils annehmen werde. Lord Granville, dem es nicht genehm ist, einen solchen bürgerlichen Mann an der Spitze der Regierung zu sehen, und der sich, im Geiste seiner Kaste, einen noblern Premierminister wünscht, soll gegen Ludwig Philipp einige ernsthafte Bedenklichkeiten über die Kapazität des Herrn Dupin geäußert haben. Als der König solche Reden dem Herrn Dupin wiedererzählte, wurde dieser so unwirsch, geriet in so unziemliche Äußerungen, daß zwischen ihm und dem König ein Zerwürfnis entstand. Eine Menge kleiner Intrigen durchkreuzt diese Begebenheit. Indessen die Macht der Dinge wird viele Mißhelligkeiten lösen; Dupin ist, sobald die Kammer wieder ihre Debatten beginnt, der einzig mögliche Minister des Justemilieu; nur er vermag der Opposition parlamentarischen Widerstand zu leisten, und wahrlich, die Regierung wird genugsam Rede stehen müssen.

Bis jetzt ist Ludwig Philipp noch immer sein eigener Premierminister. Dieses bekundet sich schon dadurch, daß man alle Regierungsakte ihm selber zuschreibt und nicht Herrn Montalivet, von welchem kaum die Rede ist, ja, welcher nicht einmal gehabt wird. Merkwürdig ist die Umwandlung, die sich seit der Revolte vom 5. und 6. Juni in den Ansichten des Königs gebildet zu haben scheint. Er hält sich nämlich jetzt für ganz stark; er glaubt auf die große Masse der Nation bestimmt rechnen zu können; er glaubt der Mann der Notwendigkeit zu sein, dem sich, bei ausländischen Anfeindungen, die Nation unbedingt anschließen werde, und er scheint deshalb den Krieg nicht mehr so ängstlich wie sonst zu fürchten. Die patriotische Partei bildet freilich die Minorität, und diese mißtraut ihm; sie fürchtet mit Recht, daß er gegen die Fremden minder feindlich gestimmt sei als gegen die Einheimischen. Jene bedrohen nur seine Krone, diese sein Leben. Daß letzteres wirklich geschieht, weiß der König. In der Tat, wenn man berücksichtigt, daß Ludwig Philipp von der blutigsten Böswilligkeit seiner Gegner in tiefster Seele überzeugt ist, so muß man über seine Mäßigung erstaunen. Er hat freilich durch die Erklärung des État de siège eine unverantwortliche Illegalität sich zuschulden kommen lassen; aber man kann doch nicht sagen, daß er seine Macht unwürdigerweise mißbraucht habe. Er hat vielmehr alle, die ihn persönlich beleidigt hatten, großmütigst verschont, während er nur diejenigen, die seiner Regierung sich feindlich entgegengesetzt, niederzuhalten oder vielmehr zu entwaffnen suchte. Trotz alles Mißmuts, den man gegen den König Ludwig Philipp hegen mag, will sich mir doch die Überzeugung aufdrängen, als sei der Mensch Ludwig Philipp ungewöhnlich edelmütig und großsinnig. Seine Hauptleidenschaft scheint die Bausucht zu sein. Ich war gestern in den Tuilerien; überall wird dort gebaut, über und unter der Erde; Zimmerwände werden eingerissen, große Keller werden ausgegraben, und das ist ein beständiger Klipp-Klapp. Der König, welcher mit seiner ganzen Familie in St. Cloud wohnt, kommt täglich nach Paris und betrachtet dann zuerst die Fortschritte der Bauten in den Tuilerien. Diese stehen jetzt fast ganz leer; nur das Ministerkonseil wird dort gehalten. Oh, wenn alle Blutstropfen sprechen könnten, wie es in den Kindermärchen geschieht, so würde man dort manchmal guten Rat vernehmen; denn in jedem Zimmer dieses tragischen Hauses ist belehrendes Blut geflossen.

Paris, 15. Juli
Der vierzehnte Julius ist ruhig vorübergegangen, ohne daß die von der Polizei angekündigte Emeute irgendwo zum Vorscheine kam. Es war aber auch ein so heißer Tag, es lag eine so drückende Schwüle auf ganz Paris, daß jene Ankündigung nicht einmal die gehörige Anzahl Neugieriger nach den gewöhnlichen Tummelorten der Emeuten locken konnte. Nur auf dem großen Inauguralplatze der Revolution, wo einst an diesem Tage die Bastille zerstört wurde, zeigten sich viele Gruppen von Menschen, die in der grellsten Mittagshitze ruhig ausharrten und sich gleichsam aus Patriotismus von der Juliussonne braten ließen. Es hieß früherhin, daß man am 14. Juli die alten Bastillenstürmer, die noch am Leben sind und die jetzt eine Pension bekommen, auf diesem Platze öffentlich belorbeeren wollte. Dem Lafayette war bei dieser Feier eine Hauptrolle zugedacht. Aber durch die Affären vom 5. und 6. Juni mag dieses Projekt rückgängig geworden sein; auch scheint Lafayette in diesem Jahre nach keinen neuen Triumphzügen zu verlangen. Vielleicht gab's unter den Gruppen auf dem Bastillenplatze mehr Polizei als Menschen; denn es wurden bitterböse Bemerkungen so laut geäußert, wie nur verkleidete Mouchards sie auszusprechen pflegen. Ludwig Philipp, hieß es, sei ein Verräter, die Nationalgarden seien Verräter, die Deputierten seien Verräter, nur die Juliussonne meine es noch ehrlich. Und in der Tat, sie tat das Ihrige und durchglühte uns mit ihren Strahlen, daß es fast nicht zum Aushalten war. Was mich betrifft, ich machte in der starken Hitze die Bemerkung, daß die Bastille ein sehr kühles Gebäude gewesen sein muß und gewiß im Sommer einen sehr angenehmen Schatten gegeben hat. Als sie zerstört wurde, saßen dort fünf Personen gefangen. Jetzt gibt's aber zehn Staatsgefängnisse, und in St. Pélagie allein sitzen über 600 Staatsgefangene. St. Pélagie soll sehr ungesund sein und ist sehr eng gebaut. Es geht aber lustig dort zu; die Republikaner und die Karlisten halten sich zwar voneinander getrennt, rufen sich jedoch beständig lustige Witze zu und lachen und jubeln. Jene, die Republikaner, tragen rote Jakobinermützen; diese, die Karlisten, tragen grüne Mützen mit einer weißen Lilienquaste; jene schreien beständig »Vive la République!«, diese schreien »Vive Henri V!« Gemein-

schaftlicher Beifallsruf erschallt, wenn jemand mit wilder Wut auf Ludwig Philipp losschimpft. Dieses geschieht um so unumwundener, da in St. Pélagie kein Gefangener weder arretiert noch festgesetzt werden kann. Die meisten Hitzköpfe, die sonst bei jedem Anlasse gleich tumultuieren, sitzen jetzt dort in Gewahrsam, und der Polizei konnte es daher seitdem nicht gelingen, eine etwas ergiebige Emeute hervorzubringen. Die Republikaner werden sich vorderhand sehr hüten, Gewaltsames zu versuchen. Auch haben sie keine Waffen; die Desarmierung ist sehr gründlich betrieben worden. –

Heute ist der Namenstag des jungen Heinrich, und man erwartet einige karlistische Exzesse. Eine Proklamation zugunsten Heinrichs V. wurde gestern abend durch Chiffonniers und verkleidete Priester verbreitet. Es heißt darin, er werde Frankreich glücklich machen und vor der Fremden Invasion beschützen; nächstes Jahr ist er mündig, indem nämlich die französischen Könige schon mit 13 Jahren mündig werden und ihre höchste Ausbildung erlangt haben. Auf jener Proklamation ist der junge Heinrich zum erstenmal dargestellt mit Zepter und Krone; bisher sah man ihn immer in der Tracht eines Pilgers oder eines Bergschotten, der Felsen erklimmt oder einer armen Bettelfrau seine Börse in die Hand drückt usw. Es ist jedoch von dieser Misere wenig Bedrohliches zu erwarten. Die Karlisten sind auch sehr niedergeschlagenen Mutes. Die Tollkühnheit der Herzogin von Berry hat ihnen viel geschadet. Vergebens hatten die Häupter der Pariser Karlisten den Herrn Berryer an die Herzogin abgeschickt, um sie zur Heimkehr nach Holyrood zu vermögen. Vergebens hat Ludwig Philipp durch seine Agenten dasselbe zu bewirken gesucht. Vergebens wurde sie von fremden Gesandten um Gottes willen beschworen, ihr Treiben für den Augenblick aufzugeben. Alle Vernunftgründe, Drohungen und Bitten haben diese halsstarrige Frau nicht zur Abreise bewegen können. Sie ist noch immer in der Vendée. Obgleich aller Mittel entblößt und nirgends mehr Unterstützung findend, will sie nicht weichen. Der Schlüssel des Rätsels ist, daß dumme oder kluge Priester sie fanatisiert und ihr eingeredet haben, es werde ihrem Kinde Segen bringen, wenn sie jetzt für dessen Sache stürbe. Und nun sucht sie den Tod mit religiöser Martyrsucht und schwärmerischer Mutterliebe.

Wenn sich hier auf den öffentlichen Plätzen keine Bewegungen zeigen, so bekundet sich desto mehr Unruhe in der Gesellschaft. Zunächst sind es die deutschen Angelegenheiten, die Beschlüsse des Bundestags, welche alle Geister aufgeregt. Da werden nun über Deutschland die unsinnigsten Urteile gefällt. Die Franzosen in ihrem leichtfertigen Irrtume meinen, die Fürsten unterdrückten die Freiheit, und sie sehen nicht ein, daß nur der Anarchie unter den deutschen Liberalen ein Ende gemacht werden soll und daß überhaupt die Einigkeit und das Heil des deutschen Volks befördert wird. Schon den 2. Junius hat der »Temps« von den sechs Artikeln des Bundestagsbeschlusses eine Inhaltsanzeige geliefert. Ein bekannter Pietist hatte hier noch früher Auszüge jenes Beschlusses in der Tasche herumgetragen und durch die Mitteilung derselben viele Herzen erbaut.

Ludwig Philipp ist noch immer der Meinung, daß er stark sei. »Seht, wie stark wir sind!« ist in den Tuilerien der Refrain jeder Rede. Wie ein Kranker immer von Gesundheit spricht und nicht genug zu rühmen weiß, daß er gut verdaue, daß er ohne Krämpfe auf den Beinen stehen könne, daß er ganz bequem Atem schöpfe usw., so sprechen jene Leute unaufhörlich von Stärke und von der Kraft, die sie bei den verschiedenen Bedrohnissen schon entwickelt und noch zu entwickeln vermögen. Da kommen nun täglich die Diplomaten aufs Schloß und fühlen ihnen den Puls und lassen sich die Zunge zeigen, betrachten sorgfältig den Urin und schicken dann ihren Höfen das politische Sanitätsbulletin. Bei den fremden Bevollmächtigten ist es ja ebenfalls eine ewige Frage: »Ist Ludwig Philipp stark oder schwach?« Im erstern Falle können ihre Herren daheim jede Maßregel ruhig beschließen und ausführen; im andern Falle, wo ein Umsturz der französischen Regierung und Krieg zu befürchten stände, dürften sie nichts Unmildes zu Hause unternehmen. – Jene große Frage, ob Ludwig Philipp schwach oder stark ist, mag schwer zu entscheiden sein. Aber leicht ist es einzusehen, daß die Franzosen selbst in diesem Augenblicke durchaus nicht schwach sind. Im Herzen der Völker haben sie neue Alliierte gefunden, während ihre Gegner jetzt eben nicht auf der Höhe der Popularität stehen. Sie haben unsichtbare Geisterheere zu Kampfgenossen, und dabei sind ihre eigenen leiblichen Armeen im blühendsten Zustande. Die französische Jugend ist so kriegslustig und begeistert wie 1792. Mit lustiger Musik ziehen die jungen Konskribierten durch die Stadt und tragen auf den Hüten flatternde Bänder und Blumen und die Nummer, die sie gezogen, welche gleichsam ihr Großes Los. Und dabei werden Freiheitslieder gesungen und Märsche getrommelt vom Jahre 90.

Aus der Normandie

Havre, 1. August

Ob Ludwig Philipp stark oder schwach ist, scheint wirklich die Hauptfrage zu sein, deren Lösung ebensosehr die Völker wie die Machthaber interessiert. Ich hielt sie daher beständig im Sinne während meiner Exkursion durch die nördlichen Provinzen Frankreichs. Dennoch erfuhr ich, die öffentliche Stimmung betreffend, so viel Widersprechendes, daß ich über jene Frage nicht viel Gründlicheres mitteilen kann als diejenigen, die in den Tuilerien, oder vielmehr in St. Cloud, ihre Weisheit holen. Die Nordfranzosen, namentlich die schlauen Normannen, sind überhaupt nicht so leicht geneigt, sich unverhohlen auszusprechen, wie die Leute im Lande Oc. Oder ist es schon ein Zeichen von Mißvergnügen, daß jener Teil der Bürger im Lande Oui, die nur für das Landesinteresse besorgt sind, meistens ein ernstes Stillschweigen beobachten, sobald man sie über letzteres befragt? Nur die Jugend, welche für Ideeninteressen begeistert ist, äußert sich unverschleiert über das, wie sie glaubt, unvermeidliche Nahen einer Republik; und die Karlisten, welche einem Personeninteresse zugetan sind, insinuieren auf alle mögliche Weise ihren Haß gegen die jetzigen Gewalthaber, die sie mit den übertriebensten Farben schildern und deren Sturz sie als ganz gewiß, fast bis auf Tag und Stunde, voraussagen. Die Karlisten sind in hiesiger Gegend ziemlich zahlreich. Dieses erklärt sich dadurch, daß hier noch ein besonderes Interesse vorhanden ist, nämlich eine Vorliebe für einige Glieder der gefallenen Dynastie, die in dieser Gegend den Sommer zuzubringen pflegten und sich hie und da beliebt zu machen wußten. Namentlich tat dieses die Herzogin von Berry. Die Abenteuer derselben sind daher das Tagesgespräch in dieser Provinz, und die Priester der katholischen Kirche erfinden noch obendrein die gottseligsten Legenden zur Verherrlichung der politischen Madonna und der gebenedeiten Frucht ihres Leibes. In frühern Zeiten waren die Priester keineswegs so besonders mit dem kirchlichen Eifer der Herzogin zufrieden, und eben indem letztere manchmal das priesterliche Mißfallen erregte, erwarb sie sich die Gunst des Volkes. »Die kleine nette Frau ist durchaus nicht so bigott wie die andern«, hieß es damals, »seht, wie weltlich kokett sie bei der Prozession einherschlendert und das Gebetbuch ganz gleichgültig in der Hand trägt und die Kerze so spielend niedrig hält, daß das Wachs auf die Atlasschleppe ihrer Schwägerin, der brummig devoten Angoulême, niederträufelt!« Diese Zeiten sind vorbei, die rosige Heiterkeit ist erblichen auf den Wangen der armen Karoline, sie ist fromm geworden wie die andern und trägt die Kerze ganz so gläubig, wie die Priester es begehren, und sie entzündet damit den Bürgerkrieg im schönen Frankreich, wie die Priester es begehren.

Ich kann nicht umhin zu bemerken, daß der Einfluß der katholischen Geistlichen in dieser Provinz größer ist, als man es in Paris glaubt. Bei Leichenzügen sieht man sie hier in ihren Kirchentrachten, mit Kreuzen und Fahnen und melancholisch singend, durch die Straßen wandeln, ein Anblick, der schier befremdlich, wenn man aus der Hauptstadt kommt, wo dergleichen von der Polizei oder vielmehr von dem Volke streng untersagt ist. Solang ich in Paris war, habe ich nie einen Geistlichen in seiner Amtstracht auf der Straße gesehen; bei keinem einzigen von den vielen tausend Leichenbegängnissen, die in der Cholerazeit mir vorüberzogen, sah ich die Kirche weder durch ihre Diener noch durch ihre Symbole repräsentiert. Viele wollen jedoch behaupten, daß auch in Paris die Religion wieder still auflebe. Es ist wahr, wenigstens die französisch-katholische Gemeinde des Abbé Chatel nimmt täglich zu; der Saal desselben auf der Rue Clichy ist schon zu eng geworden für die Menge der Gläubigen, und seit einiger Zeit hält er den katholischen Gottesdienst in dem großen Gebäude auf dem Boulevard Bonne-Nouvelle, worin früherhin Herr Martin die Tiere seiner Menagerie sehen lassen und worauf jetzt mit großen Buchstaben die Aufschrift steht: Église catholique et apostolique.

Diejenigen Nordfranzosen, die weder von der Republik noch von dem Mirakelknaben etwas wissen wollen, sondern nur den Wohlstand Frankreichs wünschen, sind just keine allzu eifrige Anhänger von Ludwig Philipp, rühmen ihn auch eben nicht wegen seiner Offenherzigkeit und Gradheit, aber sie sind durchdrungen von der Überzeugung, daß er der Mann der Notwendigkeit sei; daß man sein Ansehen unterstützen müsse insofern die öffentliche Ruhe dadurch erhalten werde; daß die Unterdrückung aller Emeuten für den Handel heilsam sei und daß man überhaupt, damit der Handel nicht ganz stocke, jede neue

Revolution und gar den Krieg vermeiden müsse. Letzteren fürchten sie nur wegen des Handels, der schon jetzt in einem kläglichen Zustande. Sie fürchten den Krieg nicht des Krieges wegen, denn sie sind Franzosen, als ruhmsüchtig und kampflustig von Geblüt, und obendrein sind sie von größerem und stärkerem Gliederbau als die Südfranzosen und übertreffen diese vielleicht, wo Festigkeit und hartnäckige Ausdauer verlangt wird. Ist das eine Folge der Beimischung von germanischer Rasse? Sie gleichen ihren großen gewaltigen Pferden, die ebenso tüchtig zum mutigen Trab wie zum Lasttragen und Überwinden aller Mühseligkeiten der Witterung und des Weges. Diese Menschen fürchten weder Österreicher noch Russen, weder Preußen noch Baschkiren. Sie sind weder Anhänger noch Gegner von Ludwig Philipp. Sobald es Krieg gibt, folgen sie der dreifarbigen Fahne, gleichviel, wer diese trägt.

Ich glaube wirklich, sobald Krieg erklärt würde, sind die innern Zwistigkeiten der Franzosen, auf eine oder die andere Art, durch Nachgiebigkeit oder Gewalt, schnell geschlichtet, und Frankreich ist eine gewaltige, einige Macht, die aller Welt die Spitze bieten kann. Die Stärke oder Schwäche von Ludwig Philipp ist alsdann kein Gegenstand der Kontroverse. Er ist alsdann entweder stark oder gar nichts mehr. Die Frage, ob er stark oder schwach, gilt nur für die Erhaltung des Friedenszustandes, und nur in dieser Hinsicht ist sie wichtig für auswärtige Mächte. Ich erhielt von mehreren Seiten die Antwort: »Le parti du roi est très nombreux, mais il n'est pas fort.« Ich glaube, diese Worte geben viel Stoff zum Nachdenken. Zunächst liegt darin die schmerzliche Andeutung, daß die Regierung selbst nur einer Partei und allen Parteiinteressen unterworfen sei. Der König ist hier nicht mehr die erhabene Obergewalt, die von der Höhe des Thrones dem Kampfe der Parteien ruhig zuschaut und sie im heilsamen Gleichgewichte zu halten weiß; nein, er ist selbst herabgestiegen in die Arena. Odilon-Barrot, Mauguin, Carrel, Pagès, Cavaignac dünken sich vielleicht nur durch die Zufälligkeit der momentanen Gewalt von ihm unterschieden. Das ist die trübselige Folge davon, daß der König die Präsidentur des Konseils sich selbst zuteilte. Jetzt kann Ludwig Philipp nicht das vorhandene Regierungssystem ändern, ohne daß er alsdann in Widerspruch mit seiner Partei und sich selbst fiele. So kam es, daß ihn die Presse gleich dem ersten Chef einer Partei behandelt, in ihm selber alle Regierungsfehler rügt, jedes ministerielle Wort seiner eigenen Zunge zuschreibt und in dem

Bürgerkönige nur den Königminister sieht. Wenn die Götterbilder von ihren erhabenen Postamenten herabsteigen, dann entweicht die heilige Ehrfurcht, die wir ihnen zollten, und wir richten sie nach ihren Taten und Worten, als wären sie unseresgleichen.

Was die Andeutung betrifft, daß die Partei des Königs zwar zahlreich, aber nicht stark sei, so ist damit freilich nichts Neues gesagt, es ist dieses eine längst bekannte Wahrheit; aber bemerkenswert ist es, daß auch das Volk diese Entdeckung gemacht, daß es nicht wie gewöhnlich die Köpfe zählt, sondern die Hände, und daß es genau unterscheidet die, welche Beifall klatschen, und die, welche zum Schwerte greifen. Das Volk hat sich seine Leute genau betrachtet und weiß sehr gut, daß die Partei des Königs aus folgenden drei Klassen besteht: nämlich aus Handels- und Besitzleuten, welche für ihre Buden und Güter besorgt sind, aus Kampfmüden, welche überhaupt Ruhe haben möchten, und aus Bangherzigen, welche die Herrschaft des Schreckens befürchten. Diese königliche Partei, mit Eigentum bepackt, verdrießlich ob jeder Störnis in ihrer Behaglichkeit, diese Majorität steht einer Minorität gegenüber, die wenig Bagage zu schleppen hat und dabei unruhsüchtig über alle Maßen ist, ohne in ihrem wilden, schrankenlosen Ideengange den Schrecken anders als wie einen Bundesgenossen zu betrachten.

Trotz der großen Kopfzahl, trotz des Triumphes vom 6. Junius zweifelt das Volk an der Stärke des Justemilieu. Es ist aber immer bedenklich, wenn eine Regierung nicht stark scheint in den Augen des Volks. Es lockt dann jeden, seine Kraft daran zu versuchen; ein dämonisch dunkler Drang treibt die Menschen, daran zu rütteln. Das ist das Geheimnis der Revolution.

Dieppe, 20. August

Man hat keinen Begriff davon, welchen Eindruck der Tod des jungen Napoleon bei den untern Klassen des französischen Volks hervorgebracht. Schon das sentimentale Bulletin, welches der »Temps« über sein allmähliches Dahinsterben vor etwa sechs Wochen geliefert und welches, besonders abgedruckt, in Paris für einen Sou herumverkauft wurde, hat dort in allen Carrefours die äußerste Betrübnis erregt. Sogar junge Republikaner sah ich weinen; die alten jedoch schienen nicht sehr gerührt, und von einem derselben hörte ich mit Befremdung die verdrießliche Äußerung: »Ne pleurez pas, c'était le fils de l'homme qui a fait mitrailler le peuple le 13 Vendémiaire.« Es ist sonderbar, wenn jemanden ein Mißgeschick trifft, so erinnern wir uns unwillkürlich irgendeiner alten Unbill, die uns von seiner Seite widerfahren und woran wir vielleicht seit undenklicher Zeit nicht gedacht haben. – Ganz unbedingt verehrt man den Kaiser auf dem Lande; da hängt in jeder Hütte das Porträt »des Mannes«, und zwar, wie die »Quotidienne« bemerkt, an derselben Wand, wo das Porträt des Haussohnes hängen würde, wäre er nicht von jenem Manne auf einem seiner hundert Schlachtfelder hingeopfert worden. Der Ärger entlockt zuweilen der »Quotidienne« die ehrlichsten Bemerkungen, und darüber ärgert sich dann die jesuitisch feinere »Gazette«; das ist ihre hauptsächliche politische Verschiedenheit.

Ich bereiste den größten Teil der nordfranzösischen Küstengegenden, während die Nachricht von dem Tode des jungen Napoleon sich dort verbreitete. Ich fand deshalb überall, wohin ich kam, eine wunderbare Trauer unter den Leuten. Sie fühlten einen reinen Schmerz, der nicht in dem Eigennutze des Tages wurzelte, sondern in den liebsten Erinnerungen einer glorreichen Vergangenheit. Besonders unter den schönen Normanninnen war großes Klagen um den frühen Tod des jungen Heldensohnes.

Ja, in allen Hütten hängt das Bild des Kaisers. Überall fand ich es mit Trauerblumen bekränzt, wie Heilandsbilder in der Karwoche. Viele Soldaten trugen Flor. Ein alter Stelzfuß reichte mir wehmütig die Hand mit den Worten: »A présent tout est fini.«

Freilich, für jene Bonapartisten, die an eine kaiserliche Auferstehung des Fleisches glaubten, ist alles zu Ende. Napoleon ist ihnen nur noch ein Name, wie etwa Alexander von Mazedonien, dessen Leibeserbe in gleicher Weise früh verblichen. Aber für die Bonapartisten, die an eine Auferstehung des Geistes geglaubt, erblüht jetzt die beste Hoffnung. Der Bonapartismus ist für diese nicht eine Überlieferung der Macht durch Zeugung und Erstgeburt; nein, ihr Bonapartismus ist jetzt gleichsam von aller tierischen Beimischung gereinigt, er ist ihnen die Idee einer Alleinherrschaft der höchsten Kraft, angewendet zum Besten des Volks, und wer diese Kraft hat und sie so anwendet, den nennen sie Napoleon II. Wie Cäsar der bloßen Herrschergewalt seinen Namen gab, so gibt Napoleon seinen Namen einem neuen Cäsartume, wozu nur derjenige berechtigt ist, der die höchste Fähigkeit und den besten Willen besitzt.

In gewisser Hinsicht war Napoleon ein saintsimonistischer Kaiser; wie er selbst vermöge seiner geistigen Superiorität zur Obergewalt befugt war, so beförderte er nur die Herrschaft der Kapazitäten und erzielte die physische und moralische Wohlfahrt der zahlreichern und ärmern Klassen. Er herrschte weniger zum Besten des dritten Standes, des Mittelstandes, des Justemilieu, als vielmehr zum Besten der Männer, deren Vermögen nur in Herz und Hand besteht; und gar seine Armee war eine Hierarchie, deren Ehrenstufen nur durch Eigenwert und Fähigkeit erstiegen wurden. Der geringste Bauernsohn konnte dort, ebensogut wie der Junker aus dem ältesten Hause, die höchsten Würden erlangen und Gold und Sterne erwerben. Darum hängt des Kaisers Bild in der Hütte jedes Landmannes, an derselben Wand, wo das Bild des eigenen Sohnes hängen würde, wenn dieser nicht auf irgendeinem Schlachtfelde gefallen wäre, ehe er zum General avanciert oder gar zum Herzog oder zum König, wie so mancher arme Bursche, der durch Mut und Talent sich so hoch emporschwingen konnte – als der Kaiser noch regierte. In dem Bilde desselben verehrt vielleicht mancher nur die verblichene Hoffnung seiner eigenen Herrlichkeit.

Am öftersten fand ich in den Bauerhäusern das Bild des Kaisers, wie er zu Jaffa das Lazarett besucht und wie er zu St. Helena auf dem Todbette liegt. Beide Darstellungen tragen auffallende Ähnlichkeit mit den Heiligenbildern jener christlichen Religion, die jetzt in Frankreich erloschen ist. Auf dem einen Bilde gleicht Napoleon einem Heilande, von dessen Berührung die Pestkranken zu genesen scheinen; auf dem andern Bilde stirbt er gleichsam den Tod der Sühne.

Wir, die wir von einer andern Symbolik befangen sind, wir sehen in Napoleons Martyrtod auf St. Helena keine Versöhnung in dem angedeuteten Sinne, der Kaiser büßte dort für den schlimmsten seiner Irrtümer, für die Treulosigkeit, die er gegen die Revolution, seine Mutter, begangen. Die Geschichte hatte längst gezeigt, wie die Vermählung zwischen dem Sohne der Revolution und der Tochter der Vergangenheit nimmermehr gedeihen konnte – und jetzt sehen wir auch, wie die einzige Frucht solcher Ehe nicht lange zu leben vermochte und kläglich dahinstarb.

In betreff der Erbschaft des Verstorbenen sind die Meinungen sehr geteilt. Die Freunde von Ludwig Philipp glauben, daß jetzt die verwaisten Bonapartisten sich ihnen anschließen werden; doch zweifle ich, ob die Männer des Krieges und des Ruhmes so schnell ins friedliche Justemilieu übergehen können. Die Karlisten glauben, daß die Bonapartisten jetzt dem alleinigen Prätendenten, Heinrich V., huldigen werden; ich weiß wahrlich nicht, ob ich in den Hoffnungen dieser Menschen mehr ihre Torheit oder ihre Insolenz bewundern soll. Die Republikaner scheinen noch am meisten imstande zu sein, die Bonapartisten an sich zu ziehen; aber wenn es einst leicht war, aus den ungekämmtesten Sansculotten die brillantesten Imperialisten zu machen, so mag es jetzt schwer sein, die entgegengesetzte Umwandlung zu bewerkstelligen.

Man bedauert, daß die teuern Reliquien, wie das Schwert des Kaisers, der Mantel von Marengo, der welthistorische dreieckige Hut u. dgl. m., welche, gemäß dem Testamente von St. Helena, dem jungen Reichstadt überliefert worden, nicht Frankreich anheimfallen. Jede der französischen Parteien könnte ein Stück aus diesem Nachlasse sehr gut brauchen. Und wahrlich, wenn ich darüber zu verfügen hätte, so sollte die Verteilung folgendermaßen stattfinden: Den Republikanern würde ich das Schwert des Kaisers überliefern, dieweil sie noch die einzigen sind, die es zu gebrauchen verständen. Den Herren vom Justemilieu würde ich den Mantel von Marengo zukommen lassen; und, in der Tat, sie bedürfen eines solchen Mantels, um ihre ruhmlose Blöße damit zu bedecken. Den Karlisten gebe ich des Kaisers Hut, der freilich für solche Köpfe nicht sehr passend ist, aber ihnen doch zugute kommen kann, wenn sie nächstens wieder aufs Haupt geschlagen werden; ja, ich gebe ihnen auch die kaiserlichen Stiefel, die sie ebenfalls brauchen können, wenn sie nächstens wieder davonlaufen müssen. Was aber den Stock betrifft, womit der Kaiser bei Jena spazierengegangen, so zweifle ich, ob derselbe sich unter der herzoglich Reichstädtischen Verlassenschaft befindet, und ich glaube, die Franzosen haben ihn noch immer in Händen.

Nächst dem Tode des jungen Napoleon hörte ich die Fahrten der Herzogin von Berry in diesen Provinzen am meisten besprechen. Die Abenteuer dieser Frau werden hier so poetisch erzählt, daß man glaubt, die Enkel der Fabliauxdichter hätten sie in müßiger Laune ersonnen. Dann gab auch die Hochzeit von Compiègne sehr viel Stoff zur Unterhaltung; ich könnte eine Insektensammlung von schlechten Witzen mitteilen, die ich in einem karlistischen Schlosse darüber debitieren hörte. Z.B. einer der Festredner in Compiègne soll bemerkt haben, in Compiègne sei die Jungfrau von Orleans gefangen worden, und es füge sich jetzt, daß wieder in Compiègne einer Jungfrau von Orleans Fesseln angelegt würden. – Obgleich in allen französischen Blättern aufs prunkhafteste erzählt wird, daß der Zusammenfluß von Fremden hier sehr groß und überhaupt das Badeleben in Dieppe dieses Jahr sehr brillant sei, so habe ich doch an Ort und Stelle das Gegenteil gefunden. Es sind hier vielleicht keine fünfzig eigentliche Badegäste, alles ist trist und betrübt, und das Bad, das durch die Herzogin von Berry, die alle Sommer hieher kam, einst so mächtig emporblühte, ist auf immer zugrunde gegangen. Da viele Menschen dieser Stadt hiedurch in bitterste Armut versinken und den Sturz der Bourbone als die Quelle ihres Unglücks betrachten, so ist es begreiflich, daß man hier viele enragierte Karlisten findet. Dennoch würde man Dieppe verleumden, wenn man annähme, daß mehr als ein Vierteil seiner Bewohner aus Anhängern der vorigen Dynastie bestände. Nirgends zeigen die Nationalgarden mehr Patriotismus als hier, alle sind hier gleich beim ersten Trommelschlage versammelt, wenn exerziert werden soll; alle sind hier ganz uniformiert, welches letztere von besonderem Eifer zeugt. Das Napoleonsfest wurde dieser Tage mit auffallendem Enthusiasmus gefeiert.

Ludwig Philipp wird hier im allgemeinen weder geliebt noch gehaßt. Man betrachtet seine Erhaltung als notwendig für das Glück Frankreichs; für sein Regiment ist man nicht sonderlich begeistert. Die Franzosen sind allgemein durch die freie Presse so wohlunterrichtet über die wahre Lage der Dinge, sie sind so politisch aufgeklärt, daß sie kleine Übel mit Geduld ertragen, um größeren nicht anheimzufallen. Gegen den persönlichen Charakter des Königs hat man wenig einzuwenden; man hält ihn für einen ehrenwerten Mann.

Rouen, 17. September
Ich schreibe diese Zeilen in der ehemaligen Residenz der Herzoge von der Normandie, in der altertümlichen Stadt, wo noch so viele steinerne Urkunden uns an die Geschichte jenes Volkes erinnern, das wegen seiner ehemaligen Heldenfahrten und Abenteuerlichkeit und wegen seiner jetzigen Prozeßsucht und Erwerblist so berühmt ist. In jener Burg dort hauste Robert der Teufel, den Meyerbeer in Musik gesetzt auf jenem Marktplatze verbrannte man die Pucelle, das großmütige Mädchen, das Schiller und Voltaire besungen; in jenem Dome liegt das Herz des Richard, des tapfern Königs, den man selber Löwenherz, Cœur

de lion, genannt hat; diesem Boden entsproßten die Sieger von Hastings, die Söhne Tancreds und so viele andre Blumen normannischer Ritterschaft – aber diese gehen uns heute alle nichts an, wir beschäftigen uns hier vielmehr mit der Frage: Hat Ludwig Philipps friedsames System Wurzel geschlagen in dem kriegerischen Boden der Normandie? Ist das neue Bürgerkönigtum gut oder schlecht gebettet in der alten Heldenwiege der englischen und italienischen Aristokratie, in dem Lande der Normannen? Diese Frage glaube ich heute aufs kürzeste beantworten zu können: Die großen Grundbesitzer, meistens Adel, sind karlistisch gesinnt, die wohlhabenden Gewerbsleute und Landbauer sind philippistisch, und die untere Volksmenge verachtet und haßt die Bourbonen und liebt, geringernteils, die gigantischen Erinnerungen der Republik, größernteils den glänzenden Heroismus der Kaiserzeit. Die Karlisten, wie jede unterdrückte Partei, sind tätiger als die Philippisten, die sich gesichert fühlen, und zu ihrem Lobe mag es gesagt sein, daß sie auch größere Opfer bringen, nämlich Geldopfer. Die Karlisten, die nie an ihrem einstigen Siege zweifeln und überzeugt sind, daß ihnen die Zukunft alle Opfer der Gegenwart tausendfach vergütet, geben ihren letzten Sou her, wenn ihr Parteiinteresse dadurch gefördert scheint; es liegt überhaupt im Charakter dieser Klasse daß sie des eignen Gutes weniger achtet, als sie nach fremdem Eigentum lüstern ist (sui profusus, alieni appetens). Habsucht und Verschwendung sind Geschwister. Der Roturier, der nicht durch Hofdienst, Mätressengunst, süße Rede und leichtes Spiel, sondern durch schwere, saure Arbeit seine irdischen Güter zu erwerben pflegt, hält fester an dem Erworbenen.

Indessen, die guten Bürger der Normandie haben die Einsicht gewonnen, daß die Journale, womit die Karlisten auf die öffentliche Meinung zu wirken suchen, der Sicherheit des Staats und ihrer eignen Besitztümer sehr gefährlich seien, und sie sind der Meinung, daß man durch dasselbe Mittel, durch die Presse, jene Umtriebe vereiteln müsse. In diesem Sinne hat man unlängst die »Estafette du Havre« gestiftet, eine sanftmütige Justemilieu-Zeitung, die der ehrsamen Kaufmannschaft in Havre sehr viel Geld kostet und woran auch mehrere Pariser arbeiten, namentlich Monsieur de Salvandy, ein kleiner, geschmeidiger, wäßrichter Geist in einem langen, steifen, trockenen Körper (Goethe hat ihn gelobt). Bis jetzt ist jenes Journal die einzige Gegenmine, die den Karlisten in der Normandie gegraben worden; letztere hingegen sind unermüdlich und errichten überall ihre Zeitschriften, ihre Festungen der Lüge, woran der Freiheitsgeist seine Kräfte zersplittern soll, bis Entsatz kommt von Osten. Diese Zeitschriften sind mehr oder minder im Geiste der »Gazette de France« und der »Quotidienne« abgefaßt; letztere werden außerdem aufs tätigste unter das Volk verbreitet. Beide Blätter sind schön und geistreich und anziehend geschrieben, dabei sind sie tief boshaft, perfid, voll nützlicher Belehrung, voll ergötzlicher Schadenfreude, und ihre adeligen Kolporteurs, die sie oft gratis austeilen, ja vielleicht den Lesern manchmal noch Geld dazugeben, finden natürlicherweise größern Absatz als sanftmütige Justemilieu-Zeitungen. Ich kann diese beiden Blätter nicht genug empfehlen, da ich, von einem höhern Standpunkte, sie durchaus nicht schädlich achte für die Sache der Wahrheit; sie fördern diese vielmehr dadurch, daß sie die Kämpfer, die im Kampfe zuweilen ermüden, zu neuer Tatkraft anstacheln. Jene zwei Journale sind die wahren Repräsentanten jener Leute, die, wenn ihre Sache unterliegt, sich an den Personen rächen; es ist ein uraltes Verhältnis, wir treten ihnen auf den Kopf, und sie stechen uns in die Ferse. Nur muß man zum Lobe der »Quotidienne« erwähnen, daß sie zwar ebensowohl wie die »Gazette« eine Schlange ist, daß sie aber ihre Böswilligkeit minder verbirgt; daß ihr Erbgroll sich in jedem Worte verrät; daß sie eine Art Klapperschlange ist, die, wenn sie herankriecht, mit ihrer Klapper vor sich selber warnt. Die »Gazette« hat leider keine solche Klapper. Die »Gazette« spricht zuweilen gegen ihre eigenen Prinzipien, um den Sieg derselben indirekt zu bewirken; die »Quotidienne«, in ihrer Hitze, opfert lieber den Sieg, als daß sie sich solcher kalten Selbstverleugnung unterwürfe. Die »Gazette« hat die Ruhe des Jesuitismus, der sich nicht von Meinungswut verwirren läßt, welches um so leichter ist, da der Jesuitismus eigentlich keine Gesinnung, sondern nur ein Metier ist; in der »Quotidienne« hingegen brüten und wüten hochfahrende Junker und grimmige Mönche, schlecht vermummt in ritterlicher Loyalität und christlicher Liebe. Diesen letztern Charakter trägt auch die karlistische Zeitschrift, die unter dem Titel »Gazette de la Normandie« hier in Rouen erscheint. Es ist darin ein süßliches Geklage über die gute alte Zeit, die leider verschwunden mit ihren chevaleresken Gestalten, mit ihren Kreuzzügen, Turnieren, Wappenherolden, ehrsamen Bürgern, frommen Nonnen, minniglichen Damen, Troubadouren und sonstigen Gemütlichkeiten, so daß man erinnert wird an die feudalistischen Romane eines berühmten deutschen Dichters, in dessen Kopf mehr Blumen als Gedanken blühten, dessen Herz aber voller Liebe war; – bei dem Redakteur der »Gazette de la Normandie« ist hingegen der Kopf voll von krassem Obskurantismus, und sein Herz ist voll Gift und Galle. Dieser Redakteur ist ein gewisser Vicomte Walsh, ein langer gräulicher Blondin, von etwa sechzig Jahren. Ich sah ihn in Dieppe, wo er zu einem Karlistenkonzilium eingeladen war und von der ganzen nobeln Sippschaft sehr fetiert wurde. Geschwätzig, wie sie sind, hat jedoch ein kleines Karlistchen mir zugeflüstert: »C'est un fameux compère«; er ist eigentlich nicht von gutem französischem Adel; sein Vater, ein Irländer von Geburt, war in französischem Kriegsdienste beim Ausbruche der Revolution, und als er emigrierte und die Konfiskation seiner Güter verhindern wollte, verkaufte er sie zum Scheine seinem Sohne; als aber der alte Mann später nach Frankreich zurückkehrte und von dem Sohne seine Güter zurückverlangte, leugnete dieser den Scheinkauf, behauptete, der Verkauf der Güter habe in vollgültigem Ernste stattgefunden, und behielt somit das Vermögen seines geprellten Vaters und seiner armen Schwester; diese wurde Hofdame bei Madame (der Herzogin von Berry), und ihres Bruders Begeisterung für Madame hat seinen Grund sowohl in der Eitelkeit als im Eigennutze; denn – »Ich wußte genug.«

Man kann sich schwerlich einen Begriff davon machen, mit welcher perfiden Konsequenz die Regierung der jetzigen Gewalthaber von den Karlisten untergraben wird. Ob mit Erfolg, muß die Zeit lehren. Wie ihnen kein Mensch zu schlecht, wenn sie ihn zu ihren Zwecken gebrauchen können, so ist ihnen auch kein Mittel zu schlecht. Neben jenen kanonischen Journalen, die ich oben bezeichnet, wirken die Karlisten auch durch die mündliche Überlieferung aller möglichen Verleumdung, durch die Tradition. Diese schwarze Propaganda sucht den guten Leumund der jetzigen Gewalthaber, namentlich des Königs, aufs gründlichste zu verderben. Die Lügen, die in dieser Absicht geschmiedet werden, sind zuweilen ebenso abscheulich wie absurd. »Immer verleumden, immer verleumden, es bleibt was kleben!« war schon der Wahlspruch der saubern Lehrer.

In einer karlistischen Gesellschaft zu Dieppe sagte mir ein junger Priester: »Wenn Sie Ihren Landsleuten Bericht abstatten, müssen Sie der Wahrheit noch etwas nachhelfen, damit, wenn der Krieg ausbricht und Ludwig Philipp vielleicht noch immer an der Spitze der französischen Regierung stehen geblieben, die Deutschen ihn desto stärker hassen und mit desto größerer Begeisterung gegen ihn fechten.« Auf meine Frage, ob uns der Sieg auch ganz gewiß sei, lächelte jener fast mitleidig und versicherte mir: die Deutschen seien das tapferste Volk, und man werde ihnen nur einen geringen Scheinwiderstand leisten; der Norden sowie der Süden sei der rechtmäßigen Dynastie ganz ergeben; Heinrich V. und Madame seien, gleich einem kleinen Heiland und einer Muttergottes, allgemein verehrt; das sei die Religion des Volks; über kurz oder lang komme dieser legitime Glaubenseifer besonders in der Normandie zum öffentlichen Ausbruche. – Während der Mann Gottes sich solchermaßen aussprach, erhob sich plötzlich vor dem Hause, worin wir uns befanden, ein ungeheurer Lärm; es wirbelten die Trommeln, Trompeten erklangen, die Marseiller Hymne erscholl so laut, daß die Fensterscheiben zitterten, und aus vollen Kehlen drang der Jubelruf: »Vive Louis Philippe! A bas les Carlistes! Les Carlistes à la lanterne!« Das geschah um ein Uhr in der Nacht, und die ganze Gesellschaft erschrak sehr. Auch ich war erschrocken, denn ich dachte an das Sprichwort: Mitgefangen, mitgehangen. Aber es war nur ein Spaß der Diepper Nationalgarden. Diese hatten erfahren, daß Ludwig Philipp im Schlosse Eu angekommen sei, und sie faßten auf der Stelle den Beschluß, dorthin zu marschieren, um den König zu begrüßen; vor ihrer Abreise wollten sie aber die armen Karlisten in Schrecken setzen, und sie machten den entsetzlichsten Lärm vor den Häusern derselben und sangen dort wie wahnsinnig die Marseiller Hymne, jenes »Dies irae, dies illa« der neuen Kirche, das zunächst den Karlisten ihren jüngsten Gerichtstag verkündet.

Da ich mich bald darauf ebenfalls nach Eu begab, so kann ich als Augenzeuge berichten, daß es keine angeordnete Begeisterung war, womit die Nationalgarden dort den König umjubelten. Er ließ sie die Revue passieren, war sehr vergnügt über die unverhohlene Freude, womit sie ihn anlachten, und ich kann nicht leugnen, daß in dieser Zeit des Zwiespalts und des Mißtrauens solches Bild der Eintracht sehr erbaulich war. Es waren freie, bewehrte Bürger, die ohne Scheu ihrem Könige ins Auge sahen, mit den Waffen in der Hand ihm ihre Ehrfurcht bezeugten und zuweilen mit männlichem Handschlage ihm Treue und Gehorsam zusagten. Ludwig Philipp nämlich, wie sich von selbst versteht, gab jedem die Hand. – Über dieses Händedrücken mokieren sich die Karlisten noch am meisten, und ich gestehe gern, der Haß macht sie zuweilen witzig, wenn sie jene »messéante popularité des poignées de main« persiflieren. So sah ich in dem Schlosse, dessen ich schon früher erwähnt, en petit comité eine Posse aufführen, wo aufs ergötzlichste dargestellt war, wie Fip I., König der Philister (épiciers), seinem Sohne Großkuken (grand poulot) Unterricht in der Staatswissenschaft gibt und ihn väterlich belehrt: er solle sich nicht von den Theoretikern verleiten lassen, das Bürgerkönigtum in der Volkssouveränetät zu sehen, noch viel weniger in der Aufrechthaltung der Charte; er solle sich weder an das Geschwätz der Rechten noch der Linken kehren; es komme nicht darauf an, ob Frankreich im Innern frei und im Auslande geehrt sei, noch viel weniger, ob der Thron mit republikanischen Institutionen barrikadiert oder von erblichen Pairs gestützt werde; weder die oktroyierten Worte noch die heroischen Taten seien von großer Wichtigkeit; das Bürgerkönigtum und die ganze Regierungskunst bestehe darin, daß man jedem Lump die Hand drücke. Und nun zeigt er die verschiedenen Handgriffe, wie man den Leuten die Hand drückt, in allen Positionen, zu Fuß, zu Pferd, wenn man durch ihre Reihen galoppiert, wenn sie vorbeidefilieren usw. Großkuken ist gelehrig, macht diese Regierungskunststücke aufs beste nach; ja, er sagt, er wolle die Erfindung des Bürgerkönigtums noch verbessern und jedesmal, wenn er einem Bürger die Hand drücke, ihn auch fragen: »Wie geht's, mon vieux cochon?« oder, was synonym sei: »Wie geht's, citoyen?« – »Ja, das ist synonym«, sagt dann der König ganz trocken, und die Karlisten lachten. Hernach will sich Großkuken im Händedrücken üben, zuerst an einer Grisette, nachher am Baron Louis; er macht aber jetzt alles zu plump, zerdrückt den Leuten die Finger; dabei fehlt es nicht an Verhöhnung und Verleumdung jener wohlbekannten Leute, die wir einst, vor der Juliusrevolution, als Lichter des Liberalismus feierten und die wir seitdem so gern als Servile herabwürdigen. Bin ich aber sonst dem Justemilieu nicht sehr gewogen, so regte sich doch in meinem Gemüte eine gewisse Pietät gegen die einst Hochverehrten; es regte sich wieder die alte Neigung, als ich sie geschmäht sah von jenen schlechtern Menschen. Ja, wie derjenige, der sich in der Tiefe eines dunkeln Brunnens befindet, am hellen, lichten Tage die Sterne des Himmels schauen kann, so habe ich, als ich in eine obskure Karlistengesellschaft hinabgestiegen war, wieder klar und rein die Verdienste der Justemilieu-Leute anerkennen können; ich fühle wieder die ehemalige Verehrung für den ehemaligen Herzog von Orleans, für die Doktrinäre, für einen Guizot, einen Thiers, einen Royer-Collard und für einen Dupin und andre Sterne, die durch das überflammende Tageslicht der Juliussonne ihren Glanz verloren haben.

Es ist dann und wann nützlich, die Dinge von solch einem tiefen, statt von einem hohen Standpunkte zu betrachten. Zunächst lernen wir die Personen unparteiischer beurteilen, wenn wir auch die Sache hassen, deren Repräsentanten sie sind; wir lernen die Menschen des Justemilleu von dem Systeme desselben unterscheiden. Dieses letztere ist schlecht, nach unserer Ansicht, aber die Personen verdienen noch immer unsere Achtung, namentlich der Mann, dessen Stellung die schwierigste in Europa ist und der jetzt nur in dem Gedanken vom 13. März die Möglichkeit seiner Existenz sieht; dieser Erhaltungstrieb ist sehr menschlich. Sind wir gar unter Karlisten geraten und hören wir diesen Mann beständig schmähen, so steigt er in unserer Achtung, indem wir bemerken, daß jene an Ludwig Philipp eben dasjenige tadeln, was wir noch am liebsten an ihm sehen, und daß sie eben dasjenige, was uns an ihm mißfällt, noch am liebsten goutieren. Wenn er in den Augen der Karlisten das Verdienst hat, ein Bourbon zu sein, so erscheint uns dieses Verdienst im Gegenteil als eine levis nota. Aber es wäre Unrecht, wenn wir ihn und seine Familie nicht von der ältern Linie der Bourbonen aufs rühmendste unterschieden. Das Haus Orleans hat sich dem französischen Volke so bestimmt angeschlossen, daß es gemeinschaftlich mit demselben regeneriert wurde; daß es aus dem schrecklichen Reinigungsbade der Revolution, ebenso wie das französische Volk, gesäubert und gebessert, geheilt und verbürgerlicht hervorging; – während die ältern Bourbonen, die an jener Verjüngung nicht teilnahmen, noch ganz zu jener ältern, kranken Generation gehören, die Crébillon, Laclos und Louvet uns in ihrem heitersten Sündenglanze und in ihrer blühenden Verwesung so gut geschildert haben. Das wieder jung gewordene Frankreich konnte dieser Dynastie, diesen Revenants der Vergangenheit, nimmer angehören; das erheuchelte Leben wurde täglich unheimlicher; die Bekehrung nach dem Tode war ein widerwärtiger Anblick; die parfümierte Fäulnis beleidigte jede honette Nase; und eines schönen Juliusmorgens, als der gallische Hahn krähte, mußten diese Gespenster wieder entfliehen. Ludwig Philipp aber und die Seinigen sind gesund

und lebendig, es sind blühende Kinder des jungen Frankreichs, keuschen Geistes, frischen Leibes und von bürgerlich guten Sitten. Eben jene Bürgerlichkeit, die den Karlisten an Ludwig Philipp so sehr mißfällt, hebt ihn in unserer Achtung. Ich kann mich trotz des besten Willens nicht so ganz des Parteigeistes entäußern, um richtig zu beurteilen, wie weit es ihm mit dem Bürgerkönigtume ernst ist. Die große Jury der Geschichte wird entscheiden, ob er es ehrlich gemeint hat. In diesem Falle sind die Poignées de main gar nicht lächerlich, und der männliche Handschlag wird vielleicht ein Symbol des neuen Bürgerkönigtums, wie das knechtische Knien ein Symbol der feudalistischen Souveränetät geworden war. Ludwig Philipp, wenn er Thron und ehrliche Gesinnung bewahrt und seinen Kindern überliefert kann in der Geschichte einen großen Namen hinterlassen, nicht bloß als Stifter einer neuen Dynastie, sondern sogar als Stifter eines neuen Herrschertums, das der Welt eine andere Gestalt gibt – als der erste Bürgerkönig Ludwig Philipp, wenn er Thron und ehrliche Gesinnung bewahrt –, aber das ist ja eben die große Frage.

568

Biographie

1797 *13. Dezember:* Heinrich Heine wird in Düsseldorf als ältester Sohn des jüdischen Textilkaufmanns Samson Heine und seiner Ehefrau Elisabeth, geb. van Geldern, geboren.
1807 Heine besucht die Vorbereitungsklasse des Lyzeums.
1810 *April:* Eintritt in das Düsseldorfer Lyzeum.
1814 Heine verlässt das Gymnasium ohne Reifezeugnis und wechselt auf die Handelsschule.
1815 Bei dem Bankier Rindskopf in Frankfurt am Main beginnt Heine eine kaufmännische Lehre.
1816 Heine setzt die Lehre im Bankhaus seines Onkels Salomon Heine in Hamburg fort. Unglückliche Liebe zur Cousine Amalie.
1817 Unter Pseudonym veröffentlicht Heine erste Gedichte in »Hamburgs Wächter«.
1818 Mit Unterstützung des Onkels Salomon gründet Heine das Manufakturwarengeschäft »Harry Heine und Comp.« in Hamburg, in dem er vor allem englische Tuche verkauft.
1819 Heine meldet den Konkurs seines Geschäftes an.
März: Er immatrikuliert sich an der Universität Bonn zum Jurastudium, das von Salomon Heine finanziert wird. Neben juristischen hört er auch philosophische, philologische und historische Vorlesungen, u. a. bei August Wilhelm Schlegel und Ernst Moritz Arndt.
1820 Beginn der Arbeit an der Tragödie »Almansor«.
August: Im »Rheinisch-Westfälischen Anzeiger« erscheint Heines Aufsatz »Die Romantik«.
Oktober: Heine wechselt an die Universität Göttingen. Er beteiligt sich an geheimen burschenschaftlichen Versammlungen. Aus antisemitischen Gründen wird Heine aus der Burschenschaft ausgeschlossen.
1821 *Januar:* Wegen eines Duells erhält Heine für ein halbes Jahr Studienverbot an der Universität Göttingen.
April: Er immatrikuliert sich an der Universität in Berlin, wo er u. a. Vorlesungen bei Georg Wilhelm Friedrich Hegel hört.

Bekanntschaft mit Adelbert von Chamisso und Friedrich de la Motte Fouqué.
Begegnung mit Rahel und Karl August Varnhagen von Ense.
Einige Texte Heines, darunter Fragmente aus »Almansor«, erscheinen in der von Friedrich Wilhelm Gubitz herausgegebenen Zeitschrift »Der Gesellschafter«.
»Gedichte« (vordatiert auf 1822).

1822 Heine wird Mitglied im »Verein für Kultur und Wissenschaft der Juden«.
Reise nach Polen.
Begegnung mit Christian Dietrich Grabbe.
Oktober: Heine besucht Hegel.

1823 Der Bericht »Über Polen« wird im »Gesellschafter« publiziert.
Die Sammlung »Tragödien nebst einem lyrischen Intermezzo« erscheint, sie enthält die Dramen »William Ratcliff« und »Almansor«.
Beginn der Freundschaft mit Karl Leberecht Immermann.
Reise nach Lüneburg, Hamburg, Cuxhaven und Ritzebüttel.
August: »Almansor« wird in Braunschweig uraufgeführt.

1824 *Januar:* Heine immatrikuliert sich erneut an der Universität Göttingen.
Reise nach Berlin.
Er unternimmt eine Fußwanderung durch den Harz, aus der die Reisebeschreibung »Die Harzreise« hervorgeht (erscheint 1826 in »Der Gesellschafter«).
Oktober: Besuch bei Goethe in Weimar.

1825 *Juni:* Heine tritt zum evangelischen Glauben über und wird in Heiligenstadt auf den Namen Christian Johann Heinrich getauft.
Juli: Promotion zum Dr. jur. in Göttingen.
Sommerurlaub in Norderney. Heine siedelt nach Hamburg über und lebt fortan als freier Schriftsteller.

1826 Begegnung mit dem Hamburger Verleger Julius Campe, der künftig Heines Hauptverleger wird.
Der 1. Teil der »Reisebilder« erscheint (»Heimkehr«, »Die Harzreise«, »Die Nordsee, I.«).

1827 Reise nach England.
April: Der 2. Teil der »Reisebilder« erscheint (»Die Nordsee,

II. und III.«, »Xenien« von Immermann, »Ideen. Das Buch Le Grand« und »Briefe aus Berlin«).

Das »Buch der Lieder« (Gedichte) wird Heines publikumswirksamstes Werk und erlebt allein zu seinen Lebzeiten 13 Auflagen.

Reise über Frankfurt am Main, wo er Ludwig Börne trifft, Heidelberg und Stuttgart nach München.

Heine wird Mitherausgeber der »Neuen allgemeinen politischen Annalen«.

Die Absicht, eine Professur für Literaturgeschichte anzutreten, wird vom katholischen Klerus durchkreuzt.

1828 *August – November:* Aufenthalt in Italien: Mailand, Genua, Lucca, Florenz und Venedig.
Dezember: Tod des Vaters in Hamburg.

1829 *Februar:* Heine zieht nach Berlin.
April: Übersiedlung nach Potsdam.

1830 »Reisebilder III«.
Sommerurlaub auf Helgoland.
Heine erhält Nachricht von der Pariser Julirevolution.
Er schreibt die »Briefe aus Helgoland«, in denen er die Vorgänge der Julirevolution reflektiert.

1831 Aufgrund mangelnder Berufsperspektiven in Deutschland entschließt sich Heine zur Übersiedlung nach Paris.
Mai: Ankunft in Paris, wo er als Korrespondent für deutsche Zeitungen und Zeitschriften arbeitet.

1832 Heine nimmt an Versammlungen der Saint-Simonisten teil.
Der Abdruck seiner Artikelserie »Französische Zustände« in der Augsburger »Allgemeinen Zeitung« wird von Metternich nach einigen Folgen unterbunden.
Dezember: Die Buchausgabe »Französische Zustände« erscheint und wird in Preußen verboten.

1833 Heines Aufsatz »État actuel de la littérature en Allemagne. De l'Allemagne depuis Madame de Staël« erscheint in der Pariser Zeitschrift »L'Europe littéraire«.
Der erste von vier unter dem Titel »Salon« veröffentlichten Sammelbänden erscheint; er enthält den Aufsatz »Französische Maler«, den Gedichtzyklus »Verschiedene« und das Erzählfragment »Aus den Memoiren des Herren von Schnabelewopski«.

1834 Begegnung mit Crescence Eugénie Mirat (Mathilde), Heines späterer Lebensgefährtin.

Heine arbeitet an der Schrift »Zur Geschichte der Religion und Philosophie in Deutschland«, die unter dem Titel »De l'Allemagne depuis Luther« in der Zeitschrift »Revue des deux mondes« erscheint.

1835 Der zweite Band des »Salon«, der vor allem die deutsche Version des Aufsatzes zur Geschichte der Religion »Über Deutschland seit Luther« enthält, erscheint.

»Die romantische Schule« (überarbeitete Fassung von »État actuel de la littérature en Allemagne«, vordatiert auf 1836).

Dezember: In Preußen werden sämtliche Schriften Heines verboten.

10. Dezember: Die Deutsche Bundesversammlung verbietet sämtliche gedruckten wie ungedruckten Schriften des so genannten Jungen Deutschland, an erster Stelle die von Heine sowie die in Heines Hausverlag Hoffmann und Campe in Hamburg erschienenen.

1836 Die Französische Regierung gewährt Heine als politischem Emigranten eine Pension.

Heine erkrankt an Gelbsucht.

1837 Ernsthafte Augenerkrankung.

Der dritte Band des »Salon« erscheint, er enthält u. a. die Prosatexte »Florentinische Nächte« und »Elementargeister«.

1838 »Schwabenspiegel«.

»Shakespeares Mädchen und Frauen«.

1840 »Heinrich Heine über Ludwig Börne«.

Der vierte Band des »Salon« mit den »Briefen über die französische Bühne« und dem Erzählfragment »Rabbi von Bacherach« sowie Gedichten und Romanzen erscheint.

1841 Begegnung mit Richard Wagner.

August: Hochzeit mit Mathilde in Saint-Sulpice.

Nach einer Auseinandersetzung über seine Denkschrift über Börne duelliert sich Heine mit dem Frankfurter Kaufmann Salomon Strauß und wird an der Hüfte verletzt.

Beginn der Arbeit an dem satirischen Versepos »Atta Troll. Ein Sommernachtstraum«.

1842 Aufenthalt in Boulogne-sur-Mer.
1843 In der »Zeitung für die elegante Welt« erscheinen »Atta Troll. Ein Sommernachtstraum« (Buchausgabe 1847) und das Gedicht »Nachtgedanken«.
Aufenthalt in Trouville.
Begegnungen mit Arnold Ruge und Friedrich Hebbel.
Oktober–November: Heine reist nach Hamburg.
Nach der Rückkehr lernt er in Paris Karl Marx kennen.
1844 »Deutschland. Ein Wintermärchen«.
»Neue Gedichte«.
Bekanntschaft mit Ferdinand Lassalle.
Mitarbeit an den von Marx und Ruge herausgegebenen »Deutsch-Französischen Jahrbüchern«.
Juli: Zweiter Hamburg-Aufenthalt mit Mathilde.
Dezember: Nach dem Tod des Onkels Salomon Heine beginnen Erbschaftsstreitigkeiten innerhalb der Familie. Die Familienpension wird Heine nur unter der Bedingung weiterbezahlt, dass er in seinen Werken keine Familienangehörigen erwähnt.
1845 Zunehmende Verschlechterung des Gesundheitszustands Heines. Er entgeht der für alle Mitarbeiter des »Vorwärts!« verfügten Ausweisung aus Frankreich.
Sommer: Aufenthalt in Montmorency.
1846 *September:* Besuch von Friedrich Engels in Paris.
1847 »Atta Troll. Ein Sommernachtstraum«.
1848 *Februar:* Heine arbeitet für die Augsburger »Allgemeine Zeitung« als Berichterstatter über die Pariser Februarrevolution.
Mai: Heine bricht im Louvre zusammen. Es wird eine Erkrankung an Rückenmarkschwindsucht diagnostiziert.
Krankenlager Heines in der »Matratzengruft« in der Avenue Matignon (bis zum Tod 1856).
1849 Arbeit an den Gedichten der »Romanzero«-Sammlung.
1850 Heine schreibt an seinen »Memoiren«.
1851 »Romanzero« (Gedichte).
»Der Doktor Faust« (Tanzpoem).
1853 Arbeit an der »Lutetia«, einer Sammlung aus den Berichten für die Augsburger »Allgemeine Zeitung«, und an der Schrift »Die Götter im Exil« (beide 1854 in den »Vermischten Schriften«).

1854 »Vermischte Schriften« (3 Bände).
1855 Besuche seiner Freundin Elise Krinitz (»Mouche«).
November: Die Geschwister Charlotte und Gustav kommen nach Paris.
1856 *17. Februar:* Heine stirbt in Paris und wird drei Tage später auf dem Friedhof Montmartre beerdigt.